ANSARI MEMORIAL

JERUSALEM IM QUR'ĀN
Eine islamische Sicht auf das Schicksal Jerusalems

Imran N. Hosein

Masjid Dar al-Qur'an
Long Island, New York
2003

© Imran N. Hosein 2003

First published in German 2017
Reprint 2017

Published and printed by
BoD
Books on Demand, Norderstedt
Germany

Translated in German by
Dr. Ansari-Memorial-Team
Germany - Switzerland

ISBN 978-3-7448-5674-4

JERUSALEM IM QUR`AN

Vorwort

Jerusalem im Qur'an ist ein großartiges Buch und bereitete mir in vielerlei Hinsicht große Freude. Ich bin äußerst überrascht, dass so ein sorgfältig dokumentiertes Buch, so lange Zeit darauf warten musste, bevor es ans Licht kam. Mehr als ein halbes Jahrhundert ist nun verstrichen, seit die Zionisten mit ihrer zugkräftigen Unterdrückung und ethnischen Säuberung des palästinensischen Volkes begonnen haben, dessen einziges Vergehen es ist in einem Land zu leben, das von den Juden als das ihnen "versprochene Land" betrachtet wird.

Die Zionisten griffen immer wieder darauf zurück Schriftstücke der Thora und andere biblische Stücke zu zerstören, um ihr grauenhaftes Verhalten zu rechtfertigen und um die Juden zur Gründung eines israelischen Staates zu animieren, welcher sich vom Nil bis zum Euphrat erstreckt, mit Jerusalem als dessen Hauptstadt. Der erste israelische Ministerpräsident, David Ben Gurion, z.B., wurde zitiert gesagt zu haben: "Die Bibel ist unsere Urkunde für das Heilige Land". Andererseits sind muslimische Gelehrte größtenteils dabei gescheitert, die zionistische Behauptung zu widerlegen, die aus beglaubigten, geschichtlichen und religiösen Quellen stammt und scheiterten ebenso dabei, ihrer religiösen Verantwortung nachzukommen, indem sie diese Frage (Angelegenheit) durch den Qur'an und durch die gesegneten *Ahadithe* des Propheten Muhammad (s.a.s) deutlich dokumentieren. So weit ich weis, ist das, was auch immer zu diesem Thema verfasst wurde eher oberflächlich und emotional befleckt oder es wurden einfach nur Fakten in "cooler Manier" angegeben.

Möge Allah *Ta'ala* Bruder Imran Hosein für dieses wissenschaftlich verfasste Dokument belohnen, welches in der Tat diese intellektuelle und religiöse Lücke füllt und allen Muslimen in jedem Teil der Erde, als wissenschaftliche Vorlage dienen wird.

Während ich dieses Vorwort verfasse, wurde dieses Buch, welches erst dieses Jahr veröffentlicht wurde, bereits auf arabisch und bosnisch übersetzt. In kürzester Zeit wird es in weiteren europäischen Sprachen übertragen werden und auf alle anderen Zungen der islamischen Welt.

Es muss jedoch berichtet werden, dass die Wichtigkeit, solch ein Buch über das Heilige Land im Qur´an zu verfassen, der Vision und der Weitsichtigkeit der muslimischen kreativen Denker, nicht entgangen ist, solche wie *Dr. Kalim Siddiqui*, Gründungspräsident des muslimischen Institutes für Forschung und Planung und Professor *Shaheed Ismail Al-Farouqi*. Ich bin überrascht von der Vision des einstigen Gelehrten, der Imran Hosein in den frühen 70er Jahren fragte, ob er dieses Buch verfassen könne. Drängend sagte er ihm, dass Jerusalem der Schlüssel zum Verständnis des historischen Prozesses des mittleren Osten und der Welt im Allgemeinen sei. *Shaikh* Imran vollendete erfolgreich diese Aufgabe nach 27 Jahren. Wenngleich auch scheinbar spät, doch es kam zur richtigen Zeit, in der die gesamte Welt durch *Jenin* geschockt wurde und durch das, was in *Sabra* und *Shatila* geschehen ist. Tatsächlich setzte *Ismail Al-Faruqi* diesen Aspekt in seinem Buch fest, *"Islam and the Problem of Israel"* (Islam und das Problem Israel), auf das sich der Autor bezog. Er legte eindringlich fest, dass Israel eine größere Gefahr für die Muslime darstelle, als die euro-christlichen

Kreuzzügler des Mittelalters oder der Euro-Kolonialismus der modernen Zeit. „Israel", schrieb er, „ist keines davon, doch es ist beides und mehr, viel mehr". Daher drängte er die arabischen Muslime, den Jüdischen Staat nicht als einen dazugehörigen Teil der asiatischen und afrikanischen Weltnationen zu akzeptieren. Ebenso spornte er muslimische Gelehrte dazu an, dieses Thema grundlegend zu untersuchen. Ich bin sicher, dass wenn diese beiden großartigen muslimischen Denker noch am Leben wären, würden sie diesem klassischen Buch zujubeln, sowie sie auch nach ihm strebten.

Abschließend bin ich erstaunt, über den Schreibstil Imrans. Obwohl es sich bei *Jerusalem im Qur'an* um akribisch verfasste Thesen handelt, die mit religiösen und historischen Anwendungsdateien und kürzlich erfolgten politischen Ereignissen kombiniert werden und mit durchdringenden Interpretationen vom Qur'an und den *Hadithen*, ist der Schreibstil wie der einer Geschichte. Wenn du einmal begonnen hast zu lesen, ist es schwer zu stoppen. Dies ist die übliche Qualität eines Romans. Eine Person würde es einmal lesen und das Buch wegwerfen – doch nicht mit dieser seriösen, nachdenklich machenden, wissenschaftlichen Abhandlung, wie das Buch, das Bruder *Shaikh* Imran veröffentlichte. Dieses Buch ist eine Vorlage, die man benötigt und aufbewahrt und die man immer dann erneut lesen kann, wenn dieser Fachbereich zu erforschen ist. Ich glaube, dass diese Zungenfertigkeit des *Shaikhs* das Ergebnis eines natürlichen Geschenks sein muss, welches mit seiner unermüdlichen Arbeit als Pediger und *Da'iyah* interagiert und eine göttliche Segnung für seine Aufrichtigkeit darstellt. Trotz der scheinbar bedrückenden Situation der Muslime im Allgemeinen und besonders der,

der Palästinenser, wird durch das lesen dieses Buches letztendlich eine zweifellose, warme Woge des Optimismus über unsere Zukunft vermittelt; ein hell scheinendes Licht, das am Ende unseres langen, dunklen Tunnels der Geschichte erleuchtet. Wir leben in der Endzeit. Dies ist das Zeitalter, in welchem die Prophezeiungen des heiligen Qur´ans und der gesegneten *Hadithe*, sich genau vor unseren Augen entfalten, um die Menschheit bzgl. ihrer Wahrhaftigkeit im Glauben zu prüfen. Exakt wie unser Prophet uns mitteilte, wir sahen die barfüßigen, armen, Schafshirten der arabischen Halbinsel, wie sie miteinander wetteifern im immer höher und höheren bauen der Wolkenkratzer. Und wir erlebten, wie die Muslime in ihrer Anzahl explodierten, doch in ihrem Charakter schwächer wurden und durch ihre Liebe zu dieser *Dunyah* unterkühlten und somit auch ihre Ansgt vor dem Tod, wie duch den authentischen *Hadith* bestätigt wird. Und exakt wie unser Prophet uns mitteilte, verschlingen nun die starken Feinde des Islams unsere Länder, als ob sie eine hungrige Gruppe wären, die zu einem großen Kessel voll mit Essen eingeladen wurden.

Und so wie uns Allah (swt) selbst in Seinem offenbarten Qur´an mitteilte, kehrten die Kinder Israels, die über die gesamte Erde zerstreut wurden, in das Heilige Land zurück. Und wie im Qur´an festgehalten, haben sie in der Tat noch mehr Unheil begangen und wurden mächtig und erlangten mächtige Arroganz.

Gerade so wie wir diese Vorfälle sahen, als ob wir einen Horrorfilm schauen würden, geanuso werden wir in der Tat das unmittelbar bevorstehende "happy end" sehen, welches uns im Qur´an und den Aussprüchen des

Propheten prophezeit wurde. Die Muslime werden aus ihrem Schlummer erwachen und die Juden werden ihre versprochene göttliche Strafe erhalten. Der zionistische Staat wird zerstört werden und was immer sie auch erbaut haben, wird dem Erdboden gleichgemacht.

Das Buch gibt eine detaillierte, wunderschön verfasste Erläuterung dieser Episoden wieder, mit brillianten Interpretationen aus dem heiligen Qur´an und der *Sunnah*. Obwohl einige, mit Respekt zu seiner Interpretation einiger der Qur´anischen Verse oder den gesegneten prophetischen Aussprüchen, von seiner Meinung abweichen könnten, dürfte wohl keiner die Wertschätzung seiner durchdringenden Lehren und seine spirituelle Tiefgründigkeit versäumen. Daher empfehle ich das Buch sehr den Gelehrten sowie den Laien.

Malik Badri
Professor,
Internatioanal Institute of Islamic Thought and Civilization,
Kuala Lumpur.
Malaysia
November 18, 2002; Ramadan 13, 1423

DIE ANSĀRI-GEDENKREIHE

Die Ansāri-Gedenkreihe wurde zu Ehren des vornehmen, islamischen Gelehrten, Philosophen und *Sūfī Shaikhs*, *Maulāna* Dr. Muhammad Fadlur Rahmān Ansāri (1914–1974) veröffentlicht. Die Veröffentlichung der Gedenkreihe begann im Jahre 1997, um die Erinnerung an seinen 25-Jährigen Todestag zu bewahren.

Maulāna Ansāri war ein islamischer Gelehrter, ein Lehrer und ein spiritueller Führer, der sein Leben damit verbrachte, sich für die Sache des heiligen Islams abzumühen in einer Welt, die grundlegend gottlos geworden ist. Seine Arbeit in dieser heiligen Angelegenheit, beförderte ihn mehrere Male auf Reisen in Vorlesungsrundgängen um die gesamte Erde, von 50er Jahren bis in die 70er. Er verließ sein neues Haus in Karachi (indem er von Indien nach Pakistan auswanderte, als Pakistan 1947 gegründet wurde) und reiste Richtung Westen, und kehrte Monate später aus dem Osten wieder nachhause zurück.

Seine Lebensmission war deutlich und edel. Er erkannte, dass die Wiederherstellung des Islams in Form eines Staates und eines wirtschaftlich-sozialen und politischen Systems nicht möglich wäre, ohne vorher den persönlichen Glauben des einzelnen widerherzustellen. Bisher war es der persönliche Glaube des Gläubigen, auf den es die anspruchsvollste, täuschenste, gefährlichste und unbarmherzigste Attacke, die je in der Geschichte lanciert wurde, abgesehen hat. Dieser Angriff wurde durch die moderne, gottlose Welt gestartet, die erst von der Insel Britanniens angeführt wurde, und dann von den USA, und schließlich vom israelischen Staat. Doch zu jeder Zeit war

Europa der dominante Akteur dieses Dramas, welches in die Kleidung eines Juden kostümiert wurde.

Es war genau dieser Kampf, den *Maulāna* sein gesamtes Leben führte – ein Kampf rund um die Welt, um den Glauben an Allah, den Höchsten, wiederzubeleben.

Er hat seine ernomen Ressourcen seines beeindruckenden Verstandes und seiner hervorragenden Bildung eingesetzt, um den intellektuellen Kampf im Namen des Islams zu führen. Und er nutzte die Anziehungskraft und den Charme, der von durch die Spiritualität kommt, um die Herzen all jener zu berühren, die mit ihm in Kontankt kamen. In Folge seiner Anstrengungen für die Angelegenheit der Wahrheit (Islam), stellten eine große Anzahl von Muslimen in Ost und West ihr Vertrauen und ihren persönlichen Glauben wiederher und verstärkten diesen. Tausende wurden seine spirituellen Studenten und Schüler, während viele andere, durch seine Predigten, den Islam annahmen.

Maulāna war ein Absolvent der `Aligarh Muslim Universität´ Indien, wo er Philosophie und Religion studierte. Seine islamisch- philosophische und sprituelle Lehre leitete sich von den Lehren des islamischen Gelehrten Dr. Muhammad Iqbāl ab. Iqbāl war der Autor dieses Meisterwerkes der islamischen Gelehrsamkeit: *"The Reconstruction of Religious Thought in Islām"* (Die Wiederherstellung religiöser Lehren im Islam). *Maulāna* Ansāris größtes Werk der islamischen Gelehrsamkeit: *"The Qur'anic Foundations and Structure of Muslim Society"* (Die Qur´anischen Fundamente und Strukturen der muslimischen Gesellschaft), beinhaltet in sich eine Antwort auf Iqbāls Aufruf zur *"reconstruction of religious thought"* (Wiederherstellung der religiösen Lehren).

Er erhielt seine spirituelle Ausbildung von *Maulāna* 'Abdul 'Aleem Siddiqui, ein islamsicher Gelehrter, *Sūfī Shaikh,* und herumziehender islamischer Missionar. Das Wichtigste von allem, er erhielt die *Sufistische* Erkenntnistheorie (Wissenschaftslehre) von Iqbāl and *Maulāna* Siddiqui und übermittelte sie seinen Studenten. Die *Sufistische* Erkenntnistheorie erkannte, dass, wenn die Wahrheit angenommen (Islam) und mit Aufrichtigkeit und mit völliger Hingabe zu Allah, dem Höchsten, gelebt wird, diese Wahrheit letztendlich in das Herz gelangt (d.h. der Islam wächst zur Stufe des *Ihsans* heran).

In einem *Hadīth al-Qudsi* wird berichtet, dass Allah (swt) verkündet: *„Meine Himmel und Meine Erde sind zu klein um Mich zu umfassen, doch das Herz Meines gläubigen Dieners kann Mich umfassen."* Dieses *Hadīth* beschreibt anschaulich (lebendig) die Bedeutung des Eintrittes der Wahrheit in das Herz.

Wenn die Wahrheit in das Herz eintritt, so tritt mit ihr auch ein göttliches Licht *(nūrullah)* ein, und dieses Licht erlaubt dem Gläubigen mit der Macht der Beobachtungsfähigkeit und mit interner, intuitiver, spiritueller Innensicht zu sehen, um hinter die `externe´ Erscheinungsform der Dinge vorzudringen, um somit an ihre `innere´ Realität zu gelangen (der *Dajjāl*, der falsche Messias, sieht nur mit einem Auge – dem `externen´). Der Gläubige, der nach einem *'Jihād fillah'* (d.h. eine Anstrengung für die Sache Allahs) strebt, ist gesegnet mit der Entwicklung von der Stufe des *Imān* zur Stufe des

Ihsān. Dies ist auch bekannt als *Tasawwuf.* Nur mit diesem inneren Licht im urteilsfähigen Herzen eines Gläubigen, können die Zeichen Allahs *(Ayātullah)* erkannt und verstanden werden, und somit kann die heutige Welt nur so in richtiger Weise gelesen und verstanden werden. Jene, die die Realität der heutigen Welt erkennen, wissen, dass wir im Zeitalter der *Fitan* leben, d.h., das letzte Zeitalter vor dem Eintreffen des *Qiyāmah* (Ende der Welt).

Maulāna Ansārī widmete die letzten zehn Jahre seines Lebens (1964-1974) der Gründung des Aleemiyah-Instituts für islamische Studien in Karachi, wo er sich bemühte eine neue Generation von islamischen Gelehrten auszubilden – Gelehrte, die spirituell und intellektuell fähig sein würden den *Qur'ān* und die *Ahadīth* zu benutzen, um als erstes das moderne Zeitalter zu verstehen, und dann auf seine Herausforderungen in angemessener Weise zu antworten.
Durch seine Anstrengungen erschienen Gelehrte wie Dr. Waffie Muhammad, Dr. Abul Fadl Muhsin Ibrahim, Siddiq Ahmad Nasir, Ali Mustafa, Muhammad Ali Khan, Basheer Ahmad Keeno, Raouf Zaman, Muhammad Saffie, Imran N. Hosein und so viele andere, die am Aleemiyah Istitut für islamische Studien in Karachi, Pakistan, promovierten.

Die Ansārī-Gedenkreihe beinhaltet folgende acht Bücher, die alle von einem seiner Studenten verfasst wurden:

> - *Jerusalem im Qur'ān;*
> - *Die Religion Abrahams und der Staat Israel — eine Sichtweise des Qur'āns;*
> - *Die Wichtigkeit des Ribā-Verbotes im Islām;*
> - *Das Verbot der Ribā im Qur'ān und in der Sunnah;*

> *Träume im Islām – ein Fenster zur Wahrheit und zum Herzen;*
> *Das Kalifat, der Hejāz, und der Saudi-Wahhabi Nationen-Staat;*
> *Die strategische Bedeutung des Fastens im Ramadan, und Isra und M'irāj;*
> *Eine Jamā'at - Ein Amīr: Die Organisation einer muslimischen Community im Zeitalter der Fitan.*

Die Gedenkreihe, die zumindest einige der "Früchte" vom gepflanzten Baum *Maulānas* beschreibt, widmet sich der Bemühung, um das Verständnis der heutigen Welt zu durchdringen, indem sie sie genau erklärt und in angemessener Weise auf ihre beispiellosen Herausvorderungen antwortet. Gewiss unterliegt diese Bemühung immer einer ausschlaggebenden Auswertung und einer Überprüfung.

Allah, der Allerhöchste, stellte den Gläubigen ein Mittel zur Verfügung, durch das sie die Bestätigung erhalten können, dass sie mit der Fähigkeit des internen, intuitiven Wissens gesegnet worden sind (d.h. das Wissen, womit das Herz sieht).

Bei diesem Mittel handelt es sich um ʿwahre und gute Träumeʾ und ʿVisionenʾ, dies sind Erlebnisse, die den letzten Teil des *nabuwwah* (Prophetentums) darstellen, die immer noch nach dem Tod des Propheten (*sallallahu alaihi wa sallam*) auf der Erde vorhanden bleiben. Daher beinhaltet die Ansāri-Gedenkreihe eine kleine bahnbrechende Arbeit über diesen in Vergessenheit geratenen Wissensbereich, d.h., "*Träume im Islam.*"

Ebenso ist das intuitive Wissen unverzichtbar für die Durchdringung eines Fachbereiches, der eine gegenwärtige, strategische Wichtigkeit einnimmt wie der Fachbereich: *"Das Zinsverbot (Riba) im Qur'an und in der Sunnah"* und *"Die Religion Abrahams und der Staat Israel" – Eine Qur'anische Sichtweise*, und so widmeten wir diesen Themen in der Gedenkreihe unsere Aufmerksamkeit. Tatsächlich stimmt es, dass ein `Lackmustest´ zur Erkennung der Spiritualität im letzten Zeitalter, sich in folgenden Punkte wiederspiegelt: i) durch die Fähigkeit die *Riba* der modernen, säkularen Wirtschaft und den politischen *Shirk* des modernen, säkularen Staates zu durchdringen, zu verstehen, und angemessen auf diese furchteinflößenden Herausforderungen zu reagieren, und ii) durch die Fähigkeit angemessen auf dieses seltsame und ominöse Ereignis in der gegenwärtigen internationalen Politik zu antworten, dieses zu durchdringen und zu verstehen, d.h., die Rückkehr der Juden in das Heilige Land und die Gründung des israelischen Staates.

Die spirituell erleuchteten Gelehrten des Islams, müssen in diesem Zeitalter einen unermüdlichen Kampf gegen die *Riba* und den *Shirk* führen.

Das seltsamste, geheimnisvollste und unerklärlichste Ereignis, welches sich je in der religiösen Menschheitsgeschichte ereignete, war die Rückkehr der Juden in das Heilige Land, nachdem sie rund 2000 Jahre zuvor von Allah, dem Allerhöchsten, ausgewiesen worden waren. *"Jerusalem im Qur'ān"* fährt da fort, wo *"Die Religion Abrahams und der Staat Israel"* mit dem Versuch aufhörte den *Qur'ān zu* nutzen, um den Stellenwert Jerusalems nachzuweisen und die Geschichte der Heiligen Stadt, wie sie im Qur´an erzählt wird, zu wiederholen.

Was noch wichtiger ist, *"Jerusalem im Qur'ān"* versucht das Schicksal Jerusalems und des Heilgen Landes zu erforschen und zu erklären. Was aus diesen Untersuchungen hervorgeht, ist eine erkenntnisreiche Erklärung, der mehr als ein Jahrhundert langen gegenwärtigen, internationalen Politik und der Wirtschaft des immer noch andauernden und sich entwickelden Dramas im Heiligen Land.

Ebenso erfahren wir, dass wir nun in einem Augenblick der Zeit leben, indem ein `Herrschender Staat´ (die USA) kurz davor steht durch einen anderen (der israelische Staat), auf ziemlich selbe Art ersetzt zu werden, wie auch die USA den damaligen *Herrschenden Weltstaat* Britannien im Ersten Weltkrieg ersetzte. Der Machtübergang wurde in Folge eines terroristischen Aktes erreicht, welcher sich im Sommer des Jahres 1914 ereignete. Dieser Transfer findet nun in selbiger Art statt. Zu dieser Zeit werden diejennigen, die für diesen Terrorakt verantwortlich sind, die Schuld dafür den Russen in die Schuhe schieben. Diesmal jedoch beschuldigten sie die Araber und die Muslime für den Angriff des 11. Septembers.

Nur durch das intuitive Wissen *(Firāsa)* erhält man die Bestätigung, dass wir nun im Zeitalter der *Fitan* leben, dies ist die letzte Phase des historischen Prozesses. Erfahrungsgemäßes, abschweifendes Wissen und Gedankengut können nur auf etwas hinweisen, jedoch nicht direkt die wahre Beschaffenheit des Zeitalters, in welchem wir nun leben, wahrnehmen. Die Bedeutung dieser

Bestätigung (des Zeitalters der *Fitan*) lautet, aufrichtige muslimische Gemeinschaften *(d.h., Jama'ah)* mit aufrichtigen *Imāmen/Amīrs* müssen nun mit größerer Dringlichkeit als je zuvor anerkannt und gestärkt werden und alle Gläubigen müssen sich mit *as-sam'u wa-tā'-atu* (höhren und gehorchen) an ihnen festklammern, denn das war der Befehl des Propheten *(sallalahu 'alaihi wa sallam)*. Solch ein micro-*Islām* mit micro-Märkten, kann am besten dann gegründet werden, wenn sich die Muslime von den Städten der gottlosen Welt lösen und in die leeren, ländlichen Gebiete fliehen, um dort ein muslimisches Dorf zu gründen.

Das Buch *"One Jamā'at – One Amīr: The Organization of a Muslim Community in the Age of Fitan"* (Eine Gemeinschaft – Ein Führer: Die Organisation einer muslimischen Gemeinschaft im Zeitalter der Versuchungen), lenkt die Aufmerksamkeit auf dieses wichtige Thema. Das großartige, zweibändige Werk von Dr. Ansāri, *"The Qur'anic Foundations and Structure of Muslim Society"* (Die Qur´anischen Grundlagen und Strukturen einer muslimischen Gesellschaft), liefert ebenfalls eine lebenswichtige Qur´anische Rechtleitung für jene, die sich nun auf den Weg machen diese Mühe auf sich zunehmen und für jene, die eine Anleitung für die Qur´anischen Grundlagen und Strukturen einer muslimischen Gesellschaft benötigen (sei es ein Staat oder ein Dorf).

Der 'micro'-*Islām* im musilmischen Dorf, mit seinen 'micro'-Märkten, wurde deshalb angenommen, weil die Gründung des 'macro'-*Islāms* (d.h., *Dār al-Islām*) im hauptsächlich, gottlosen noch allmächtigen Zeitalter, der einen Krieg gegen den Islam führt, nicht verwirklicht werden kann. Dieser Krieg zerstörte erfolgreich das

Islamische Kalifat und somit begann dieser Krieg nicht am 11. September, als die Juden und ihre Verbündeten Amerika attackierten und die Muslime für diesen Angriff beschuldigten. Solange dieser Krieg anhält, ist es für den wahren *Islām* unmöglich die Kontrolle über den momentanen Zustand, egal wo auf der Erde, zu übernehmen. Die einzige Ausnahme ist das Territorium, welches der Prophet als *Khorasān* beschrieb (Afghanistan befindet sich im Herzen Khorasans). Es ist an der Zeit, dass die Muslime aus dieser harten Realität erwachen und in angemessener Weise reagieren, indem sie einen entschlossenen Kampf führen (ohne darauf Rücksicht zunehmen wie viele in diesem Ablauf sterben müssen und wie lange es dauern kann), um den *Dār al-Islām* wiederherzustellen und ihn in diesem Territorium aufrechtzuerhalten. Die wahre Substanz des 'muslimischen Dorfes', befindet sich in seiner Fähigkeit Muslime zu produzieren, die für Allah 'leben' und folglich auch für Allah 'sterben'.

Möglicherweise kann niemand angemessen auf eine Herausforderung reagieren, außer und bis er zuerst die Beschaffenheit der Herausforderung erkennt und versteht.

(Das Kalifat, der Hejaz und der Saudi-Wahhabi Nationalstaat) *"The Caliphate, the Hejāz and the Saudi-Wahhābi Nation-State"*, erzählt die Geschichte des 'macro'-*Islāms,* der folgenden Fragen beantwortet:

> ➢ Wer zerstörte das Kalifat?
> ➢ Warum wurde es zerstört?
> ➢ Wie wurde es zerstört?
> ➢ Was ersezte das Kalifat?

> Wie reagierte die Welt des *Islām* auf die Zerstörung des Kalifats?
> Wie lautet die Bestimmung des Kalifats?

Sorgfältige, geschichtliche Nachforschungen, durch die Benutzung einwandfreier Quellen, offenbarten den großen Betrug, den die *Saudi-Wahhābis* für die Zerstörung des Kalifats vorbereiteten und für die Verhinderung seiner Wiederherstellung, bis heute. Es existieren grundlegende Ähnlichkeiten zwischen dem israelischen Staat im Heiligen Land und dem säkularen Saudi-Staat im islamischen Kerngebiet Arabiens. In beiden Staaten gab es die britische Gründungsmitwirkung. Beide Staaten überlebten zunächst aufgrund des ausgedehnten Schutzes der britischen Insel und dann durch die USA. Das heutige Israel ist ein Betrüger, der die Juden betrogen hat und sie zu ihrer Zerstörung leitet, und Saudi-Arabien ist ein Betrüger, der dieselbe Funktion unter den Muslimen einnimmt. Und beide, sowohl Israel als auch Saudi-Arabien werden demselben Schicksal entgegenblicken, wenn der *Imam al-Mahdi* erscheint und das Islamische Kalifat wiederhergestellt wird, d.h., beide werden zerstört und dem "Müllhaufen" der Geschichte übergeben.

Viele *Salafi*-Muslime heutzutage stimmen dieser geschichtlichen Sichtweise zu, die sich auf die Zerstörung des Kalifats bezieht und auf die Rolle, die die *Saudi-Wahhābis* in diesem großen, dramatischen Betrug spielten.

Maulāna Ansāri ehrte seinen eigen *Shaikh*, *Maulāna* Siddiqui, durch die Gründung des Aleemiyah-Instituts für islamische Studien in Pakistan und durch die

Veröffentlichung der Aleemiyah-Gedenkreihe. Die Ansārī-Gedenkreihe repräsentiert einen bescheidenen Aufwand, um dieser edlen Tradition zu folgen.

Inhaltsverzeichnis

Teil 1 - Jerusalem im Quran

Kapitel 1
Einleitung _____ 3

Kapitel 2
Das Geheimnis Jerusalems – _____
Die geheimnisvolle "Stadt" im Qur´an _____ 35

Kapitel 3
Der Beginn der Geschichte Jerusalems im Qur´an _____
- Jerusalem und die Propheten - _____ 49

Kapitel 4
Der Qur´an verkündet, dass das Heilige Land und Jerusalem
den Israeliten gegeben wurde _____ 64

Kapitel 5
Die göttlichen Bedingungen für
die Erbberechtigung des Heiligen Landes _____ 70

Kapitel 6
Die göttliche Vertreibung der Juden aus
dem Heiligen Land _____ 78

Kapitel 7
Wende dich von Jerusalem nach Mekkah _____ 89

Kapitel 8
Jesus, der Wahre Messias und _____
Dajjal, der Falsche Messias _____ 103

Kapitel 9
Mirza Ghulam Ahmad _____
Ein Falscher Messias_____ 145

Kapitel 10
Gog und Magogg im Qur´an und in den Hadithen _____ 158

Kapitel 11
Die Juden und die Araber _____ 182

Kapitel 12
Eine Qur´anische Erläuterung über
die Rückkehr der Juden in das Heilige Land _____ 197

Kapitel 13
Der Qur´an und das Schicksal Jerusalems _____ 227

Teil 2 - Jesrusalem im Quran

Kapitel 1
Das Heilige Land und der politische Shirk
des Staates Israel _____ 236

Kapitel 2
Das Heilige Land und Israels - auf *Riba* basierende
Wirtschaft _____ 273

Kapitel 3
Schlussfolgerung _____ 315

Anhang 1

Jerusalem im Qur´an
Der See von Galiläa _____ 326

Anhang 2

Jerusalem im Qur´an
Eine muslimische Antwort auf den
11. September (der Angriff auf Amerika) _____ 329

Anhang 3

Jerusalem im Qur´an
Ibn Khaldun – Iqbal und Jerusalem im Qur`an _____ 359

JERUSALEM IM QURAN

SHEIHK N. IMRAN HOSEIN

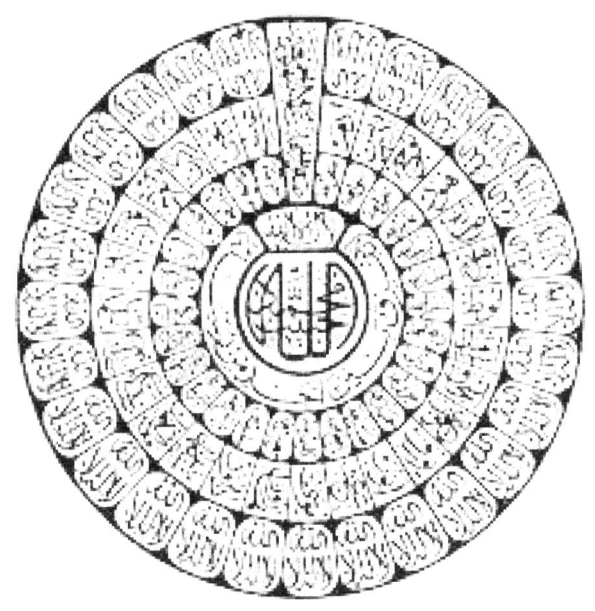

JERUSALEM IM QUR'AN

Teil 1

Kapitel 1

Einleitung

قَدْ جَاءَكُم بَصَآئِرُ مِن رَّبِّكُمْ فَمَنْ أَبْصَرَ فَلِنَفْسِهِ وَمَنْ عَمِيَ فَعَلَيْهَا وَمَا أَنَا عَلَيْكُم بِحَفِيظٍ

"Wahrlich, sichtbare Beweise sind nunmehr von eurem Herrn zu euch gekommen; wenn einer also sieht, so ist es zu seinem eigenen Besten; und wenn einer blind wird, so ist es zu seinem eigenen Schaden. Und ich bin nicht euer Wächter."

(Qur'an, al-An'ām, 6:104)

Der Qur`an erklärt alle Dinge - einschließlich dem Schicksal Jerusalems

Der Qur`an hat deklariert (erklärt), dass es seine primäre Funktion ist, *alle Dinge zu erklären.*

وَنَزَّلْنَا عَلَيْكَ ٱلْكِتَٰبَ تِبْيَٰنًا لِّكُلِّ شَىْءٍ وَهُدًى وَرَحْمَةً وَبُشْرَىٰ لِلْمُسْلِمِينَ...

" ...und Wir haben dir das Buch zur Erklärung aller Dinge herniedergesandt, und als Führung und Barmherzigkeit und frohe Botschaft für die Gottergebenen."

(Qur'ān, al-Nahl, 16:89)

Da der Qur`an die obige Erklärung verkündet, erfolgt die Bedeutung, dass er imstande sein muss, dieses seltsame, höchst mysteriöse, geheimnisvollste und unerklärlichste Ereignis, welches sich jemals in der gesamten Geschichte der Menschheit ereignet hat, zu erklären. Ein Ereignis, das sich (immer) noch entfaltet, jedoch sich bereits Folgendes bestätigt hat:

> ➢ Der endgültige Erfolg bzgl. der Befreiung des Heiligen Landes im Jahre 1917-8 seitens eines grundlegend gottlosen (säkularen) Europas. Dies erfolgte nach einer andauernden Euro-christlichen Bestrebung, die nahezu 1000 Jahre zuvor mit den Kreuzrittern begonnen hatte.

(Warum sollte ein säkularisiertes und essenziell gottloses Europa die Wahl treffen, sich einer 1000-jährigen christlichen Besessenheit bzgl.

der Befreiung des Heiligen Landes anzuschließen? Und warum sollten europäische Christen, die dem Christentum mehr als 1000 Jahre zuvor beigetreten sind, die einzigen Christen sein, welche jemals von dem Wunsch besessen waren, das Heilige Land zu befreien? Warum keine afrikanischen Christen?)

Der Euro-jüdische Erfolg der Wiederherstellung des antiken Staates von Israel, welchen Allah -der Allerhöchste- 2000 Jahre zuvor zerstört hatte, – wurde durch aktiver und ausgedehnter Beihilfe desselben säkularen Europas ermöglicht.

(Warum wohl sollte ein säkulares Europa so versessen darauf sein den Euro-Juden zur Wiederherstellung eines religiösen Staates zu verhelfen, der 2000 Jahre zuvor von den beiden Propheten David und Salomon gegründet worden war? Und warum sollten die Euro-Juden die einzigen Juden sein, die wie *besessen* von dem Wunsch sind, den Staat Israel wieder aufzubauen?)

➢ Die Rückkehr der israelischen Juden (d.h., die nicht-europäischen Juden) ins Heilige Land, nachdem sie von Allah -dem Allerhöchsten- daraus vertrieben worden waren und für 2000 Jahre in einer seltsamen Verstreuung lebten; wurde durch die europäischen Juden ermöglicht. Sie brachten die israelischen Juden zurück in das Heilige Land, kehrten jedoch nicht selbst ins Land zurück. Denn sie selbst waren nie zuvor und zu keiner Zeit jemals dort gewesen. Sie siedelten sich einfach im Heiligen Land an.

(Warum sollte wohl ein europäisches Volk dem Judentum beitreten und dann *besessen* von einer Mission sein, die die Befreiung des Heiligen Landes befiehlt, damit die israelischen Juden mit allen Mitteln ins Heilige Land zurückgebracht werden können?)

All diese Dinge, die der Welt so seltsam und rätselhaft erscheinen, scheinen den meisten Juden als Beweise zu dienen, die den jüdischen Anspruch zur absoluten Wahrheit bestätigen. Dies ist so, weil es zumindest ihnen so erscheint, dass Allah (swt) das göttliche Versprechen nun erfüllen wird, welches Er ihnen gegeben hat, nämlich, dass Er ihnen einen Propheten senden wird, der bekannt sein wird als der Messias (Arabisch: al-Masīh) und der ihnen all das oben erwähnte ermöglichen wird und noch vieles mehr.

Dieses Buch behauptet, dass der Qur`an nicht nur diese seltsamen Ereignisse erklärt, sondern auch das endgültige Schicksal Jerusalems aufdeckt. Der Qur`an offenbart ein Schicksal, welches die Falschheit des jüdischen Anspruchs (der Besitz) auf die (göttliche) absolute Wahrheit entlarvt und bestätigt somit jene Wahrheit (den Qur´an), die mit dem Propheten Muhammad (*sallalahu 'alaihi wa sallam*) kam. Dieses Schickal wird Zeugnis dafür ablegen, wie die Juden von Allah -dem Allerhöchsten- mit der größten göttlichen Strafe bestraft werden, die es jemals in der Geschichte (der Völker) gegeben hat.

Im Kern der Qur`anischen Sichtweise bzgl. dem Schicksal Jerusalems und des Heiligen Landes, befindet sich die folgende Darlegung. Wenn der endgültige `Countdown´ im letzten Zeitalter angezählt wird und die Juden von ihrer Verstreuung wieder eingesammelt werden, in welcher sie (in einzelne Völker) zerstückelt und aufgeteilt waren, so werden sie in das Heilige Land als „gemischte Menschenmenge" zurückgebracht werden *(Qur'ān, Banū Isrāīl, 17:104)*. Dieses göttliche Versprechen wurde bereits erfüllt: Die Juden sind längst in das Heilige Land zurückgekehrt und haben es zurückerobert! Ihr Erfolg führte dazu, dass solche Juden an die religiöse Rechtmäßigkeit des Staates Israels glauben, welche sie selbst erschufen (in ihren Wunschvorstellungen). Der Islam erklärt, dass dieses Israel keinerlei religiöse Rechtmäßigkeit besitzt. Vielmehr wurden die Juden durch den größten Akt der Täuschung getäuscht, den die Geschichte jemals erlebt hat. Und die Bühne ist nun für sie aufgerichtet, für den Empfang der größten göttlichen Strafe, die einem Volk jemals Zuteil wurde. Jedoch bevor die endgültige göttliche Strafe für die Banū Isrāīl eintrifft, gibt es da noch ein großes Drama, welches sich im Heiligen Land und in der Welt schon längst entfaltet. Dieses Buch beschreibt einige dieser sich noch zu entfaltenden Dramen.

In der Tat ist es der Grundgedanke dieses Buches aufzuzeigen, dass der Islām eine andere Sichtweise auf den historischen Prozess vertritt, der das Heilige Land betrifft. Es handelt sich um eine Sichtweise, in der die Zeit für Israel langsam abläuft. Der See von Galiläa ist im Begriff auszutrocknen! Jesus wird zurückkehren!

Und seine Rückkehr wird Zeugnis für die Zerstörung des Staates Israel ablegen.

(Siehe Anhang 1 über den aktuellen Wasserspiegel im See von Galiläa. Siehe auch unser Buch "Die Religion von Abraham und der Staat Israel – Eine Sichtweise des Qur'āns".)

Die Juden besaßen dieselbe Wahrheit, wie sie auch die Muslime besitzen, doch sie verfälschten diese Wahrheit. Sie verbrachten eine ausreichend lange Zeitperiode in Madina *(nach der Hijrah)*, um die unverfälschte Wahrheit, die mit dem *Qur'ān* herabkam, zu akzeptieren und ebenso den Propheten Muhammad *(sallalahu 'alaihi wa sallam)*, als den letzten Propheten des Gottes von Abraham, anzuerkennen, jedoch weigerten sie sich hartnäckig dies zu tun. Die Zeit lief ihnen somit davon, als Allah -der Allerhöchste- die *Qibla* änderte *(siehe Qur'ān, al-Baqarah, 2: 141-145)*. Es wurde dann zu spät für sie, um das gemeinschaftliche Schicksal (als *Ummah*) abzuwenden, welches nun in ihre Gesichter starrt. Die Bestimmung und das Schicksal Jerusalems, welches den Staat Israel erwartet, wird mehr als jedes andere Ereignis, das noch darauf wartet sich im geschichtlichen Prozess zu entfalten, den Anspruch des *Islāms* auf die unverfälschte Wahrheit bestätigen.

Jerusalem im Qur`an - die Bedeutung für die Muslime

Welche Bedeutung nimmt dieses Buch für jene Muslime ein, die es bis zum Ende lesen?

Die erste Auswirkung ist, dass Jerusalem und das Heilige Land das Allerteuerste in ihren Herzen werden sollte – so wie Mekkah und Medina bereits das Liebste in ihren Herzen ist – und der Kampf um die Befreiung des Heiligen

Landes von der Abscheulichkeit des säkularen, jüdischen Staates von Israel, sollte die liebste aller Anstrengungen für die Muslime sein. Wenn ein Jude die USA oder Europa oder Russland verlassen kann und sich der israelischen Verteidigungsstreitkraft anschließt und teilnimmt an der bewaffneten Unterdrückung der muslimischen und christlichen Palästinenser im Heiligen Land, dann sollte ein Muslim auch die selbe Freiheit besitzen, auszuwandern und sich dem bewaffneten Widerstand der Unterdrückten im Heiligen Land anschließen zu dürfen, von wo auch immer er in der Welt herkommen mag. Dies ist in der Tat in der heutigen Welt das Minimum eines konkreten Ausdrucks des Glaubens, den ein Muslim mindestens haben sollte, den Wunsch im Herzen an diesem bewaffneten Widerstand im Heiligen Land teilzunehmen. Jedoch sollten die Muslime gewarnt sein, sobald sie ihren Glauben öffentlich bekunden, so wie z.B., dass der Staat Israel durch eine muslimische Armee zerstört werden wird (laut *Hadith*) und sie ihre Hoffnung zum Ausdruck bringen, dass sie sich wünschen Teil dieser Armee zu sein, so würden sie schließlich eingeschüchtert werden und sogar inhaftiert, um sie zum schweigen zu bringen und aus ihrem Fall ein Exempel zu statuieren, das andere einschüchtern soll. Dieser Einschüchterrungsprozess und die Verfolgungen haben in den USA bereits begonnen, sowie in vielen anderen Teilen der Welt und wahrscheinlich wird sich dieser Zustand intensivieren, wenn Israel zum *Herrschenden Staat* der Welt wird.

Zweitens, finanzielle Einkünfte und andere Ressourcen der muslimischen Welt sollten primär darauf ausgerichtet werden das Heilige Land von der Undrückung zu befreien. Während die Kämpfe in Kashmir, in Kosovo oder in

Tschechenien in den Herzen der Muslime einen hohen Stellenwert einnehmen, existiert für einen Erfolg dieser Kämpfe keine göttliche Garantie, jedoch für den Kampf im Heiligen Land. Sie können nicht gleichgesetzt werden. In der Tat, ein Erfolg im Kampf zur Befreiung des Heiligen Landes, würde sich mit Sicherheit positiv auf alle anderen muslimischen Kämpfe auswirken, die für die Befreiung der Unterdrückung geführt würden.

Dritter und wichtigster Punkt von allen, die Muslime (männlich als auch weiblich) müssen die Botschaft und die Rechtleitung des *Qur`ans* bzgl. dem Schicksal Jerusalems studieren und dann anderen lehren. Dieses Buch unternimmt den bescheidenen Versuch, diese Qur`anische Erklärung und Rechtleitung festzulegen und zu präsentieren.

Die Zionistisch-jüdische Strategie

Es war ein Ausmaß, der überall anzutreffenden zionistisch-jüdischen Strategie, das strategische Umfeld Israels zu kontrollieren, mittels der Züchtung zweckmäßiger, korrupter Allianzen, der permanent reichen, räuberischen und gottlosen Elite, die nun die arabisch-muslimische Gesellschaft rundum Israel kontrolliert. Diese Elite ist gezwungen eine freundschaftliche Beziehung mit Israel zu pflegen und aufrechtzuerhalten, um ihre Machtposition, Dominanz, Privilegien und ihren Wohlstand aufrechtzuerhalten. Jene Juden, die zu den Unterstützern des Staates Israel gehören, üben einen ständigen Druck auf diese Elite aus, um so die Muslime zu unterdrücken, die dann gezwungen werden sich Israel zu unterwerfen, sodass

Einleitung

ihr Widerstand gegen Israel und die Juden keine Bedrohung mehr darstellt. Wenn sich Isreals Unterdrückung im Heiligen Land weiter ausbreitet und die muslimisch-arabischen Massen in Rage geraten, dann wird diese herrschende Elite gezwungen sein, aus überlebensnotwedingen Gründen, eine (gefälschte) Haltung der Wut gegenüber Israel einzunehmen. Diese jüdisch-arabische Elite nimmt heutzutage einen vorteilhaften Rang bzgl. der Umsetzung ihrer Ziele und der Vollzugsmacht ein. Jedoch ist dies des Teufels List und dient seinen Zweckmäßigkeiten.

Dies ist eine Strategie von Leuten, die das wesentliche ethische Herz der Religion Abrahams *(alaihi wa sallam)* aufgegeben haben. Die jüdisch-zionistische Strategie setzt voraus, dass sie eines Tages diese arabische Elite fallen lassen, mit der sie die Allianz der Zweckmäßigkeit etablierten. In der Tat die Strategie des "fallen lassens" hat bereits begonnen.

Selbst während wir hier schreiben, bereitet sich Israel auf einen Krieg gegen die arabischen Muslime vor, der zur Expansion des Territoriums des jüdischen Staates führen wird. Israel würde dann über die gesamte Region herrschen, als der *Herrschende Staat* der Welt (d.h. sie lösen die USA als den *Herrschenden Staat* ab).

Als Antwort auf all diese jüdischen Strategien, die darauf aus sind Allah -dem Allerhöchsten- und den Gläubigen zu trotzen und das Schicksal zu untergraben, verkündet der *Qur'ān* bedrohlich:

$$وَمَكَرُواْ وَمَكَرَ ٱللَّهُ وَٱللَّهُ خَيْرُ ٱلْمَٰكِرِينَ$$

"Und sie schmiedeten eine List, und Allah schmiedete eine List; und Allah ist der beste Listenschmied."

(Qur'ān, Āli Imran, 3:54)

Mit dem Ziel diese teuflische Stategie im Heiligen Land zu etablieren, kooperierte Israel, als Partner für den Frieden, dies, sogar mit Yassir Arafat und seiner säkularen, nationalistischen, palästinensischen Befreiungsorganisiation.

Diese Strategie erwies sich als höchst erfolgreich in folgenden Ländern:

Ägypten, Jordanien, Türkei und Saudi-Arabien, die ja alle zu den Klientelstaaten der gottlosen USA zählen. Doch dieser teuflische Plan ging weder im Heiligen Land noch in Syrien oder im Jemen auf.

Die Leser dieses Buches mögen über das Bittgebet des Propheten Muhammad *(sallalahu 'alaihi wa sallam)* reflektieren, der folgendes erbat:

Berichtet von ibn Umar (r.a): Der Prophet Muhammad sagte: „O Allah, segne uns in unserem Sham und unserem Jemen!" Sie sagten: „O Gesandter Allahs! Und unserem Nadschd? (Nadschd ist der Teil von Saudi-Arabien, von dem die saudischen Herrscher abstammen) " Er antwortete nicht, sondern sagte wieder: „O Allah, segne uns in unserem Sham und unserem Jemen!" Sie sagten erneut: „O Gesandter Allahs! Und unserem Nadschd?" Der Prophet antwortete nicht, sondern sagte erneut: „O Allah, segne uns in unserem Sham und unserem Jemen! "Sie sagten wieder: „O Gesandter Allahs! Und unserem Nadschd?" Da sagte der Gesandte Allahs: „Von dort werden große Unruhen und Streitigkeiten kommen und von dort wird der Kopf (die Hörner) des Schaitans erscheinen.

(Sahih, Bukhari)

Der jüdische Staat Israel vervollständigte 50 Jahre seines Bestehens. Doch dies ist mit Sicherheit keine Leistung, wie die Juden uns allerdings glauben lassen wollen. Eine essentiell gottlose, zionistische Bewegung betrog die *Banū Isrāīl* durch einen Berg von Lügen. Eines dieser Lügen war der falsche Slogan *„ein Land ohne Volk, für ein Volk ohne Land"*. Wenn dieses Land vorher kein Volk beherbergte, dann sollten wir uns nun fragen: „Wer sind dann die heutigen Steinewerfer"?

Wenn die Araber nicht zu den `menschlichen Wesen´ gezählt werden und sie nur `Heuschrecken´ sind, wie der frühere israelische Premierminister Shamir einst erklärte, warum erlaubten sie den Juden dann für mehr als zweitausend Jahre unter ihnen zu leben? Die Araber garantierten den Juden Sicherheit über ihr Leben und ihrem Eigentum, während sie unter ihnen in den arabischen Ländern, für mehr als zweitausend Jahre lebten. Die Araber taten dies und vieles mehr zu einer Zeit, als der Rest der Welt den Juden die Türen verschlossen hatte oder sie widerwillig in Ghettos leben durften. Die Araber handelten in dieser Weise, weil sie immer noch einen 'Überbleibsel' der Religion Abrahams besaßen, welches sie durch den Propheten Ismael *('alaihi as-Salām)* erreichte. Dieses 'Überbleibsel' der Wahrheit, lehrte sie die Gastfreundschaft zu zeigen. Dieselbe Religion Abrahams hätte den Juden aufzeigen sollen, wie man Dankbarkeit gegenüber gastfreundlichen `Heuschrecken´ zeigt.

Der Zionismus erläutert, dass diese Wahrheit im Judentum zu finden sei und übertrug dem Jüdischen Volk ein 'exklusives', 'ewiges' und 'bedingungsloses' Recht auf das Heilige Land. Der Zionimus behauptete, dass die Wiederherstellung des jüdischen Staates von Israel, der von Allah -dem Allerhöchsten- vor 2000 Jahren zerstört wurde, den jüdischen Anspruch auf die Wahrheit (eine imperialistische Version der Wahrheit) bestätigt. Hat die Thora übrigens nicht Folgendes verkündet, dass *„Jeder Ort, darauf eure Fußsohle tritt, soll euer sein" (Deuteronomium, 11:24)?* Seit 50 Jahren, seit der Geburt Israels, konnte die Welt erstaunt, die katastrophalen bedrohlichen "Fußsohlen" der jüdischen "Spuren" in einer Dauerexpansion Isreals beobachten. Diese Expansion hat noch kein Ende genommen. Trotz des Anscheins, dass Israel belagert wird und sie ihren "Wagen" kreisen lassen", um sich selbst besser vor einem arabischen Angriff schützen zu können, sieht die "Realität" zur Zeit der Veröffentlichung dieses Buches (nach der Zerstörung des Flüchtlingslagers Jenin und die Abschlachtung von so vielen Arabern) wie folgt aus: Israel steckt mitten in den Vorbereitungen eines großen Krieges gegen die Araber, wodurch die Grenzen des Staates drastisch erweitert werden sollen, um das biblische Heilige Land zu erschaffen, welches sich *vom Fluss Ägyptens an* (und das bedeutet, die Kontrolle über den Suezkanal), *bis zum Fluss Euphrat* erstreckt (und dies bedeutet, die Kontrolle über das gesamte Golf-Öl mit der möglichen Ausnahme des Iranischen Öls).

Europa, Japan und viele Teile der restlichen Welt sind abhängig von diesem Golf-Öl. Dieser Krieg, der mit Sorgfalt geplant werden wird, wird die Ablösung der USA als *'Herrschenden Staat'* der Welt durch Israel erleben.

Und so bezieht sich aus biblischer Perspektive der Erfolg der Juden darin, den Staat Israel wiederherzustellen und sein Territorium zu erweitern, um somit die damit verbundene Kontrollübernahme der Heiligen Stadt Jerusalem zu ergattern. Dies ist ein Scheinerfolg, der als Bestätigung dafür dienen soll, dass das Judentum seinem Wahrheitsanspruch gerecht wird.

Unsere Frage lautet: Wie wurde dies erreicht ohne den Messias? Die Antwort ist, dies wurde erreicht durch die Täuschung eines falschen Messias (*al-Masīh al-Dajjāl*)!

Auch hier lautet die unausweichliche Schlussfolgerung bzgl. des Scheinerfolges der Wiederherstellung des biblischen Israels, dass die jüdische Behauptung bestätigt wurde, dies würde wiederum bedeuten, dass Jesus und Muhammad (Friede sei mit ihnen beiden) beide Betrüger waren.

Jedoch, damit Israel geschaffen werden konnte, mussten sie ihren Waggon an die neu aufstrebende, essentiell gottlose und dekadente, moderne, westliche Zilivisation ankoppeln. Diese gottlose westliche Welt etablierte ihre Autorität wie ein unvergleichlicher, dominanter Akteur, der die Hauptrolle auf der Weltbühne einnahm, *"bis sie (Gog und Magogg) von allen Höhen herbeieilen"* oder *"sie sich in jede Richtung ausbreiten" (Sūrah al-Anbiyāh, 21:96)*, um somit die Meere, das Land und den Luftraum zu kontrollieren. Niemals hätte der jüdische Staat diese 50 Jahre überleben können, ohne die aktive Unterstützung des allmächtigen, gottlosen und dekadenten Westens. Jene Juden, die den Staat Israel unterstützen, bejubelten das, was ihnen als Wiederherstellung des biblischen Israels erschien, dabei ignorierten sie leichtfertig die gewaltigen Ungerechtigkeiten und die Unterdrückung, die am hilflosen palästinensischen Volk ausgeübt wurde – an Christen sowie Muslime - deren einzige Sünde offenbar das bewohnen des Heiligen Landes (der Juden) war. Diese Ungerechtigkeiten und die Unterdrückung, stiegen in diesen 50 Jahren kontinuierlich an. Unsere Frage an jene Juden lautet: Ist ein gültiger Wahrheitsanspruch, mit einer solchen Gottlosigkeit, Dekadenz, Ungerechtigkeit, Rassismus und Unterdrückung miteinander vereinbar? Kann ein Volk ihren Waggon an einen gottlosen Zug koppeln und daraufhin immernoch behaupten, dass sie treu dem Gott Abrahams ergeben sind?

Die zionistischen Juden behaupten, sie hätten die Palästinenser nicht aus ihren Häusern vertrieben – sondern vielmehr verließen sie ihre Häuser von selbst. Na dann, warum haben die Juden ihre Häuser nicht als heiliges anvertrautes Gut aufbewahrt und warum luden sie dann ihre Bewohner nicht zur Rückkehr in ihre Häuser ein? Anstatt dies zu tun, haben die Juden ihnen 50 lange, miserable Jahre hartnäckig das 'Recht zur Rückkehr' in ihre Häuser verwehrt. Erstaunlicherweise nicht "nur" das, denn nun behauptet Israel, es müssten 'möglicherweise' noch weitere 50 lange, beschwerliche Jahre vergehen, bevor eine realistische Möglichkeit besteht, das Israel und die Bewohner Palästinas (Christen sowie auch Muslime) zu einer Einigung kommen, um sich im Heiligen Land denselben Wohnraum zu teilen und dies sogar ganz ohne den Krieg. Das sind nur Luftschlösser! Dies steht verhältnismäßig im Widerspruch zu dem sich rasch entfalteten historischen Prozess. Die schreckliche israelische Unterdrückung verschärft sich jeden Tag weiter.

Einleitung

Israel erreicht nun bald den Gipfel des "falschen" Glanzes, durch ihren Aufstieg zum *Herrschenden Staat* der Welt. Doch dieses Buch verkündet, dass sich die Welt nun am Anfang vom Ende des jüdischen Betrügerstaates befindet und dessen Niedergang erleben wird! Die Juden sollten dem Zionismus nicht die Schuld in die Schuhe schieben für die Misere, in der sie sich jetzt befinden. Alles was der Zionismus jemals tat, war, jede einzelne Lüge auszunutzen, die in die Bibel gesteckt wurde und so dann diese Lügen mit einem weiteren Berg von Lügen zu verschönern.

'Jerusalem' wird im Qur´an nicht beim Namen erwähnt

'Jerusalem im Qur'ān' wurde zum Teil als Antwort auf den Zeitungsartikel von Daniel Pipes geschrieben, welcher in der Los Angeles Times veröffentlicht wurde ("Jerusalem bedeutet den Juden mehr, als den Muslimen"). Darin versuchte er jeglichen islamischen Anspruch auf Jerusalem zurückzuweisen, indem er unter anderem erklärte: „Jerusalem findet weder Erwähung im Qur'ān noch in den gottesdienstlichen Handlungen".

Seit Dr. Pipes seinen Artikel veröffentlichte, haben zahlreiche Zeitungsjournalisten und andere politische Kommentatoren des Heiligen Lades, das Lesepublikum mit einer scheinbar endlosen Wiederholungsschleife seiner Herausforderung überschwemmt. Dr. Pipes und sein Medienapparat, welche unsere Reaktion darauf provoziert haben, mögen auf Wunsch ihre Meinung revidieren, sofern sie überhaupt je dieses Buch lesen.

In der Tat, ein Muslim ist verpflichtet auf solch eine feindselige Kritik zu antworten, die darauf beharrt den Islam und den Qur`an herauszufordern, besonders im Bezug auf den neuen Kreuzzug im Namen des jüdischen Staates Israels. Die Antwort sollte stets so erfolgen, dass man sich dabei die Wahrheit zu Nutzen macht, die im Qur'an verankert ist. Der Qur`an erklärt, dass wenn die Wahrheit gegen die Lüge geschleudert wird, die Wahrheit die Lüge stets besiegt. Und die Gläubigen wurden dazu angewiesen den Qur`an anzuwenden, während sie einen gewaltigen Kampf gegen die Wahrheitsleugner (*Kuffar*) führen.

Einleitung

Es war nicht unsere Absicht, Leute wie Daniel Pipes zu überzeugen, dass die Qur'anischen Lehren und Prophezeihungen, sowie die entsprechenden Aussprüche des Propheten Muhammad *(sallalahu 'alaihi wa sallam)*, die Jerusalem und sein Schicksal betreffen, die Wahrheit sind. Vielmehr ist es unser Ziel, unabhängig ob Dr. Pipes *'Jerusalem im Qur'an'* akzeptiert oder nicht, die Untersuchungen dieses Fachbereiches grundlegend darzustellen, denn es ist klar, dass diese Untersuchung wesentlich für das Verständnis des Problems zwischen Israel und dem Islam ist.

Jerusalem – Der Schlüssel zum Verständnis der heutigen Welt

Es sollte nun klar sein, dass dieses Thema besonders für all jene Muslime von enormer Wichtigkeit ist, die Stellung dazu nehmen oder auf das sich schnell entwickelnde Drama in Jerusalem reagieren müssen. Bereits im Jahr 1974 forderte der nun verstorbene Dr. Kaleem Siddiqui, - Gründungspräsident des muslimischen Instituts zur Erforschung und Planung in London-, den Verfasser dieses Buches dazu auf, exakt dieses Buch zu schreiben, welches aufzeigen sollte, dass Jerusalem der Schlüssel zum Verständnis des historischen Prozesses ist, sowie es nun heute erkenntlich ist. *Alhamdulillah,* dieser Auftrag wurde nun nach 27 Jahren vollendet. Die Qur`anische Sichtweise, die aus diesem Buch hervorgeht, verdeutlicht, dass es nicht möglich ist, - und zwar für jedermann -, die moderne Welt wirklich zu verstehen, es sei denn man durchdringt mit seinem Verständnis die Realität des heutigen Jerusalems!

Der moderne Westen will einen *Islām*, der unter anderem dem jüdischen Staat Israel dient, ihm zugutekommt und den Weg für solche Muslime ebnet, die diesen Islam annehmen und mit ihm zufrieden sind. Hierin liegt der Schlüssel zum Verständnis des historischen Prozesses, wie er die internationalen Beziehungen in diesem Zeitalter beeinflusst. Dieses Buch ist die islamische Antwort auf dieses strategische Ziel des Westens, eine Antwort, die fest auf dem *Qur`an* und den *Ahādīth* des Propheten Muhammad *(sallallahu alaihi wa sallam)* basiert. Dieses Buch legt offen, dass es zu keiner Zeit in der Zukunft jemals Frieden geben wird, zwischen dem jüdischen Staat von Israel und den wahren Anhängern des Propheten

Einleitung

Muhammad *(sallallahu alaihi wa sallam)*, die schließlich über den Unterdrücker Israel triumphieren und das Heilige Land aus der Unterdrückung Israels befreien werden. Andererseits werden jene Muslime, die den Islam verraten und sich dem Lager der gottlosen Gegner des Islams angeschlossen haben, letztendlich einen Weg finden, um Israel zu dienen und sich der Herrschaft des jüdischen Staates zu unterwerfen.

Nirgendwo anders, folgen auf dem Versuch die Religion des *Islāms* zu lehren, mehr signifikante Ergebnisse (positive sowie negative) als in den Bildungseinrichtungen und dies vor allem an Universitäten und anderen Hochschulen. Es ist jedoch klar, dass wenn die islamische Bildung je aufgenommen werden kann, der Geist des Kindes und des Schülers fest mit dem Qur`an verbunden sein muss.

Der wichtigste Bereich aller zu behandelnden Themen im Qur`an, der heutzutage an islamischen Bildungseinrichtungen gelehrt werden muss, ist der Bereich "Jerusalem im Qur`an". Durch diesen Fachbereich, mehr als durch jeden anderen, wird es den Muslimen möglich erfolgreich auf den gegenwärtigen Angriff der gottlosen Welt zu antworten, die sie mit solchen Änderungen im Glauben bekämpft, die Israel zugutekommen *(siehe extract from Isma'il Raji Faruqi's book on page xix)*. Professor Dr. Imail Raji Faruqi, der geehrte palästinensische Gelehrte des Islams, der ermordet wurde, weil er ein Dorn im Auge Israels war, warnte die Muslime vor dieser Gefahr:

„Das Problem der gegenwärtigen israelischen Feindschaft gegen die muslimische Welt, ist weder in der islamischen Geschichte je vorgekommen, noch mit irgendeinem

Ereignis in der islamischen Geschichte vergleichbar. Die muslimische Welt neigt dazu, diese Feindschaft als einen Fall des modernen Kolonialismus zu betrachten oder bestenfalls als Wiederholung der Kreuzzüge. Der Unterschied liegt nicht darin, ob Israel eines von diesen beiden Dingen (Kolonialismus und Kreuzzug) tut oder nicht, sondern Fakt ist, dass Israel beides dieser Dinge umsetzt und noch mehr, viel mehr. Unglücklicherweise gibt es keine islamische Literatur über dieses Thema. Das Bedürfnis einer solchen Problemanalyse ist daher so dringend, wie der gegenwärtige Moment, der insbesondere die arabische und die muslimische Welt allgemeinen dazu auffordert, Israel als vollständiges Mitglied `einer muslimischen Weltnation´ in Asien-Afrika zu akzeptieren."

(Islam and the Problem of Israel, Islamic Council of Europe, London, 1980. ISBN 0907163 02 5).

Dr. Faruqi war der Ansicht, dass Israel eine weitaus größere Bedrohung für die Muslime darstellt, als die Gefahr, die durch die Euro-christlichen Kreuzzüge im Mittelalter entstanden ist oder durch die Euro-Kolonialisierung des modernen säkularen Zeitalters. Daher lehnte er den Ruf zur Akzeptanz Israels als vollständiges Mitglied `einer muslimischen Weltnation in Asien-Afrika´ ab. Dieses Buch startete einen bescheidenen Versuch um Dr. Faruqis Werk zu ergänzen, welches zur Unterstützung den muslimischen Lehrern zur Verfügung gestellt werden sollte, dies jedoch insbesondere unter Qur`anischer Rechtleitung- bzgl. Jerusalem und seinem Schicksal. Man sollte es nicht zulassen, dass der muslimische Lehrer sowie die islamische Schule eine "neutrale" Position im Bezug auf das Thema *"Jerusalem im Qur`an"* einnimmt.

Einleitung

Juden, Christen, und 'Jerusalem im Qur'ān'

Weil das Thema *"Jerusalem im Qur`an "* letztendlich für die Muslime so wichtig ist, waren wir auch besonders daran interessiert, die Juden und Christen durch den Qur´an zu erreichen. Während die Zeit vergeht und die letzte Stunde immer näher rückt, wird es für die christliche und jüdische Lehre immer schwieriger auf den *Qur'ān* und den *Āhādithen* zu antworten, die sich mit dem Thema dieses Buches befasst. Dies betrifft ebenso auch Themen wie Gog und Magogg, dem (falschen) Messias und die Rückkehr von Jesus *('alaihi as-Salām)*. Die Beweise, die die Wahrheit des Qur'āns bestätigen, nehmen weiter zu.

Muslime sind verpflichtet dieses Thema den Juden und den Christen näher zu bringen und das haben wir in diesem Buch getan. *Shaikh* Safar al-Hawalis wundervolles Buch, *"The Day of Wrath - Is the Intifāda of Rajab only the Beginning?"* ergänzt dieses Buch und erlaubt dem Leser, für sich selbst die Konkordanz und Diskordanz zwischen dem *Qur`an* und den biblischen Prophezeiungen zu erforschen.

Dieses Buch unterscheidet zwischen zwei Arten von Juden: Es gibt jene Israeli-Juden, dessen Abstammung auf ihren Vater Abraham *('alaihi as-Salām)* zurückzuführen ist. Sie sind ein semitisches Volk, dessen Rassenverbundenheit zu den Arabern unzweifelhaft besteht. Andererseits gibt es da die blauäugigen blonden Europäer, die zum Judentum konvertiert waren und keine Abstammungslinie zum Propheten Abraham *('alaihi as-Salām)* besteht. Die Meinung dieses Schriftstellers ist, und Allah weiß am besten, dass sich das ursprüngliche Volk von Gog und Magogg auf jeden Fall irgendwo in den Reihen der europäischen Juden befindet. Gog und Magogg brachten die christlich-europäische Zivilisation zum Kippen und verwandelten sie in die gegenwärtige gottlose Zivilisation. Gog und Magogg gründeten die zionistische Bewegung und den Staat Israel.

Es ist keine Frage, dass dieses Buch zweifellos den westlichen, christlichen, jüdischen und sogar einige muslimische Leser in psychologischer Hinsicht schocken wird. Aber lassen Sie uns klar und deutlich sagen, dass wir dieses Buch nicht geschrieben haben, um eine solche Leserschaft zu beleidigen. Die `innere Realität´ der heutigen Welt, so wie sie durch den Qur`an verstanden wird, ist eine ganz Andere, als wie sie äußerlich erscheint. Diese `äußere Erscheinungsform´ dient manchen Leuten zur Urteilsbildung basierend auf Äußerlichkeiten.

Es gibt einen großen Unterschied bzgl. der Wahrnehmung jener, die mit beiden Augen sehen, den internen und externen, und jener, die nur mit einem Auge sehen (weil sie innerlich blind sind). Prophet Muhammad *(sallalahu 'alaihi wa sallam)* verkündete eine ominöse Warnung, als er erklärte, dass der *Dajjāl* -der Falsche Messias- blind auf dem einen Auge ist: *"Und dein Herr ist nicht einäugig"* Er warnte auch davor, dass das Zeitalter des *Dajjals* -des Falschen Messias- ein Zeitalter sein wird, in welchem die 'Erscheinung' und die 'Realität' völlig voneinander unterschieden werden. Niemand kann mit dem "inneren Auge" sehen und die "Realität" im letzten Zeitalter durchdringen, ausgenommen diejenigen, die treu dem Propheten Muhammad *(sallalahu 'alaihi wa sallam)* folgen.
Wir sind zuversichtlich, dass es wenigstens einige Juden geben wird, welche die dargelegte Erläuterung des Qur´ans in diesem bzgl. der sich entfaltenden Ereignisse im

Heiligen Land lesen und sich *insh`Allah* von der Wahrhaftigkeit des Qur´ans überzeugen lassen werden und als Folge dessen, den Propheten Muhammad (*sallalahu `alaihi wa sallam*) als einen wahren Propheten des Einen Gottes von Abraham (*alaihi salam*) akzeptieren werden.

Interpretation und Erläuterung

Wir haben manchmal selbst einen Vers des Qur´ans interpretiert, wenn ein solcher Vers weder von Allah -dem Allweisen- noch von Seinem Gesandten *(sallalahu 'alaihi wa sallam)* nicht direkt erklärt wurde. Wir taten dies, um die entsprechende Qur`anische Erläuterung für unser Thema zu ermitteln. Indem wir dies taten, haben wir uns selbst einer fassungslosen Ablehnung derer ausgesetzt, die neben der direkten und wortwörtlichen Bedeutung eines Verses, keine andere Interpretation des heiligen Textes zulassen. Wir laden jene ein, die unsere Interpretationen ablehnen, selbst eine andere 'Erklärung' vorzubringen, mit der sie die Qur`anische Sichtweise bzgl. der Rückkehr der Juden ins Heilige Land erklären.

Zweitens, wenn wir einen Qur`anischen Text interpretierten, taten wir dies immer unter dem Vorbehalt, dass Allah es am besten weiß! *(Allāhu 'alam)*. Die klassischen Kommentatoren des *Qur`ans* verfuhren immer auf diese Weise!

Jerusalem und der Wahrheitsanspruch des Qur´ans

Es ist in diesem Zeitalter der Säkularisierung des Wissens ganz aus der Mode gekommen, auf das offenbarte Wort des Gottes von Abraham *('alaihi As-Salam)* zurückzugreifen, um nach einer Erklärung der heutigen Welt zu suchen. Doch das ist genau das, was geschah, als der Staat Israel in der modernen Welt auftauchte. Das europäische Judentum benutzte die Thora, um darauf ihr "gottgegebenes" Recht zu begründen, das Heilige Land in Besitz zu nehmen und um den Staat Israel wiederherzustellen (dieser wurde vom Propheten-König, David *('alaihi as-Salām)* gegründet). Der erste europäische Premierminister Israels, David Ben Gurion, erklärte ganz offen: *Die Bibel ist unsere Urkunde für das Land Israel.*

Unsere Antwort bzgl. der Entstehung des jüdischen Israels, war daher mit einer Präsentation, die exklusiv vom Qur´an stammt, völlig gerechtfertigt. Niemand sollte versuchen, uns dieses Recht zu verweigern, ganz gleich, wie unbequem es für ihn auch sein mag. Für viele könnte dies das erste Mal sein, dass sie solch einer Präsentation ausgesetzt werden. So wie sich der bisherige historische Prozess in dieser letzten Phase der Geschichte entfaltet, und so wie der Qur'an zunehmend seine Fähigkeit zeigt, die heutige Welt und das heutige Jerusalem exakt erklären zu können, so wird dies dazu dienen den Anspruch auf seine Wahrhaftigkeit zu bestätigen. Das ist genau das, was der Qur'ān selbst in einer Sūrah verkündet, die sich selbst *al-Fussilat* ("das, was klar festgelegt wird") bennent:

سَنُرِيهِمْ ءَايَٰتِنَا فِى ٱلْءَافَاقِ وَفِىٓ أَنفُسِهِمْ حَتَّىٰ يَتَبَيَّنَ لَهُمْ أَنَّهُ ٱلْحَقُّ ۗ أَوَلَمْ يَكْفِ بِرَبِّكَ أَنَّهُۥ عَلَىٰ كُلِّ شَىْءٍ شَهِيدٌ أَلَآ إِنَّهُمْ فِى مِرْيَةٍ مِّن لِّقَآءِ رَبِّهِمْ ۗ أَلَآ إِنَّهُۥ بِكُلِّ شَىْءٍ مُّحِيطٌ

Einleitung

"Bald werden Wir sie Unsere Zeichen (Botschaft) sehen lassen überall auf Erden (durch dass, was sich im Laufe der Zeit entfalten wird) und an ihnen selbst, bis ihnen deutlich wird, dass es (diese Offenbarung) die Wahrheit ist. Genügt es denn nicht, dass dein Herr Zeuge ist über alle Dinge? "Doch sie hegen Zweifel an der Begegnung mit ihrem Herrn. Wahrlich, Er umfaßt alle Dinge!"

(Qur'ān, al-Fussilaat, 41:53-4)

Jerusalem, eine Stadt, die heilig ist für Muslime, Christen und Juden, sie ist dazu bestimmt die wichtigste aller Rollen am Ende der geschichtlichen Zeit zu spielen. Der Islam, das Christentum und das Judentum stimmen in dieser Angelegenheit überein. Es gibt eine Fülle an Zeichen, die deutlich erkennbar sind für jene, die mit der `spirituellen Sicht´ gesegnet wurden (d.h., jene, die mit zwei Augen sehen, dem äußeren Auge und dem inneren Auge), dass wir nun im letzten Zeitalter leben, das Zeitalter, welches das Ende der Geschichte erleben wird.

Wie lange dauert dieses letzte Zeitalter an? Wann wird das Ende kommen? Niemand weiß dies, außer Allah, der Erhabene, der Gott Abrahams *('alaihi as-Salām)*.

Es ist sicherlich wichtig, dass die Sichtweise des Qur'ans bzgl. dieses Themas wieder und immer wieder präsentiert wird, da Jerusalem bereits längst die "Rolle" eingenommen hat, die ihr Schicksal am Ende der Zeit repräsentiert. Dieses Buch erkärt diese "Rolle". Ebenso wichtig ist es, dass die "Rolle", die Jerusalem am Ende der Zeit einnimmt, mit soviel intuitiver spiritueller Sicht *(Basirah)* wie möglich erklärt werden sollte, denn diese "Rolle" wird oftmals nur durch diese Vorgehensweise in Erscheinung treten. Unser Ziel war es natürlich, das allgemeine

Lesepublikum zu erreichen. Es ist besonders wichtig, sie mit dem Schicksal Jerusalems und des Heiligen Landes vertraut zu machen, welches im Qur´an und den *Hadithen* (den Aussprüchen des Propheten Muhammad s.a.s) fest verankert ist.

Dies ist so wichtig, weil es verschiedene Anspruchserhebungen seitens der drei großen Weltreligionen bzgl. Jerusalem gibt, die von verschiedenen konkurrierenden Seiten aufkommen und jede Seite gibt bekannt, dass Jerusalem dazu bestimmt ist ihren eigenen exklusiven Anspruch auf den Besitz der absoluten Wahrheit zu bestätigen und somit alle anderen ungültig macht.

Mit anderen Worten bedeutet dies, dass die Juden an eine Bestimmung Jerusalems glauben, welche die Ankunft des Messias erleben wird. Wenn der Messias kommt, wird er das goldene Zeitalter des Judentums wiederherstellen und er wird die Welt von Jerusalem aus regieren. Dies wird den jüdischen Anspruch auf die wahre Religion bestätigen und die konkurrierenden Ansprüche somit für ungültig erklären. Die Christen haben denselben Glauben. Wenn Jesus, der Messias, zurückkehren wird, so wird er von Jerusalem aus über die Welt regieren und er wird die christlichen Dogmen der Trinität, der Inkarnation (Gott ist Mensch geworden), der Erlösung, etc. bestätigen.

Somit wird der christliche Anspruch auf die wahre Religion bestätigt und alle anderen für ungültig erklärt. Muslime glauben ebenfalls, dass Jerusalem ein bestimmtes Schicksal erwartet, welches den Anspruch auf die wahre Religion des Islams bestätigen wird und somit den aktuellen christlichen und jüdischen Anspruch für ungültig erklären wird. Da diese drei Konzepte, die sich alle auf die abstammende Wahrheit Abrahams *(alaihi salam)* beziehen, solch tiefgehende Unterschiede aufweisen, können sie nicht alle drei wahr sein.

Die muslimische Sichtweise, so wie sie in diesem Buch erscheint, ist, dass Jesus *('alaihi as-Salām)* -der „wahre" Messias- eines Tages auf die Erde zurückkehren, nach Jerusalem gehen und die Welt als *Hākimun 'Ādil* (ein gerechter Herrscher) regieren wird, - *"er wird heiraten, Kinder haben und sterben"; "die Muslime werden über seinem Körper das Totengebet verrichten und er wird neben dem Propheten Muhammad (sallalahu 'alaihi wa sallam) in der Stadt Medina begraben werden;* „*wenn er zurückgekehrt ist, wird er das Kreuz brechen",* und das wird das Ende des Christentums sein, der Religion des Kreuzes und *"er wird das Schwein töten".*

Abu Huraira berichtete, dass der Gesandte Allahs (s.a.s.) sagte: „Ich schwöre bei dem, in dessen Hand mein Leben ist, dass der Sohn der Maria alsbald zu euch als Schiedsrichter (gerechter Herrscher) entsandt werden wird; sodann wird er das Kreuz brechen, das Schwein töten, den Krieg einstellen, und das Geld wird sich so vermehren, dass keiner es wird annehmen wollen."

(Sahih Bukhari)

Das Wort "Schwein" kann nicht wortwörtlich interpretiert werden, da eine solche Interpretation nicht in den

Zusammenhang des Textes passt. Vielmehr deutet die Verwendung des Begriffs 'Schwein' auf extremen göttlichen Zorn hin. Dieses Buch stellt nun die entscheidende Frage: Wer sind die Schweine, die durch den Messias getötet werden, wenn er zurückkommt? Auf wen wird der Messias so zornig sein? Wer versuchte ihn zu kreuzigen? Die Muslime besitzen präzise Information über die Zeit der Rückkehr Jesus (*allahi as-Salam*). Diese Rückkehr wird sich dann ereignen, wenn das Wasser im See von Galiläa fast ausgetrocknet sein wird oder schon ausgetrocknet ist:

" ….während all dies geschieht, wird Allah den Messias, den Sohn der Maria (*al-Masîh ibn Maryam*), senden und dieser wird am weißen Minarett im Osten von Damaskus herniederkommen, gekleidet in zwei hell safran gefärbte Gewänder, seine Hände gestützt auf die Schwingen zweier Engel. Wenn er seinen Kopf bewegt, tropft Wasser hernieder und wenn er ihn hebt, fallen Tropfen wie Perlen herab. Und keinem Ungläubigen ist es gestattet, den Duft seines Atemhauchs zu spüren ohne dass er (davon) stirbt und sein Atem reicht so weit sein Auge sieht. Er wird ihn (den Dajjâl) verfolgen, bis er ihn am Tor von Ludd erreicht und tötet. Darauf wird ´Îsâ ibn Maryam zu Menschen kommen, die Allah vor ihm (dem *Dajjâl*) bewahrt hat, und er wird ihnen über die Gesichter streichen und ihnen ihre Stufen im Paradies verkünden. Und während dies geschieht, wird Allah ´Îsâ offenbaren: Wahrlich ich habe von meinen Gottesdienern solche hervorgebracht, die unbesiegbar sind, so führe meine Diener zum Berg Sinai (Tûr). Und Allah sendet ‚Gog und Magogg (Ya'jûj wa Ma'jûj) und sie eilen hin von jeder Erhöhung und die ersten ihrer Truppen werden sich auf den See von Tabariyya (Galiläa) stürzen und von seinem Wasser trinken und die letzten von ihnen werden sagen: Hier gab es früher einmal Wasser. ….."

(Sahih Muslim)

Der See Genazereth (auch See von Tiberias, Jam Kinneret oder Galiläa genannt) hat heute weniger Wasser, als je zuvor in der Geschichte und dieses Wasser wird immer geringer, weil Israels Euro-jüdische Regierung dem See mehr Wasser entnimmt als die Natur dem See zurückgeben kann. So einfach ist das! Wenn das Wasser versiegt und

Einleitung

kein Trinkwasser mehr übrig ist, werden die zionistischen Juden endlich den höchsten Augenblick ihrer Gesamtstrategie erreichen, nämlich die Araber dazu zu bringen, sich der jüdischen Herrschaft im Heiligen Land zu unterwerfen. Diese Unterwerfung impliziert die Verehrung ihres falschen Messias, im Gegensatz zur Anbetung Allahs -dem Allerhöchsten-. Sie werden dazu verpflichtet sein, Wasser aus den Entsalzungsanlagen zu besorgen, die Israel bauen wird. Die Araber werden zu arm, um sich Wasser leisten zu können.

Dieses Buch stellt klar: Alles, was die zionistischen Juden noch tun müssen, um die verbleibende Zeit zu messen, die ihnen noch bis zu ihrer endgültigen Vernichtung bleibt, ist es den Wasserstand im See Genezareth zu beobachten. Der Moment auf den sie warten -gemäß ihrer Strategie-, die ihnen den endgültigen Triumph liefern soll, wird vielmehr ein Moment ihrer endgültigen Zerstörung werden, wenn der wahre Messias zurückgekehrt ist. (Siehe Anhang 1 der See von Galiläa).

Struktur des Buches

Das Buch beginnt passenderweise mit dem "Geheimnis" Jerusalems, der "Stadt" im Qur`an. Vielleicht ist der Grund für diese geheimnisvolle Behandlung des Themas, die vorherbestimmte zentrale Schlüsselrolle Jerusalems, die sie im letzten Zeitalter spielen wird.

Im Kapitel Drei befindet sich eine Einführung in das Thema Qur`anische Literaturhinweise im Bezug auf das Heilige Land.

Kapitel Vier beschreibt die Qur'anische Verkündigung, die besagt, dass das Heilige Land den Juden gegeben wurde. Doch der *Qur'ān* fährt fort und offenbart, dass den Juden der Zugang ins Heilige Land immer wieder verweigert wurde oder sie daraus vertrieben wurden. Das Christentum teilte dasselbe Schicksal, als die Kreuzritter für kurze Zeit die Stadt Jerusalem und das Heilige Land erobert hatten.

Dies führt uns zu Kapitel Fünf, in dem die göttlich verhängten Bedingungen für eine Erbschaft des Heiligen Landes beschrieben werden – göttliche Vertragsbedingungen, die die Juden immer wieder brachen. Der letzte Vertragsbruch der göttlichen Konditionen ereignete sich, als sie Jesus *('alaihi as-Salām)* als Messias ablehnten und sich rühmten, ihn gekreuzigt zu haben. Sie wurden dann aus dem Heiligen Land vertrieben, verbannt und durften nicht eher zurückkehren, (um es als Eigentum zurückzufordern) bis Gog und Magogg ihre Rückkehr möglich machten.

In Kapitel Sechs berichten wir über die Qur'anische Erzählung der göttlichen Vertreibung der Banu Israil aus dem Heiligen Land, welche aufgrund der Verletzung der göttlichen Bedingungen (s.o.) erfolgte. Der daraus folgende logische Rückschluss lautet, Kapitel Sechs erläutert den Qur'anischen Standpunkt bzgl. des göttlichen Eingriffs, der sich vorher ereignete und beschreibt die Wiederholung einer göttlichen Strafe, die die Juden erneut treffen wird, weil sie zum wiederholten Male die göttlichen Bedingungen für die Vererbung des Heiligen Landes verletzten!

Kapitel Eins und Zwei des Zweiten Teils dieses Buches enthalten politische und wirtschaftliche Argumente, die die Tatsache festigen, dass die säkulare und politische Struktur der weltlichen Wirtschaft des israelischen Staates, im offenkundigen Widerspruch zur Religion Abrahams *('alaihi as-Salām)* steht und damit eine klare Verletzung der Göttlichen Bedingungen für die Vererbung des Heiligen Landes darstellen, die im Kapitel Vier des ersten Teils erwähnt werden.

Kapitel Sieben versucht die Auswirkungen zu erklären, die die Änderung der *Qiblah* (von Jerusalem nach Mekka) hatte. Diese Änderung wird in keinster Weise die *Ummah* des Propheten *(sallalahu 'alaihi wa sallam)* davon abhalten, ihre gottgewollte Mission bzgl. der Zerstörung des betrügerischen Staates Israels zu erfüllen.

Nach Kapitel Sieben widmet sich der verbleibende Teil des ersten Teils dieses Werkes, einer islamischen Sichtweise im Bezug auf das Schicksal Jerusalems. Die Qur`anische Erklärung bzgl. dem Schicksal Jerusalems besagt, dass, wenn das letzte Zeitalter eingetroffen ist, und es somit für die Juden zu spät sein wird, die Gnade Allahs zu ersuchen, so wird Er selbst die Rückkehr der Juden ins Heilige Land bewirken, so dass sie die allergrößte und finale Strafe entgegennehmen können. Die Einleitung dieser Strafe beginnt durch folgende Ereignisse, die Allah (swt) durch seinen Befehl, in Form der folgenden Akteure, in die Welt entsenden wird: Der *Dajjāl*, der Falsche Messias, das Volk Gog und Magogg, und *Dā'abbatul Ard* (das Biest aus der Erde).

Das große Finale wird sich an jenem Zeitpunkt abspielen, an dem Jesus *('alaihi as-Salām)* zurückkehrt und den *Dajjal* tötet, und Allah sodann Gog und Magogg zerstört. „Zu dieser Zeit", sagte der Prophet *(sallalahu 'alaihi wa sallam)*, „würde eine muslimische Armee von *Khorasan* (liegt im Herzen Afghanistans) her anmarschieren und niemand wird in der Lage sein sie zu stoppen, bis sie Jerusalem erreichen." So wird das Heilige Land befreit werden und die wahre Religion Abrahams wird im Heiligen Land vorherrschen und wiederhergestellt werden.

Der "wahre" Messias (Jesus) wird dann die Welt von Jerusalem aus regieren. Dies entspricht ebenso den Glaubensvorstellungen der Juden (aber nicht in der Person Jesus). Somit werden sie die Erfüllung dieser Prophezeiung nicht erkennen können, da der Antichrist *(Dajjal)* -der falsche Messias- sie getäuscht hat. Durch diese Täuschung schenkten sie seinen Worten und Taten Glauben und folgten ihm, anstatt Jesus -dem wahren Messias- *('alaihi as-Salām)*.

Jerusalem im Qur´an

Teil 1

Kapitel 2

Das Geheimnis Jerusalems – Die geheimnisvolle "Stadt" im Qur´an

وَحَرَامٌ عَلَىٰ قَرْيَةٍ أَهْلَكْنَـٰهَآ أَنَّهُمْ لَا يَرْجِعُونَ (٩٥)
حَتَّىٰٓ إِذَا فُتِحَتْ يَأْجُوجُ وَمَأْجُوجُ وَهُم مِّن كُلِّ حَدَبٍ يَنسِلُونَ (٩٦)

"Und es ist ein unwiderruflicher Bann (auf den Leuten) einer Stadt, die Wir zerstört haben, dass sie nicht wiederkehren sollen, bis dann, wenn Gog und Magogg freigelassen werden und sie (letztendlich) von allen Höhen herbeieilen (oder sich in jede Richtung verbreiten)."

(Qur'ān, al-Anbiyāh, 21:95-6)

(Wenn Gog und Magogg dies tun, dann übernehmen sie die Kontrolle über die gesamte Welt und regieren sie durch die Weltordnung von Gog und Magogg).

Es ist behutsam ausgedrückt, äußerst seltsam, geheimnisvoll und rätselhaft, dass der Name der Stadt "Jerusalem" (arabisch "Quds" oder "Bait al-Maqdis ') nicht im Qur`an erscheint!

Doch so viele der im Qur'ān erwähnten Propheten, werden mit dieser Heiligen Stadt in Verbindung gebracht, und in ihr befindet sich das andere Haus Allahs, welches, abgesehen von jenen in Mekkah und Medina, ebenso von einem Propheten Allahs -dem Hocherhabenen- erbaut wurde. Dieses Haus *(Masjid al- Aqsa)* wird nicht einfach nur so im Qur´an erwähnt, sondern vielmehr wurde dieses Haus Teil der wunderbaren nächtlichen Reise, in der der Prophet Muhammad *(sallalahu 'alaihi wa sallam)* von Mekkah nach Jerusalem berufen wurde. Vielleicht liegt der Grund für diese geheimnisvolle Behandlung des Themas (Jerusalems Schicksal) in der islamischen Auffassung, dass Jerusalem dazu bestimmt ist, eine zentrale Schlüsselrolle in der Endzeit zu spielen. Daher ergab sich vielleicht eine göttliche Notwendigkeit, den Namen der Stadt, aber auch dessen Schicksal, mit einem heiligen Schleier zu bedecken, der bis zur angemessenen reifen Zeit nicht erhoben werden würde, erst wenn Jerusalem befreit wurde und bereit ist, die vorherbestimmte Funktion am Ende der Geschichte zu erfüllen.

Dies erklärt möglicherweise den fast völligen Ausfall in der islamischen Literatur zum Thema des Schicksals von Jerusalem, etwas, worauf sich Dr. Ismail Raji al-Faruqi bezog, als er klagte: *"Unglücklicherweise, gibt es keine islamische Literatur zu diesem Thema"* (siehe Seite xix). Fakt ist, dass niemand vorher über dieses Thema hätte schreiben können, bis nicht die Zeit für die Erhebung des Schleiers eingetroffen war. Dieses Buch wurde in Folge der Überzeugung geschrieben, dass der Schleier nun erhoben wurde.

Als die Juden Jesus *('alaihi as-Salām)* als den Messias ablehnten und anschließend damit prahlten, ihn getötet zu haben, blieben sie davon überzeugt, dass die Ankunft des verheißenen Messias (und mit ihm die Rückkehr des Goldenen Zeitalters des Judentums) noch bevorsteht. Sie glaubten, dass die Rückkehr dieses Goldenen Zeitalters, unter anderem, folgendes erfordert:

- dass das Heilige Land von der Herrschaft der Nichtjuden befreit werden wird,
- dass die Juden ins Heilige Land aus dem Exil zurückkehren würden, um dieses wieder ihr Eigen nennen zu können,
- dass der Staat Israels wiederhergestellt werden wird,
- dass der Tempel (oder *Masjid*) für die (jüdische) Anbetung des Gottes von Abraham wiederhergestellt wird,
- dass Israel letztendlich zum herrschenden Staat der Welt wird, in einer ähnlichen Weise wie es im Zeitalter von David *('alaihi As-Salam)* und Solomon *('alaihi As-Salam)* erreicht worden war,
- dass ein jüdischer König, welcher der Messias sein wird, die Welt vom Throne Davids aus *('alaihi As-Salam)* regieren wird,

d.h. von Jerusalem als Herrscher über Israel, und schließlich

> ➢ dass seine Herrschaft ewig sein wird.

Der Prophet Muhammad *(sallalahu 'alaihi wa sallam)* verkündete, dass eines der großen Zeichen der Stunde folgendes sein wird, Allah (swt) wird die Juden täuschen (als einleitende Strafe für ihre Verbrechen), indem Er jemanden erheben und gegen sie entsenden wird, der den Messias vortäuschen und sie zur Annahme leiten wird, dass das goldene Zeitalter zurückgekehrt sei. Doch stattdessen wird dieser `falsche Messias´ sie durch vorzügliche Täuschung zur größten göttlichen Strafe führen, die je einem Volk auferlegt wurde. *Al-Masih al-Dajjal*, oder der *Dajjal*, der falsche Messias, welcher im Christentum als Anti-Christ bekannt ist, wurde von Allah (swt) erschaffen und wird im letzten Zeitalter auf die Erde entsandt werden, um seine Mission zu vollenden. Man betrachte nun folgendes:

- ✓ Das Heilige Land wurde von der Herrschaft der Muslime (der Nichtjuden) "befreit" (d.h. von einer jüdischen Perspektive aus), als der britische General, Allenby, Jerusalem im Jahre 1917 eroberte;

- ✓ Die israelischen Juden sind nun 'zurückgekehrt' um das Heilige Land als Eigentum zurückzufordern, nachdem sie durch göttliche Anordnung 2000 Jahre im Exil verbrachten. Dies geschah exakt so, wie der Qur'ān schon vor 1400 Jahren verkündete, dass sich dies in der 'Endzeit' ereignen wird.

✓ Israel wurde im Jahr 1948 'wiederhergestellt' und erhob den Anspruch der altertümliche Staat Israel zu sein. Ein Israel, das bis auf die Zähne mit einem Arsenal von nuklearen und thermonuklearen Waffen ausgerüstet ist, scheint dazu bestimmt zu sein, die palästinensische Intifada (welche absichtlich von Ariel Sharon provoziert wurde) und den 11. September Mossad Angriff auf die USA (der vorteilhafte Bedingungen für Israel kreierte) einen Krieg zu ihrem Vorteil auszunutzen, in dem Israel, der USA, Europa, der UN und dem Rest der Welt **die Stirn bieten** wird, um die Kontrolle über die gesamte Region zu übernehmen. Dieser israelische Krieg dürfte die Ausweitung der Grenzen Israels in dem Ausmaß erleben, wie es in der Thora versprochen wurde d.h. vom Fluss Ägyptens bis zum Euphrat. Mit diesem erfolgreichen Akt des Widerstands gegenüber der gesamten Welt, einschließlich der USA, und mit dem vorhersehbaren Zusammenbruch des US-Dollars und der US-Wirtschaft, würde Euro-Israel endlich aus ihrer Abhängigkeit zu Großbritannien und dann zu den USA herauskommen. Der Euro-jüdische Staat wird schließlich die USA und Großbritannien, als militärische und finanzielle Supermacht der Welt ersetzen.

✓ Die voraussehbare Zerstörung der *Masjid al-Aqsā* und der Wiederaufbau des jüdischen Tempels an ihrer Stelle, würde dann erfolgen. Die Prophezeihung des Propheten Nathan, der verkündete, " *Der Messias wird ein Haus Gottes errichten*" (1. Chroniken 17:11-15), deutet auf die Zerstörung der heutigen *Masjid*.

All diese Ereignisse werden den Juden als Erfüllung der Prophezeiungen erscheinen, die auf die Rückkehr des Goldenen Zeitalters deuten, in welchem Solomon *('alaihi As-Salam)* die Welt von Jerusalem aus regierte. Aus der Perspektive dieses Buches jedoch, kann keines der oben genannten Ereignisse ohne das Eingreifen des Antichristen, des falschen Messias, vollbracht werden. Daher sind all diese Punkte umfasst von einem Akt der Täuschung: Der Heilige Staat Israel (gegründet vom Propheten Solomon) wurde bisher noch nicht wiederhergestellt. Eher ist es so, dass ein Betrügerstaat an die Stelle des realen Israels gerückt ist. Es ist für diesen Schreiber klar, dass der Schleier nun erhoben wurde, und dass die "Endzeit" nun gekommen ist und es für die zionistischen Juden kein Zurück mehr gibt. Dies ist möglicherweise der Grund, warum dieses Buch nun verfasst werden konnte. Der *Qur'ān* erklärt all die oben genannten Ereignisse, doch diese Erklärung ist nicht leicht erkennbar. Vieles davon wird in unserem Buch mit folgendem Titel erläutert: *"The Religion of Abraham and the State of Israel – A View from the Qur'ān."*

Der *Qur'ān* bezeichnet Jerusalem, immer und immer wieder als eine "Stadt" oder eine "Ortschaft" - doch ohne dabei Jerusalem zu benennen. Dies scheint ein Teil des göttlichen Schleiers zu sein, der die Funktion Jerusalems im letzten Zeitalter, verhüllt. Zum Beispiel nimmt der Qur'ān Bezug auf ein Ereignis, in welchem die israelitischen Juden sich das goldene Kalb zur Anbetung nahmen, während ihr Prophet, Moses *('alaihi As-Salam),* in Folge einer göttlichen Vorladung, auf den Berg Sinai gestiegen war.

Der *Qur'ān* warnte davor, dass solch eine Verehrung neben Allah, dem Erhabenen, einen Akt des Shirks darstellt, der eine göttliche Strafe zur Folge hätte:

$$\text{إِنَّ ٱلَّذِينَ ٱتَّخَذُوا۟ ٱلْعِجْلَ سَيَنَالُهُمْ غَضَبٌ مِّن رَّبِّهِمْ وَذِلَّةٌ فِى ٱلْحَيَوٰةِ ٱلدُّنْيَا ۚ وَكَذَٰلِكَ نَجْزِى ٱلْمُفْتَرِينَ (١٥٢) وَٱلَّذِينَ عَمِلُوا۟ ٱلسَّيِّـَٔاتِ ثُمَّ تَابُوا۟ مِنۢ بَعْدِهَا وَءَامَنُوٓا۟ إِنَّ رَبَّكَ مِنۢ بَعْدِهَا لَغَفُورٌ رَّحِيمٌ (١٥٣)}$$

Er (Mūsā) sagte: „Mein Herr, vergib mir und meinem Bruder, und lasse uns in Deine Barmherzigkeit eingehen. Du bist ja der Barmherzigste der Barmherzigen. Gewiss, diejenigen, die sich das Kalb nahmen, wird Zorn von ihrem Herrn und Erniedrigung im diesseitigen Leben ereilen, so vergelten Wir denen, die Lügen ersinnen."

(*Qur'ān, al-'Arāf, 7:152-3*)

Der *Qur'ān* setzt mit der Beschreibung des Ereignisses fort, in welchem sich die Israeliten immer noch im Sinai befanden und bevor es ihnen erlaubt wurde das Heilige Land zu betreten:

$$\text{وَقَطَّعْنَاهُمُ ٱثْنَتَىْ عَشْرَةَ أَسْبَاطًا أُمَمًا ۚ وَأَوْحَيْنَآ إِلَىٰ مُوسَىٰٓ إِذِ ٱسْتَسْقَىٰهُ قَوْمُهُۥٓ أَنِ ٱضْرِب بِّعَصَاكَ ٱلْحَجَرَ ۖ فَٱنۢبَجَسَتْ مِنْهُ ٱثْنَتَا عَشْرَةَ عَيْنًا ۖ قَدْ عَلِمَ كُلُّ أُنَاسٍ مَّشْرَبَهُمْ ۚ وَظَلَّلْنَا عَلَيْهِمُ ٱلْغَمَامَ وَأَنزَلْنَا عَلَيْهِمُ ٱلْمَنَّ وَٱلسَّلْوَىٰ ۖ كُلُوا۟ مِن طَيِّبَاتِ مَا رَزَقْنَاكُمْ ۚ وَمَا ظَلَمُونَا وَلَٰكِن كَانُوٓا۟ أَنفُسَهُمْ يَظْلِمُونَ (١٦٠)}$$

"Und Wir zerteilten sie in zwölf Stämme (oder Nationen), in Gemeinschaften. Und Wir gaben Mūsā ein, als sein Volk ihn um Wasser bat: „Schlage mit deinem Stock auf den Felsen!" Da brachen aus ihm zwölf Quellen hervor. Nun wusste jedermann, wo sein Platz zum Trinken war. Und Wir ließen die Wolken sie überschatten und sandten das Manna und die Wachteln auf sie herab: „Esst von den guten Dingen, mit denen Wir euch versorgt haben! (Doch sie rebellierten)" Und sie fügten nicht Uns Unrecht zu, sondern sich selbst (ihren Seelen) fügten sie Unrecht zu"

(Qur'ān, al-'Arāf, 7:160)

Nach diesem Ereignis geschah es, dass sich der *Qur'ān* dann auf mysteriöse Weise auf Jerusalem bezog, in dem er auf geheimnisvolle Art auf eine 'Ortschaft' verwies:

وَإِذْ قِيلَ لَهُمُ ٱسْكُنُوا۟ هَٰذِهِ ٱلْقَرْيَةَ وَكُلُوا۟ مِنْهَا حَيْثُ شِئْتُمْ وَقُولُوا۟ حِطَّةٌ وَٱدْخُلُوا۟ ٱلْبَابَ سُجَّدًا نَّغْفِرْ لَكُمْ خَطِيٓـَٰٔتِكُمْ ۚ سَنَزِيدُ ٱلْمُحْسِنِينَ (١٦١)

Und als zu ihnen gesagt wurde: „Bewohnt diese Stadt (d.h., Jerusalem) und esst von (dem, was in) ihr (ist), wo immer ihr wollt! und sagt: „Vergebung!" und tretet, euch niederwerfend, durch das Tor ein, so vergeben Wir euch eure Verfehlungen. Und Wir werden den Gutes Tuenden noch mehr erweisen."

(Qur'ān, al-'Arāf, 7:161)

In der folgenden Passage des Qur´ans ergibt sich eine weitere und ebenso geheimnisvolle Bezugnahme auf Jerusalem, in dem der Qur´an sie erneut mit der einfachen Bezeichnung "Stadt" erwähnt:

$$\text{وَحَرَامٌ عَلَىٰ قَرْيَةٍ أَهْلَكْنَاهَا أَنَّهُمْ لَا يَرْجِعُونَ (٩٥)}$$
$$\text{حَتَّىٰ إِذَا فُتِحَتْ يَأْجُوجُ وَمَأْجُوجُ وَهُم مِّن كُلِّ حَدَبٍ يَنسِلُونَ (٩٦)}$$

„Und es ist ein unwiderruflicher Bann (auf den Leuten) einer Stadt, die Wir zerstört haben, dass sie nicht wiederkehren sollen, bis dann, wenn Gog und Magogg freigelassen werden und sie (letztendlich) von allen Höhen herbeieilen (oder sich in jede Richtung verbreiten)."

(Qur'ān, al-Anbiyāh, 21:95-6)

Wenn sie von jeder Höhe herbeieilen oder sich in jeder Richtung ausbreiten, so übernehmen sie, in diesem Ergebnis, die Herrschaft über die gesamte Erde und regieren somit durch die Weltordnung von Gog und Magogg.

Um die Identität der oben geannten "Stadt" zu bestimmen, müssen wir die gesamten Angaben betreffend Gog und Magogg, die im *Qurān* und den *Ahadithen* erwähnt werden, überprüfen. Wir entdeckten nur eine Stadt, die mit Gog und Magogg in Verbindung gebracht wird, und das ist Jerusalem (siehe Kapitel 10). Daher schlussfolgerten wir, dass die Stadt im Bezug auf den oben genannten Vers des *Qurāns*, Jerusalem ist! Indem wir Jerusalem als die „Stadt" identifizierten, die im Vers der *Surah al-Anbiyah* erwähnt wird, wurde es ziemlich klar, dass der Schleier, der Jerusalem im *Qur'ān* bedeckt, erst dann gelüftet wird, wenn Y'ajūj (Gog) und M'ajūj (Magogg) freigesetzt werden, und wenn sie schließlich von jeder Höhe herbeieilen oder sich in alle Richtungen ausbreiten (d.h., sie beherrschen die

Welt, durch die Weltordnung von Gog und Magog). Die Rückkehr der israelitischen Juden ins Heilige Land bestätigt, dass Y'ajūj (Gog) und M'ajūj (Magogg) bereits freigesetzt wurden, dass sie bereits von jeder Höhe herbeieilen oder, dass sie sich bereits in alle Richtungen ausbreiten und daher schon die Kontrolle über die Welt übernommen haben. Die Weltordnung, die heute über die gesamte Erde herrscht, ist die Weltordnung von Gog und Magogg.

Nun ist es für uns auch möglich den „großen Plan" des *Dajjals* vorauszuahnen (anhand seiner Fußstapfen), wodurch er die Juden weiterhin davon überzeugt, dass er die Rückkehr des Goldenen Zeitalters ermöglichen wird. Der Beginn dieses „großen Plans" scheint seinen Anlauf da gehabt zu haben, als der *Dajjāl* von Großbritannien aus aufgebrochen ist (siehe *Hadith von Tamim al-Dari in Sahih Muslim*), um die europäische Zivilisation in eine nachchristliche und grundlegend gottlose Zivilisation zu verwandeln, und sie mit einer Macht ausgestattet hat, durch die sie jedes erdenkbare Ziel erreichen können, um welches es sich auch immer handeln mag. Auf dem Reiseplan zur Herrschaft (des *Dajjals*), befand sich ebenso die Gründung der zionistischen Bewegung. Jener Zionismus, der wiederum den Staat Israel etablierte. Mit einbegriffen auf der Checkliste zur Weltherrschaft, erscheint die endgültige jüdische Kontrolle über die gesamte Region, in welcher sich das Heilige Land befindet. Dies wäre ein weiterer Schritt in Richtung Weltherrschaft, den der *Dajjāl* gehen muss, um die Juden zu überzeugen (täuschen), dass er der wahre Messias ist. Im Kern des „großen Plans", der sich über die gesamte Region erstreckt, befindet sich die Kontrollübernahme der Reichtümer und der Wasserversorgung. Der Prophet Muhammad *(sallallahu 'alaihi wa sallam)* erklärte den Zusammenhang zwischen dem *Dajjāl* und der *Riba* und den Zusammenhang zwischen Gog und Magogg und der Wasserversorgung! Die israelischen Juden sind ins Heilige Land zurückgekehrt. Diese Rückkehr wäre nicht möglich gewesen, ohne die Beihilfe der modernen westlichen Zivilisation (in der Großbritannien die auffälligste Rolle spielte). Daher ist nun auch klar, dass nicht nur der *Dajjāl*, der falsche Messias, seinen Vormarsch von der Insel Großbritanniens begann, sondern auch, dass Gog und Magogg sich innerhalb der europäischen Zivilisation befinden.

Von 'Jerusalem' ins 'Heilige Land'

Das Geheimnis Jerusalems im *Qur'ān* setzt sich aus folgenden Tatsachen zusammen, das Heilige Buch (der Qur'an) bezieht sich manchmal auf die Stadt "Jerusalem", benutzt dafür jedoch das Synonym (das) "Heilige Land" (wie in dem Vers aus der *Surah al-Anbiyāh, 95-6*). Dann fährt der Qur'ān in gleicher geheimnisvoller Weise fort, indem er sich auf das "Heilige Land" bezieht, so wie er sich zuvor auf "Jerusalem" bezog.

Zum Beispiel in der *Surah Banū Israil* verkündet der *Qur'ān*, dass es für die *Banū Israil* bestimmt worden war, dass sie zweimal auf Erden (*al-Ard al-Muqaddasah* d.h., im Heiligen Land) *Fasad* (Unheil) stiften würden. Doch der *Qur'ān* bezieht sich in diesem Vers nicht auf das Heilige Land, in dem er den Namen nennt, vielmehr tut er dies, in dem das

Heilige Land einfach und rästselhaft zugleich, mit "Erde" oder "Land" bezeichnet (*al-Ard*) wird.

وَقَضَيْنَآ إِلَىٰ بَنِىٓ إِسْرَٰٓءِيلَ فِى ٱلْكِتَٰبِ لَتُفْسِدُنَّ فِى ٱلْأَرْضِ مَرَّتَيْنِ وَلَتَعْلُنَّ عُلُوًّا كَبِيرًا (٤)

Und Wir haben für die Kinder Isrāʾīls im Buch bestimmt: „Ihr werdet ganz gewiss zweimal auf der Erde (im Heiligen Land) Unheil stiften, und ihr werdet ganz gewiss mächtige Überheblichkeit erlangen!"

(Qur'ān, Banū Isrāīl, 17:4)

Und als der *Qur'ān* folglich das ausschlaggebend wichtige Thema bzgl. der göttlichen Bedingungen für eine Erbschaft des Heiligen Landes verkündete, so bezeichnete er es erneut auf einfache und rätselhafte Weise als "Erde" oder "Land" und nicht als "Heiliges Land":

وَلَقَدْ كَتَبْنَا فِى ٱلزَّبُورِ مِنۢ بَعْدِ ٱلذِّكْرِ أَنَّ ٱلْأَرْضَ يَرِثُهَا عِبَادِىَ ٱلصَّٰلِحُونَ (١٠٥)

"Und Wir haben bereits im Buch der Weisheit (die Psalmen) nach der Ermahnung (gemeint die Thora, welche Musa gegeben wurde) geschrieben, dass Meine rechtschaffenen Diener ʿdas Landʾ erben werden."

(Qur'ān, al-Anbiyāh, 21:105)

Schlußendlich bezieht sich der *Qur'ān* auf einen zukünftigen Zeitpunkt, an dem Allah, der Erhabene, *D'abatul ard* (ein "Tier aus der Erde oder aus dem Land) erheben wird:

وَ إِذَا وَقَعَ الْقَوْلُ عَلَيْهِمْ أَخْرَجْنَا لَهُمْ دَآبَّةً مِّنَ الْأَرْضِ تُكَلِّمُهُمْ أَنَّ النَّاسَ كَانُوا بِآيَاتِنَا لَا يُوقِنُونَ (٨٢)

"Und wenn das Wort über sie fällig wird (gegen die Kinder Israels), bringen Wir ihnen ein Tier aus der Erde hervor, das zu ihnen spricht. Es wird zu ihnen Sprechen für die Menschen, die von Unseren Zeichen nicht überzeugt sind."

(Qur'ān, al-Naml, 27:82)

Dieses `Tier (oder Biest) aus der Erde´ oder aus dem `Land´, gehört zu den großen Zeichen der Stunde ebenso wie der *Dajjal* und Gog und Magogg. Es ist klar, dass mit dem Wort `Land´ oder `Erde´ bzgl. dieses Biests, nichts anderes gemeint ist, als das `Heilige Land´.

Wenn Allah (swt) somit den Beginn Seiner Bestrafung für die Juden vorbereitet, so lässt Er ein `Biest´ aus dem `Heiligen Land´ hervortreten. Dieses `Biest´ ist längst identifiziert als der moderne jüdische Staat Israel. Dieser Aggressor Namens Israel spricht mit seinem Verhalten die Sprache eines wildgewordenen Biestes.

D'abatul ard – Das Biest (Israel) aus *Ard- al-Muqaddasa*. Und so verdeutlicht der Qur'ān den Juden ihre Lage, indem er verkündet:

اِنَّ هٰذَا الْقُرْاٰنَ يَقُصُّ عَلٰى بَنٖٓى اِسْرَآءٖيلَ اَكْثَرَ الَّذٖى هُمْ فٖيهِ يَخْتَلِفُونَ ﴿٧٦﴾

"Gewiß, dieser Quran berichtet den Kindern Israils das Meiste von dem, worin sie uneins sind."

(Qur'ān, al-Naml, 27:76)

JERUSALEM IM QUR'AN

Teil 1

Kapitel 3

Der Beginn der Geschichte Jerusalems im Qur'an
- Jerusalem und die Propheten -

وَنَجَّيْنَٰهُ وَلُوطًا إِلَى ٱلْأَرْضِ ٱلَّتِى بَٰرَكْنَا فِيهَا لِلْعَٰلَمِينَ (٧١)

„Und Wir erretteten ihn (Abraham) und Lūṭ in das Land (Ard), das Wir für die gesamte Menschheit gesegnet haben."

(Qur'ān, al-Anbiyāh, 21:71)

Abraham *('alaihi as-Salām)*

Die wahre Qur'anische Geschichte Jerusalems und des Heiligen Landes beginnt mit Abraham *('alaihi As-Salam)*, dem Propheten Allahs, des Hocherhabenen. Er zerbrach die Götzen im Tempel seines Volkes (in Mesopotamien, im heutigen Irak), doch ließ dabei die größte Götzenfigur gleichnishaft stehen, um den Götzendienern seines Volkes, die Falschheit aufzuzeigen, die sie durch die Anbetung dieser Götzen praktizierten *(Quran, al-Anbiyāh, 21: 57-63)*.

Würde Abraham *('alaihi As-Salam)* in unsere heutige Welt zurückkehren und eine solche Tat wiederholen, so würde diese von säkularen Staaten und so genannten ʾislamischen Gelehrten´, als Akt des Terrorismus verurteilt werden und als Akt der Zerstörung kultureller Erbstücke Babylons.

Die UN würde den Regierungen, die Abraham *(alaihi as-Salam)* schützend aufnehmen würden, Sanktionen auferlegen. Dem Prophet Muhammad *(sallalahu 'alaihi wa sallam)* würde es dabei nicht anders ergehen, wenn er zurückkehren und die Zerstörung der Götzen in der *Ka´aba* wiederholen würde.

Er (Abraham) reagierte auf die Zerstörung ihrer Götzen mit Heftigkeit und machte sich über ihren Götzendienst lustig (auf eine denkanregende Art und Weise). Sie bestraften Abraham *('alaihi As-Salam)* durch ein riesiges entfachtes Feuer, indem sie ihn hineinwarfen. Jedoch Allah, der Erhabene, griff ein und befahl dem Feuer *"sei kühl für Ibrahim"* und *"schade ihm nicht" (Surah al-Anbiyāh, 21: 68-9).* Daraufhin verkündete Allah (swt), dass Er ihn und Lot *('alaihimu As-Salam)* in ein Land leite, in welches Er Segen für die gesamte Menschheit legte. Dies war das Heilige Land:

وَنَجَّيْنَٰهُ وَلُوطًا إِلَى ٱلْأَرْضِ ٱلَّتِى بَٰرَكْنَا فِيهَا لِلْعَٰلَمِينَ (٧١)

"Und Wir erretteten ihn und Lūṭ in das Land, das Wir für (all) die Weltenbewohner gesegnet haben."

(Qur'ān, al-Anbiyāh, 21:71)

Mit diesem Vers erschien im *Qur'ān* zum ersten Mal das Konzept eines "Heiligen Landes" oder eines gesegneten Landes. Wie lautet die Bedeutung hiervon? Warum sollte Allah, der Allweise, ein einziges Land auf der gesamten Erde auserwählen und es zu einem heiligen und gesegneten Land machen? Und warum sollte Er Abraham *('alaihi As-Salam)*, Lot *('alaihi As-Salam)*, Seine Propheten und Gesandten zur Auswanderug in dieses Heilige Land leiten? Es kann nur eine Antwort auf diese Fragen geben. Aus der gesamten Menschheit heraus ernannte Allah, der Allweise, Abraham *('alaihi As-Salam)* zu Seinem "Freund" oder "Geliebten" *(Khalīl) (Sure al-Nisa, 4: 125)*. Er prüfte Abraham *('alaihi As-Salam)* mit den größten Prüfungen und Versuchungen, die er auch bestand. Allah, der Erhabene, ernannte ihn sodann zum religiösen Oberhaupt *(Imam)* der gesamten Menschheit, *(Surah, al-Baqara, 2:124)*. Schlussfolgernd bedeutet dies, dass es nur "eine" Wahrheit geben kann, und aus dieser Wahrheit entspringt 'eine' wahre Religion, die Gültigkeit für die gesamte Menschheit erlangt - die Religion (Lebensweise) Abrahams *('alaihi As-Salam)*.

Somit gibt es also nur eine wahre Religion und alle anderen stellen sich folglich als falsch heraus, es ist die Religion des *Imāms* der gesamten Menschheit, das heißt, die Religion Abrahams *('alaihi As-Salam)*. Kein Priester oder Rabbiner könnte dies anfechten oder in Frage stellen! Und dennoch, wenn wir dies behaupten, beschuldigen uns die Rabbiner als Chauvinisten!

Als Allah, der Erhabene, ein Land erwählte und aus ihm ein heiliges, gesegnetes Land machte und Er dann Abraham *('alaihi As-Salam)*, auferlegte in dieses Land auszuwandern, so bestsand der göttliche Zweck darin, das Heilige Land als "Prüfstätte" für die Wahrheit zu nutzen. Nur die Religion Abrahams *('alaihi As-Salam)* würde im Heiligen Land überleben. Alle anderen würden somit ausgestoßen werden, weil sie keinen absoluten Wahrheitsgehalt besitzen. Mit anderen Worten heißt das, die Wahrheit wird stets erkennbar und deutlich gegenüber der Falschheit siegreich sein und die Geschichte kann nicht zu ihrem Ende kommen, bis der finale Triumph der Wahrheit über die Falschheit in diesem Land eintrifft! Frömmigkeit, Gottesfurcht, Rechtschaffenheit und die Unterwerfung gegenüber Allah (swt) repräsentieren die Hauptessenz der Wahrheit und daher auch die Religion Abrahams (a.s). Ist das Judentum, das Christentum, oder der Islam die Wahrheit? Jerusalem ist längst dabei diese Frage zu beantworten! Die Bestimmung Jerusalems bestätigt die Wahrheit und dies gehört ganz gewiss zu einem der Hauptpunkte in diesem Buch.

Da Abraham *('alaihi As-Salam)* und Lot *(' alaihi As-Salam)* von Allah, dem Allweisen, angewiesen wurden in dieses Heilige Land auszuwandern und dort zu leben, bedeutet dies, falls Allah sie nicht erneut dazu auffordern sollte irgendwohin auszuwandern, sie und ihre Nachkommen in diesem Land bleiben können (daher war dies ihr Land). Die Frage, die gestellt werden muss, ist jedoch, ob ihre Einladung in das Heilige Land und deren Aufenthalt bedingungslos für alle Ewigkeit bestehen bleiben würde, selbst wenn die Nachkommen Abrahams *('alaihi As-Salam)* seine Lebensweise aufgegeben hätten und Atheisten geworden oder gar in Prostitution und Unterdrückung verwickelt wären?

Würde die Einladung nicht ihre Gültigkeit verlieren, wenn die Juden im Heiligen Land einen säkularen Staat gründen würden, der verkündet, dass die ʿhöchste Autoritätʾ voll und ganz dem Staat, anstatt dem Gott von Abraham gebührt und das höchste Gesetz, das Gesetz des Staates wäre, anstatt das Gesetz Allahs? Würde die Einladung ins heilige Land immer noch ihre Gültigkeit behalten, selbst wenn dieser Staat, das als *Halal* (erlaubt) bezeichnen würde, was Allah (swt) *Haram* (verboten) gemacht hat? Wir sollten anmerken, dass der Gott Abrahams den Zinsverleih und die Zinsanleihe (*Riba*) verboten hat. Die Juden änderten die Thora, um den *Riba* gegenüber nicht-Juden zu legalisieren. Nicht nur *Riba* gilt im Heiligen Land heutzutage als erlaubt, sondern ebenso viele andere Dinge, die von Allah (swt) verboten wurden.

Zweitens und ebenso wichtig ist die Frage: Wenn Allah (swt) dieses Land für die gesamte Menschheit gesegnet hat, würde dies dann nicht bedeuten, dass jeder und die gesamte Menschheit, die treu der Religion Abrahams folgt, ebenso den Zugang zu diesem Segen haben dürfte? Ist dies nicht eine allgemeine Aussage Allahs? Woher stammt dann die Behauptung, dass die Juden einen exklusiven Anspruch auf das Heilige Land haben?

Während wir versuchen diese wichtigen Fragen in diesem Buch zu beantworten, wäre es eine große Hilfe für unsere Leser, wenn sie über die folgende Konversation Abrahams (*ʿalaihi As-Salam*) mit Seinem Herrn reflektieren:

$$\text{وَإِذِ ابْتَلَىٰ إِبْرَاهِۦمَ رَبُّهُۥ بِكَلِمَٰتٍ فَأَتَمَّهُنَّ ۖ قَالَ إِنِّى جَاعِلُكَ لِلنَّاسِ إِمَامًا ۖ قَالَ وَمِن ذُرِّيَّتِى ۖ قَالَ لَا يَنَالُ عَهْدِى الظَّٰلِمِينَ (١٢٤)}$$

"Und (denkt daran) als sein Herr Abraham auf die Probe stellte durch gewisse Gebote, die er erfüllte, da sprach Er: „Ich will dich zu einem Führer für die Menschen machen." (Abraham) fragte: „Und aus meiner Nachkommenschaft?" Er sprach: „Mein Bund erstreckt sich nicht auf die, die Dhulum (Ungerechtigkeit, Unterdrückung, Tyrannei, Zurückdrängung, Zerschlagung) begehen."

(Qur'ān, al-Baqarah, 2:124)

Unter diesen Handlungen, die der Qur'an als Handlungen des *Dhulums* bezeichnet, fallen folgende Punkte: „Menschen aus ihren Häusern und aus ihrem Land, in welchem sie leben, vertreiben" und dies tuend „aus keinem anderen Grund, (in der Tat es gibt keinen anderern Grund), außer, weil diese Menschen an Allah glauben"

$$\text{وَالَّذِينَ كَفَرُوا۟ وَكَذَّبُوا۟ بِـَٔايَٰتِنَا أُو۟لَٰٓئِكَ أَصْحَٰبُ النَّارِ هُمْ فِيهَا خَٰلِدُونَ (٣٩) يَٰبَنِىٓ إِسْرَٰٓءِيلَ اذْكُرُوا۟ نِعْمَتِىَ الَّتِىٓ أَنْعَمْتُ عَلَيْكُمْ وَأَوْفُوا۟ بِعَهْدِىٓ أُوفِ بِعَهْدِكُمْ وَإِيَّٰىَ فَارْهَبُونِ (٤٠)}$$

"Erlaubnis (sich zu verteidigen) ist denen gegeben, die bekämpft werden, weil ihnen Unrecht geschah – und Allah hat fürwahr die Macht, ihnen zu helfen - jenen, die schuldlos aus ihren Häusern vertrieben wurden, nur weil sie sprachen: «Unser Herr ist Allah.» Und würde Allah nicht die einen Menschen durch die anderen im

Zaum halten, so wären gewiss Klöster und Kirchen und Synagogen und Moscheen niedergerissen worden, worin der Name Allahs oft genannt wird. Allah wird sicherlich dem beistehen, der Ihm beisteht. Allah ist fürwahr allmächtig, gewaltig."

(Qur'ān, al-Hajj, 22:39-40)

Exakt diese Vorgehensweise, ermöglichte die Gründung des jüdischen Staates.

Dennoch hielt der Qur'an seine schlimmste Verurteilung zurück, die der größte Akt des *Dhulums* verdient, der dann auftritt, wenn das Wort Allahs geändert und eine Lüge gegen Allah erdichtet wird. Exakt dies geschah als die Juden die Thora umgeschrieben haben und sie verfälschten, indem sie das Wort Allahs änderten:

وَمَنْ اَظْلَمُ مِمَّنِ افْتَرٰى عَلَى اللّٰهِ كَذِبًا اَوْ كَذَّبَ بِاٰيٰتِه۪ؕ اِنَّهُ لَا يُفْلِحُ الظَّالِمُونَ (٢١)

„Und wer ist ungerechter als der, der eine Lüge ersinnt gegen Allah oder Seine Zeichen der Lüge bezichtigt? Wahrlich, die Ungerechten sollen nie Erfolg haben."

(Qur'ān, al-An'ām, 6:21)

Moses *('alaihi as-Salām)*

Die nächste Erwähnung des Heiligen Landes im Qur'an taucht etwa 500 Jahre später auf, als Moses *('alaihi as-Salām* die Kinder Israels aufforderte, dass sie mit ihm kämpfen und die Kontrolle über das Heilige Land übernehmen sollen.

In Ägypten hatte er sie aus der Sklaverei herausgeführt und das göttliche Wunder trat in Erscheinung, als sich das Meer teilte und ihre Feinde ertranken. Anschließend starteten sie vom Sinai aus einen Versuch, um das Heilige Land zu befreien:

$$\text{يَٰقَوْمِ ادْخُلُوا الْأَرْضَ الْمُقَدَّسَةَ الَّتِي كَتَبَ اللَّهُ لَكُمْ وَلَا تَرْتَدُّوا عَلَىٰ أَدْبَارِكُمْ فَتَنقَلِبُوا خَاسِرِينَ (٢١)}$$

"O mein Volk, betretet das Heilige Land, das Allah für euch bestimmt hat, und kehrt nicht den Rücken, denn dann werdet ihr als Verlorene umkehren."

(Qur'ān, al-Māidah, 5:21)

Dieser Vers des *Qur'ans* bestätigt das, was im oberen Vers (*Surah al-Anbiyah, 21:71*) zitiert wurde. Die Israeliten waren die Nachkommen Abrahams *('alaihi As-Salam)* und folgten noch seiner Lebensweise (Religion), unter der Leitung des Propheten Allahs, Musa *(alaihi As-Salam)*, aufgrund dieser Tatsache waren sie noch berechtigt im Heiligen Land zu leben. Es war ihr Land!

Einige Zeit später, nach dem Tod von Musa *(alaihi As-Salam)*, gelang es den Israeliten in das Heilige Land einzudringen. Doch feindliche Stämme, die in und um das Land lebten, belästigten sie ständig. Manchmal waren sie sogar gezwungen zu fliehen, um ihr Leben zu retten. Der Qur'an nimmt Bezug zu dieser Angelegenheit und erwähnt ihren Wunsch nach einem König, der sie in der Schlacht führen sollte, um die vollständige Kontrolle über das Heilige Land zu gewinnen:

اَلَمْ تَرَ اِلَى الَّذِيْنَ خَرَجُوْا مِنْ دِيَارِهِمْ وَهُمْ اُلُوْفٌ حَذَرَ الْمَوْتِ ۪ فَقَالَ لَهُمُ اللّٰهُ مُوْتُوْا ۪ ثُمَّ اَحْيَاهُمْ ؕ اِنَّ اللّٰهَ لَذُوْ فَضْلٍ عَلَى النَّاسِ وَلٰكِنَّ اَكْثَرَ النَّاسِ لَا يَشْكُرُوْنَ (٢٤٣) وَقَاتِلُوْا فِيْ سَبِيْلِ اللّٰهِ وَاعْلَمُوْٓا اَنَّ اللّٰهَ سَمِيْعٌ عَلِيْمٌ (٢٤٤) مَنْ ذَا الَّذِيْ يُقْرِضُ اللّٰهَ قَرْضًا حَسَنًا فَيُضٰعِفَهٗ لَهٗٓ اَضْعَافًا كَثِيْرَةً ؕ وَاللّٰهُ يَقْبِضُ وَيَبْصُۜطُ ۪ وَاِلَيْهِ تُرْجَعُوْنَ (٢٤٥) اَلَمْ تَرَ اِلَى الْمَلَاِ مِنْۢ بَنِيْٓ اِسْرَآءِيْلَ مِنْۢ بَعْدِ مُوْسٰى ۘ اِذْ قَالُوْا لِنَبِيٍّ لَّهُمُ ابْعَثْ لَنَا مَلِكًا نُّقَاتِلْ فِيْ سَبِيْلِ اللّٰهِ ؕ قَالَ هَلْ عَسَيْتُمْ اِنْ كُتِبَ عَلَيْكُمُ الْقِتَالُ اَلَّا تُقَاتِلُوْا ؕ قَالُوْا وَمَا لَنَآ اَلَّا نُقَاتِلَ فِيْ سَبِيْلِ اللّٰهِ وَقَدْ اُخْرِجْنَا مِنْ دِيَارِنَا وَاَبْنَآئِنَا ؕ فَلَمَّا كُتِبَ عَلَيْهِمُ الْقِتَالُ تَوَلَّوْا اِلَّا قَلِيْلًا مِّنْهُمْ ؕ وَاللّٰهُ عَلِيْمٌۢ بِالظّٰلِمِيْنَ (٢٤٦)

„Weißt du denn nicht von denen, die aus ihren Wohnungen flüchteten, und sie waren Tausende, in Todesfurcht? Und Allah sprach zu ihnen: «Sterbt»; dann gab Er ihnen Leben. Wahrlich, Allah ist großmütig gegen die Menschen, doch die meisten Menschen danken nicht."

„Kämpft für Allahs Sache und wisset, dass Allah allhörend, allwissend ist."

„Wer ist es, der Allah ein stattliches Darlehen gibt, dass Er es ihm vielfach vermehren möge? Und Allah mindert und vermehrt, und zu Ihm sollet ihr zurückgeführt werden."

„Hast du nicht von den Häuptern der Kinder Israels nach Moses gehört, wie sie zu einem ihrer Propheten sprachen: „Setze einen König über uns, dass wir für Allahs Sache kämpfen mögen?"

Er sprach: „Ist es nicht wahrscheinlich, dass ihr nicht kämpfen werdet, wenn euch Kampf verordnet wird?" Sie sprachen: „Welchen Grund sollten wir haben, uns des Kampfes zu enthalten für Allahs Sache, wenn wir doch von unseren Wohnungen und unseren Kindern vertrieben worden sind?" Doch als ihnen nun Kampf befohlen ward, da kehrten sie den Rücken, bis auf eine kleine Zahl der Ihren. Und Allah kennt die Frevler wohl."

(Qur'ān, al-Baqarah, 2:243-6)

Jener Prophet, der (oben) zu ihnen sprach, war Samuel ('alaihi As-Salam). Ihre Antwort lautete:

اَلَمْ تَرَ اِلَى الْمَلَاِ مِنْ بَنِىٓ اِسْرَآءِيْلَ مِنْۢ بَعْدِ مُوْسٰىۘ اِذْ قَالُوْا لِنَبِىٍّ لَّهُمُ ابْعَثْ لَنَا مَلِكًا نُّقَاتِلْ فِىْ سَبِيْلِ اللّٰهِۗ قَالَ هَلْ عَسَيْتُمْ اِنْ كُتِبَ عَلَيْكُمُ الْقِتَالُ اَلَّا تُقَاتِلُوْاۗ قَالُوْا وَمَا لَنَآ اَلَّا نُقَاتِلَ فِىْ سَبِيْلِ اللّٰهِ وَقَدْ اُخْرِجْنَا مِنْ دِيَارِنَا وَاَبْنَآىِٕنَاۗ فَلَمَّا كُتِبَ عَلَيْهِمُ الْقِتَالُ تَوَلَّوْا اِلَّا قَلِيْلًا مِّنْهُمْۗ وَاللّٰهُ عَلِيْمٌۢ بِالظّٰلِمِيْنَ (٢٤٦)

.....„Welchen Grund sollten wir haben, uns des Kampfes zu enthalten für Allahs Sache, wenn wir doch von unseren Wohnungen und unseren Kindern vertrieben worden sind?"

(Qur'ān, al-Baqarah, 2:246)

Diese Antwort, gefestigt durch ihre eigenen Worte auf ihren eigenen Zungen, der Grundsatz, der einem Volk den Anspruch auf einen Krieg gegen den Unterdrücker erteilt, der sie aus ihren eigenen Häusern vertreiben und ihres Landes beraubt hat. Während dieser Grundsatz geltend für alle Gebiete ist, so gilt dies erst recht insbesondere für das

Heilige Land. Wie war es dann überhaupt für den Staat Israel möglich gegründet zu werden, dessen Politik darauf basiert ein gesamtes Volk aus ihren eigenen Häusern und aus ihrem eigenen Land zu vertreiben, während dieses Volk doch dem Gott Abrahams treu ergeben ist und zusätzlich verleugneten sie ihnen auch noch trotzig, für mehr als 50 Jahre, das Recht zur Rückkehr in ihr eigenes Land?

Joshua *('alaihi as-Salām)*

Nachdem die Israeliten aus der Tyrannei Ägyptens herausgeführt worden waren, wurden sie erneut mit einer gottgewollten Erbschaft des Heiligen Landes gesegnet. Die Bibel informiert uns, dass Joshua sie in das Heilige Land führte. Der Qur'an verneint weder diese biblische Aussage, bzgl. des Namen Joshuas, noch bestätigt er sie:

وَأَوْرَثْنَا الْقَوْمَ الَّذِينَ كَانُوا يُسْتَضْعَفُونَ مَشَارِقَ الْأَرْضِ وَمَغَارِبَهَا الَّتِي بَارَكْنَا فِيهَا ۖ وَتَمَّتْ كَلِمَتُ رَبِّكَ الْحُسْنَىٰ عَلَىٰ بَنِي إِسْرَائِيلَ بِمَا صَبَرُوا ۖ وَدَمَّرْنَا مَا كَانَ يَصْنَعُ فِرْعَوْنُ وَقَوْمُهُ وَمَا كَانُوا يَعْرِشُونَ (١٣٧)

"Und Wir gaben dem Volk, das für schwach galt, die östlichen Teile des Landes zum Erbe und die westlichen Teile dazu, die Wir gesegnet hatten. Und das gnadenvolle Versprechen deines Herrn ward erfüllt an den Kindern Israels, weil sie standhaft waren; und Wir zerstörten alles, was Pharao und sein Volk geschaffen und was an hohen Bauten sie erbaut hatten."

(Qur'ān, al-'Arāf, 7:137)

Als Moses (*alaihi As-Salam*) ihnen vorher befohlen hatte zu kämpfen, um in das heilige Land eingehen zu können, da weigerten sich die Juden seinem Befehl nachzugehen. Die Kommentatoren des *Qur'āns* identifizieren Joshua als einen der beiden:

$$\text{قَالَ رَجُلَانِ مِنَ الَّذِينَ يَخَافُونَ أَنْعَمَ اللَّهُ عَلَيْهِمَا ادْخُلُوا عَلَيْهِمُ الْبَابَ فَإِذَا دَخَلْتُمُوهُ فَإِنَّكُمْ غَالِبُونَ ۚ وَعَلَى اللَّهِ فَتَوَكَّلُوا إِن كُنتُم مُّؤْمِنِينَ (٢٣)}$$

„Da sagten zwei Männer von denen, die (Gott) fürchteten – Allah hatte sie mit Seiner Huld begabt -: „Ziehet ein durch das Tor und gegen sie; seid ihr eingezogen, dann werdet ihr siegreich sein. Und vertrauet auf Allah, wenn ihr Gläubige seid."

(Qur'ān, al-Māidah, 5:23)

Salomon (*'alaihi as-Salām*)

Dann, weitere 500 Jahre später nimmt der Qur'an zum vierten Mal Bezug auf das Heilige Land, als Allah über das Königreich Salomons (*alaihi As-Salam*) sprach:

$$\text{وَلِسُلَيْمَانَ الرِّيحَ عَاصِفَةً تَجْرِي بِأَمْرِهِ إِلَى الْأَرْضِ الَّتِي بَارَكْنَا فِيهَا ۚ وَكُنَّا بِكُلِّ شَيْءٍ عَالِمِينَ (٨١)}$$

„Und Salomo (machten Wir) den Wind (dienstbar), der in seinem Auftrage in das Land blies, das Wir gesegnet hatten. Und Wir besitzen Kenntnis von allen Dingen."

(Qur'ān, al-Anbiyāh, 21:81)

In Folge all dieser Göttlichen Segnungen, wurde der (islamische) Staat Israel, über den Salomon (*alaihi As-Salam*) herrschte, nicht nur der herrschende Staat der Welt, sondern auch der prächtigste Staat, den die Geschichte je erlebt hat. Mit dem Staat Salomons erfuhren die Juden das goldene Zeitalter.

Muhammad *(sallalahu 'alaihi wa sallam)*

Abschließend nimmt der Qur'an ein fünftes Mal Bezug auf das Heilige oder das Gesegnete Land, als er die wundersame Nachtreise des Propheten Muhammad *(sallalahu alaihi wa sallam)* beschreibt, der von Mekkah nach Jerusalem reiste und dann in die Himmel (Sammawaat) hinauf:

سُبْحَٰنَ ٱلَّذِىٓ أَسْرَىٰ بِعَبْدِهِۦ لَيْلًا مِّنَ ٱلْمَسْجِدِ ٱلْحَرَامِ إِلَى ٱلْمَسْجِدِ ٱلْأَقْصَا ٱلَّذِى بَٰرَكْنَا حَوْلَهُۥ لِنُرِيَهُۥ مِنْ ءَايَٰتِنَآ ۚ إِنَّهُۥ هُوَ ٱلسَّمِيعُ ٱلْبَصِيرُ (١)

„Gepriesen sei Der, Der bei Nacht Seinen Diener von der heiligen Moschee zu der fernen Moschee, deren Umgebung Wir gesegnet haben, hinführte, auf daß Wir ihm einige Unserer Zeichen zeigten. Wahrlich, Er ist der Allhörende, der Allsehende".

(Qur'ān, Banū Isrāīl, 17:1)

Diese ferne Gebetsstätte (Tempel) wurde vom Propheten Muhammad *(sallalahu alaihi wa sallam)* als die Masjid al-Aqsa identifiziert, die Gebetsstätte, die vom Propheten Salomon *(alaihi as-Salam)* in Jerusalem erbaut wurde:

Überliefert von Jabir ibn Abdullah, der den Gesandten Allahs sagen hörte: „Als die Leute von Quraish mir nicht glaubten (d.h., die Nachtreise), so stand ich in Al-Hijr auf und Allah zeigte vor mir Jerusalem und ich begann Jerusalem zu beschreiben, während ich auf sie schaute."

(Sahih Bukhāri)

Der Prophet *(sallallahu alaihi wa sallam)* fuhr fort die Muslime vom Vorhaben jeder heiligen Reise abzuhalten, außer von drei Orten:

Überliefert von Abu Huraira: Der Prophet sagte: „Brich auf keine Reise auf, außer zu drei Gebetsstätten, d.h., Mekkah, Medina und die Al-Aqsa (in Jerusalem)."

(Sahih Bukhāri)

Überliefert von Maimunah ibn Sa´ad: Ich sagte: „Gesandter Allahs, erzähle uns über die rechtmäßige Einweihung (Besuch) der Bait al-Maqdis (Jerusalem)." Der Prophet sagte: „Geh und bete dort." (Doch) all die Städte zu dieser Zeit waren durch den Krieg belastet. (So fügte er hinzu), „wenn du sie nicht besuchen und dort beten kannst, dann sende etwas Öl, damit es für die Lampen benutzt werden kann (d.h., schicke Unterstützung)."

(Sunan Abu Dāwud)

Die römische Armee unter General Titus zerstörte die Masjid Al-Aqsa (den Tempel erbaut von Salomon) im Jahre 70 n.Chr. Als die muslimische Armee Jerusalem eroberte, unter der Herrschaft des Kalifen Omar ibn al-Khattab *(radiallahu´anhu)*, da lag Jerusalem immer noch in

Ruinen. Er war es, der den Befehl gab, die heutige Masjid al-Aqsā auf dem Gelände der Ruinen des ursprünglichen Tempels (Masjid) von Salomon ('alaihi As-Salam) zu bauen.

JERUSALEM IM QUR'AN

Teil 1

Kapitel 4

Der Qur'an verkündet, dass das Heilige Land und Jerusalem den Israeliten gegeben wurde

Und (damals) als Moses zu seinem Volke sagte: „O mein Volk, besinnt euch auf Allahs Huld gegen euch, als Er aus eurer Mitte Propheten erweckte und euch zu Königen machte und euch gab, was Er keinem anderen auf der Welt gegeben hat."

وَإِذْ قَالَ مُوسَىٰ لِقَوْمِهِ يَٰقَوْمِ اذْكُرُوا۟ نِعْمَةَ ٱللَّهِ عَلَيْكُمْ إِذْ جَعَلَ فِيكُمْ أَنۢبِيَآءَ وَجَعَلَكُم مُّلُوكًا وَءَاتَىٰكُم مَّا لَمْ يُؤْتِ أَحَدًا مِّنَ ٱلْعَٰلَمِينَ (٢٠) يَٰقَوْمِ ٱدْخُلُوا۟ ٱلْأَرْضَ ٱلْمُقَدَّسَةَ ٱلَّتِى كَتَبَ ٱللَّهُ لَكُمْ وَلَا تَرْتَدُّوا۟ عَلَىٰٓ أَدْبَارِكُمْ فَتَنقَلِبُوا۟ خَٰسِرِينَ (٢١)

......„O mein Volk, betretet das heilige Land, das Allah für euch bestimmt hat, und kehret (Ihm) nicht den Rücken; denn dann werdet ihr als Verlorene umkehren."

(Qur'ān, al-Māidah, 5:20-1)

Daniel Pipes versuchte in seinem Artikel, der in der Los Angeles Times veröffentlicht wurde *("Jerusalem bedeutet den Juden mehr als den Muslimen 21. Juli 2000),* den islamischen Anspruch auf Jerusalem zu entkräften, indem er u.a. erklärend bzgl. Jerusalem sagte: *„Sie ist nicht einmal im Qur´an oder in den gottesdienstlichen Handlungen erwähnt worden".*

Es ist wahr, dass das Wort "Jerusalem" nicht explizit im *Qur´ān* vorkommt, doch dies ist der gewollte Anschein, der durch die göttliche Weisheit erfolgt.

Der *Qur´an* nimmt hintergründig und mysteriös Bezug auf Jerusalem (und dies so in angemessener Weise) als eine Stadt, die zerstört worden ist, dessen Bewohner aus ihr verwiesen wurden und vor jeglicher Wiedererlangung oder Zurückforderung verbannt wurden. Dieser Bann bleibt gültig bis zu der Zeit, wenn Gog und Magogg herauskommen (siehe Qur´an, al-Anbiyah, 21:95-96.) Der arabische Name für Jerusalem `Bait al-Maqdis´ erscheint mehrere Male in den Überlieferungen des Propheten Muhammad *(sallalahu alaihi wa sallam).* Der römische Name `Aelia´ erscheint in einer sehr wichtigen Prophezeiung des Propheten *(sallalahu alaihi wa sallam).*

Es ist wirklich erstaunlich, dass Dr.Pipes es vorgezogen hat, jenen Vers des Qur´ans zu ignorieren, der unmissverständlich verkündet, dass das Heilige Land (dessen Kern Jerusalem ist) von Allah *(subhanahu wa ta´le)* den Juden gegeben worden war.

يَقَوْمِ ادْخُلُوا الْأَرْضَ الْمُقَدَّسَةَ الَّتِي كَتَبَ اللهُ لَكُمْ وَلَا تَرْتَدُّوا عَلَى أَدْبَارِكُمْ فَتَنْقَلِبُوا خَاسِرِينَ (٢١) قَالُوا

$$\text{يَـٰمُوسَىٰٓ إِنَّ فِيهَا قَوْمًا جَبَّارِينَ وَإِنَّا لَن نَّدْخُلَهَا حَتَّىٰ يَخْرُجُوا۟ مِنْهَا فَإِن يَخْرُجُوا۟ مِنْهَا فَإِنَّا دَاخِلُونَ (٢٢) قَالَ رَجُلَانِ مِنَ ٱلَّذِينَ يَخَافُونَ أَنْعَمَ ٱللَّهُ عَلَيْهِمَا ٱدْخُلُوا۟ عَلَيْهِمُ ٱلْبَابَ فَإِذَا دَخَلْتُمُوهُ فَإِنَّكُمْ غَـٰلِبُونَ وَعَلَى ٱللَّهِ فَتَوَكَّلُوٓا۟ إِن كُنتُم مُّؤْمِنِينَ (٢٣)}$$

„O mein Volk, betretet das heilige Land, das Allah für euch bestimmt hat, und kehret (Ihm) nicht den Rücken; denn dann werdet ihr als Verlorene umkehren."

Sie sagten: „O Moses, siehe, dort lebt ein tyrannisches Volk, und wir werden es (das Land) nicht betreten, ehe jene es nicht verlassen haben. Doch wenn sie es verlassen, dann wollen wir dort einziehen."

Es sagten zwei Männer von denen, die gottesfürchtig waren, und denen Allah Seine Gnade erwiesen hatte: „Zieht durch das Tor ein und wendet euch gegen sie; seid ihr eingezogen, dann werdet ihr siegreich sein. Und vertraut auf Allah, wenn ihr Gläubige seid."

(Qur'ān, al-Māida, 5:21-23)

Die Juden wandten sich an Musa (*alaihi as-salam*) mit einer Antwort, die so beleidigend war, dass Allah (swt) ihnen den Eintritt in das Heilige Land mit sofortiger Wirkung verboten hatte:

$$\text{قَالُوا۟ يَـٰمُوسَىٰٓ إِنَّا لَن نَّدْخُلَهَآ أَبَدًا مَّا دَامُوا۟ فِيهَا فَٱذْهَبْ أَنتَ وَرَبُّكَ فَقَـٰتِلَآ إِنَّا هَـٰهُنَا قَـٰعِدُونَ (٢٤) قَالَ رَبِّ إِنِّى لَآ أَمْلِكُ إِلَّا نَفْسِى وَأَخِى فَٱفْرُقْ بَيْنَنَا وَبَيْنَ ٱلْقَوْمِ}$$

$$\text{الْفَاسِقِينَ (٢٥) قَالَ فَإِنَّهَا مُحَرَّمَةٌ عَلَيْهِمْ أَرْبَعِينَ سَنَةً ۛ يَتِيهُونَ فِي الْأَرْضِ ۚ فَلَا تَأْسَ عَلَى الْقَوْمِ الْفَاسِقِينَ (٢٦)}$$

Sie sagten: „O Moses, nimmermehr werden wir es betreten, solange jene dort sind. Gehe denn du mit deinem Herrn und kämpft; wir bleiben hier sitzen."

Er sagte: „Ich habe nur Macht über mich selbst und meinen Bruder; darum scheide Du uns von dem aufrührerischen Volk."

Er sprach: „Wahrlich, es (das Land) soll ihnen vierzig Jahre lang verwehrt sein; sie sollen auf der Erde umherirren. Und betrübe dich nicht wegen des aufrührerischen Volkes."

(Qur'ān, al-Māida, 5:24-6)

Tatsächlich bestätigt der Qur'an anderweitig erneut, dass das Heilige Land den Juden gegeben worden war:

$$\text{فَأَرَادَ أَنْ يَسْتَفِزَّهُمْ مِنَ الْأَرْضِ فَأَغْرَقْنَاهُ وَمَنْ مَعَهُ جَمِيعًا (١٠٣) وَقُلْنَا مِنْ بَعْدِهِ لِبَنِي إِسْرَائِيلَ اسْكُنُوا الْأَرْضَ فَإِذَا جَاءَ وَعْدُ الْآخِرَةِ جِئْنَا بِكُمْ لَفِيفًا (١٠٤)}$$

Da beschloss er (Pharao), sie (die Israeliten) aus dem Lande zu treiben; doch Wir ertränkten ihn und die mit ihm waren, allesamt. Und nach ihm (nach dem er ertränkt worden war) sprachen Wir zu den Kindern Israels: „Wohnt in dem Lande (Jerusalem); und wenn die Zeit der zweiten Verheißung kommt, dann werden Wir euch hinzubringen als eine Schar, gesammelt (aus den verschiedenen Völkern)."

(Qur'ān, Banū Isrāīl, 17:103-104)

und erneut:

$$\text{وَأَوْرَثْنَا الْقَوْمَ الَّذِينَ كَانُوا يُسْتَضْعَفُونَ مَشَارِقَ الْأَرْضِ وَمَغَارِبَهَا الَّتِي بَارَكْنَا فِيهَا ۖ وَتَمَّتْ كَلِمَتُ رَبِّكَ الْحُسْنَىٰ عَلَىٰ بَنِي إِسْرَائِيلَ بِمَا صَبَرُوا ۖ وَدَمَّرْنَا مَا كَانَ يَصْنَعُ فِرْعَوْنُ وَقَوْمُهُ وَمَا كَانُوا يَعْرِشُونَ (١٣٧)}$$

„Und Wir gaben dem Volk, das für schwach galt, die östlichen Teile des Landes zum Erbe und die westlichen Teile dazu, die Wir gesegnet hatten. Und das gnadenvolle Wort deines Herrn ward erfüllt an den Kindern Israels, weil sie standhaft waren; und Wir zerstörten alles, was Pharao und sein Volk geschaffen und was an hohen Bauten sie erbaut hatten."

(Qur'ān, al-'Arāf, 7:137)

Es ist wirklich erstaunlich, dass jüdische und zionistische Gelehrte es so sorgfältig vermieden haben, diese einfachen Aussagen zu erwähnen, in denen der *Qur'ān* erklärt, dass das Heilige Land den Juden gegeben worden war:

- ➢ "Oh mein Volk, trettet in das Heilige Land ein, welches Allah euch gab …"

- ➢ "Dann sagten Wir (Allah) zu den Israeliten:" Seit in Sicherheit im (Heiligen) Land '…. "

- ➢ "Wir gaben ihnen den östlichen und westlichen Teil des (Heiligen) Landes als Erbe, das Wir gesegnet hatten."

Unsere Leser, die aufrichtig nach der Wahrheit suchen bzgl. `des Schicksals Jerusalems´, sollten über die

Abneigung seitens der euro-jüdischen, zionistischen und jüdischen Gelehrten reflektieren, die sie gegenüber dem Qur´an aufbringen. Dieses Buch bietet eine Erklärung für dieses seltsame Verhalten. Die Erklärung ihrer Abneigung, spiegelt sich in ihrem Widerwillen die Wahrheit zu offenbaren wieder, die Wahrheit ist, sie verfälschten die göttlichen Voraussetzungen in der Thora, die Allah (swt) ihnen auferlegt hatte, um das Heilige Land Erben zu dürfen. Ihr Betrug wird durch den Qur´an enthüllt. Um welchen Betrug handelt es sich dabei?

JERUSALEM IM QUR'AN

Teil 1

Kapitel 5

Die göttlichen Bedingungen für die Erbberechtigung des Heiligen Landes

وَلَقَدْ كَتَبْنَا فِى الزَّبُورِ مِنْ بَعْدِ الذِّكْرِ اَنَّ الْاَرْضَ يَرِثُهَا عِبَادِىَ الصَّالِحُونَ (٢١:١٠٥)

„Und bereits haben Wir in dem Buche (Davids/Psalm), nach der Ermahnung, geschrieben, dass Meine rechtschaffenen Diener das Land/Erde (das Heilige Land, al-Ard al-Muqadassa) erben sollen."

(Qur'ān, al-Anbiyāh, 21:105)

Hätte Dr. Pipes die Kenntnis über diese Passage des *Qur'ans* besessen, die deutlich erklärt, dass das Heilige Land den Juden gegeben worden war (und es ist unmöglich, dass er gegenüber dieser Tatsache unwissend war), so hätte er sich folgende Fragen stellen müssen: Welches Recht haben die Muslime, den Juden ein Land wegzunehmen (und die Stadt in diesem Land, welches den Kern des Landes bildet), das Allah ihnen gegeben hat? Der Grund warum er diese Passagen des Qur'ans ignorierte, ist, weil dies die "Büchse der Pandora" geöffnet hätte. Erstens, er wollte dem Qur'an keine Aufmerksamkeit widmen (keine

Werbung für ihn machen), besonders nicht um seinen (gerechten) Umgang mit Juden und dem Heiligen Land zu veröffentlichen.

Zweitens, die Antwort auf die Frage, welches Recht die Muslime auf das Heilige Land haben, befindet sich in einem anderen Vers des Qur´ans, indem Allah (swt) das jüdische Recht auf Jerusalem und auf das Heilige Land zurückfordert, weil dieses Recht auf bestimmten Voraussetzungen basiert, nämlich, Glaube und rechtschaffenes Handeln. Glaube bedeutet, die treu ergebene Einhaltung der Religion Abrahams:

وَلَقَدْ كَتَبْنَا فِى الزَّبُورِ مِنْ بَعْدِ الذِّكْرِ اَنَّ الْاَرْضَ يَرِثُهَا عِبَادِىَ الصَّلِحُوْنَ (١٠٥)

Und Wir haben bereits nach der Ermahnung in den Zabur geschrieben, dass die Erde (das Heilige Land, al-Ard al Muqadassa) von Meinen rechtschaffenen Dienern beerbt wird.

(Qur'ān, al-Anbiyāh, 21:105)

Es ist klar, dass wenn der Qur´an das Wort `Erde´ oder `Land´ benutzt, wie oben zitiert, er sich nicht auf die gesamte Welt bezieht. Würde er sich auf die gesamte Erde beziehen, so wäre dies eine offensichtlich falsche Aussage. Jene, die heutzutage die Welt beherrschen und dessen Vertreter in New York für ihr Millennium Gipfeltreffen versammelt sind, sind der Abschaum der Menschheit. Sie sind die denkbar "feinsten" Repräsentanten der Täuschung, der Dekadenz, der Unterdrückung und der grundlegend gottlosen, säkularen modernen Weltordnung, die die blutsaugende Elite repräsentiert, die nun die

Menschheit in einer neuen anspruchsvollen Wirtschaft, basierend auf *Riba*, versklavt hat. Jene, wie Fidel Castro, die Verfechter der Unterdrückung waren, müssten sich heutzutage in solch einer Versammlung wohl wie fehl am Platz fühlen.

Doch das Wort Allahs ist immer wahr. Daher bezieht sich das Wort `Erde´ oder `Land´, im vorher angeführten Vers des Qur´ans, nicht auf die gesamte Welt. Auf welches Land (Erde) jedoch bezieht sich dann der Vers?

Die Antwort darauf befindet sich klar in der Thora und in den Psalmen. Die Antwort befindet sich selbst sogar im Evangelium (in der gegenwärtigen Übersetzung jedoch nicht erkennbar). Es handelt sich, um das Heilige Land! Doch alle Übersetzungen benutzen das Wort `Erde´:

„Wer ist der, der den HERRN fürchtet? Er wird ihn unterweisen den besten Weg. Seine Seele wird im Guten wohnen, und sein Same wird das (Heilige) Land erben. Das Geheimnis des HERRN ist unter denen, die ihn fürchten; und seinen Bund lässt er sie wissen."

(Psalm, 25:12-14)

„Aber die Sanftmütigen werden das (Heilige) Land erben und Lust haben in großem Frieden."

(Psalm, 37:11)

„Die Gerechten erben das (Heilige) Land und bleiben ewiglich darin (d.h., vorausgesetzt sie bleiben rechtschaffen in ihrem Handeln)."

(Psalm, 37:29)

Selig sind die Sanftmütigen; denn sie werden das Erdreich besitzen.

(Matthäus, 5:5)

Der Beweis, dass sich das Wort `Erde´ oder `Land´ in diesem Kontext auf das Heilige Land bezieht, ist im Text des Qur´ans zu finden, in welchem verkündet wird, dass die Israeliten zweimal im `Lande´ oder auf der `Erde´ Unheil anrichten werden (erstaunliche Unterdrückung und Schlechtigkeiten):

وَقَضَيْنَا إِلَىٰ بَنِىٓ إِسْرَاءِيلَ فِى ٱلْكِتَٰبِ لَتُفْسِدُنَّ فِى ٱلْأَرْضِ مَرَّتَيْنِ وَلَتَعْلُنَّ عُلُوًّا كَبِيرًا (٤)

„Und Wir hatten den Kindern Israels in der Schrift klargelegt (als Warnung): „Siehe, ihr werdet gewisslich zweimal im Land Verderben (Fasad) anstiften, und ihr werdet gewisslich unmäßig hoffärtig und herrisch werden (Arrogant)." (Daher werden sie auch zweimal bestraft werden).

(Qur'ān, Banū Isrāīl, 17:4)

Durch allgemeinen Konsens ist es erlaubt, das Wort "Erde" oder "Land" im obigen Vers, auf das Heilige Land zu beziehen! Und so sprechen die Schriften alle einheitlich dieselbe Sprache, dass der Glaube und gerechtes Verhalten die Bedingungen sind, welche es den Juden auf rechtmäßige Weise erlaubt das Heilige Land zu erben und darin zu leben.

Allerdings hat jemand die Thora umgeschrieben, um diese Konditionen zu beseitigen.

Er schrieb:

So wisse nun, dass der HERR, dein Gott, dir nicht um deiner Gerechtigkeit willen dies gute Land zum Besitz gab, denn du bist ein halsstarriges Volk.

(5.Buch Moses, 9:6)

Dr. Pipes mag wohl kein Gefallen daran finden diese ungeheuerliche Lüge zu verteidigen, die gegen Allah und die Religion Abrahams (*alaihi as-Salam*) verübt wurde.
Doch es bedarf dazu nicht viel, im Bezug auf den gesunden Menschenverstand, die moralische Weisheit und die spirituelle Innensicht, um zu erkennen, dass die obere Aussage falsch ist. Diese Aussage ist mit einer perfekten vollkommenen Gerechtigkeit, die von einem perfekten göttlichen Wesen stammen muss, unvereinbar. Es handelt sich hier in der Tat um eine Fälschung! Diese Fälschung wurde so gestaltet, dass die göttlichen Bedingungen annulliert werden, die den Juden auferlegt wurden um das Heilige Land zu Erben.

Wenn dieses besondere Land von Allah ausgewählt und speziell von Ihm gesegnet wurde, warum sollte Er dieses dann einem "halsstarrigen Volk" bedingungslos übergeben, ungeachtet dessen ob sie rechtschaffen handeln oder sich in trotziger Weise davor wären übereinstimmend, moralisch und wie von Gott maßgebend rechtschaffen zu handeln?

Zweitens, die geschichtlichen Aufzeichnungen bestätigen, dass die Juden immer wieder durch göttliche Verordnung aus Jerusalem und dem Heiligen Land ausgewiesen wurden. Dies traf immer dann ein, wenn sie die

Bedingungen des Glaubens und des rechtschaffenen Handelns brachen. Der Qur`an erwähnt diese Ausweisungen und weiter sagt er, nachdem die letzte Ausweisung erfolgte, verkündete Allah (swt) sein Vorhaben mit ihrer Ausweisung fortzufahren, wann immer sie auch in das Heilige Land zurückkehren sollten, mit einem Verhalten, welches den göttlichen Vorschriften widerspricht. (*Qur`an, Sura al-Anbiyah, 21:105*). Einige israelische Juden (die keine Europäer sind) geben bereitwillig ohne weiteres zu, dass sie es selbst waren, die sich durch ihr sündiges Verhalten im widerholten Male, in die Lage der göttlichen Vertreibung aus dem Heiligen Land brachten.

Die gottlosen, säkularen europäischen Zionisten weigern sich jedoch eine solche Theorie (bzw. Tatsache) zu akzeptieren. Die Juden antworten auf den Vers im *Deuteronomium 9:6* mit folgendem Argument, dieser Vers bedeute eine einfache Erinnerung daran, dass das Land ihnen aufgrund des Glaubens und der Rechtschaffenheit ihrer Vorfahren gegeben wurde, gemeint ist Abraham (*alaihi as-Salam*). Mit anderen Worten, sie erbten und verdienten sich dieses nicht aufgrund ihrer eigenen Rechtschaffenheit.

Dieses Argument jedoch annulliert nicht die Bedeutung des Verses, d.h., das dass Land ihnen bedingungslos überlassen worden ist. Der Qur`an erklärt dies als falsch.
Die Qur´anische Aussage diesbezüglich ist klar. Das Land wurde den *Banu Israil* in Verbindung mit bestimmten Konditionen gegeben. Die Bedingungen waren ´Glauben an Allah und die Unterwerfung Ihm gegenüber und rechtschaffenes Verhalten´ *(Qur'ān, al-Anbiyāh, 21:105).*

Rund 600 Jahre nach der letzten Ausweisung der Juden aus dem Heiligen Land, gab Allah (swt) das Erbrecht an die Muslime weiter, als die muslimische Armee das Land eroberte und ihr Kalif Umar ibnu al-Khattab (r.a) dazu aufgefordert worden war, persönlich die Schlüssel der Stadt in Empfang zu nehmen. An diesem Tag erfüllte sich die Prophezeiung des Qur'ans:

وَهُوَ الَّذِى جَعَلَكُمْ خَلَٰئِفَ الْأَرْضِ وَرَفَعَ بَعْضَكُمْ فَوْقَ بَعْضٍ دَرَجَٰتٍ لِّيَبْلُوَكُمْ فِى مَا ءَاتَىٰكُمْ ۗ إِنَّ رَبَّكَ سَرِيعُ الْعِقَابِ وَإِنَّهُ لَغَفُورٌ رَّحِيمٌ (١٦٥)

"Er ist es, Der euch zu Nachfolgern (auf) der Erde (Ard al-Muqaddasa, Jerusalem) gemacht und die einen von euch über die anderen um Rangstufen erhöht hat, damit Er euch mit dem, was Er euch gegeben hat, prüfe. Gewiss, dein Herr ist schnell im Bestrafen, aber Er ist auch wahrlich Allvergebend und Barmherzig."

(Qur'ān, al-An'ām, 6:165)

Allah (swt) befahl, dass die Muslime das Heilige Land erben werden. Somit triumphierte die Wahrheit über die Falschheit. Als sie die Herrschaft über das Heilige Land übernommen hatten, dauerte ihre Regierungszeit für mehr als 1200 Jahre an (abgesehen von einer kurzen Unterbrechung). Dies war für die Muslime ein klares himmlisches Zeichen von göttlicher Genehmigung, die es ihnen erlaubte über das Heilige Land mit dem islamischen Gesetz zu regieren! Die jüdische Lehre sollte eine Erklärung für diese lange uninterpretierte Regierungszeit der Muslime über das Heilige Land anbieten – ein muslimisches Gesetz, das beides enthält, Gerechtigkeit und Gottesfurcht!

Als die europäischen Zionisten die israelischen Juden so weit getäuscht hatten, dass diese bereit waren ihnen Hilfe zu leisten in einer trotzigen starrköpfigen Aktion der Mühe, mit der sie das Heilige Land zurückerobern sollten, so behaupteten sie, dass es sich dabei um einen göttlichen Befehl handelt, der die Wiederherstellung des Staates Israel vorsieht, dies stellte sich für die israelischen Juden als deutliches Zeichen dar, dass der zionistische Ruf falsch gewesen ist. Es war eine Lüge!

Die göttlich vorgesehenen Glaubensvoraussetzungen in der Religion Abrahams (*alaihi as-Salam*) und das rechtschaffene Handeln, blieben im zionistischen Kampf um Israel klar abwesend. Und als Israel selbst gegründet wurde, so blieb das Staatsfundament dasselbe, wie das eines säkularen modernen Staates. Die Grundlagen des säkularen Staates basieren auf *Shirk* und *Kuffur*, dies stellt somit eine absolute Leugnung der Religion Abrahams (*alaihi as-Salam*) dar. Dieses Thema wird im zweiten Teil des Buches näher behandelt.

JERUSALEM IM QUR'AN

Teil 1

Kapitel 6

Die göttliche Vertreibung der Juden aus dem Heiligen Land

وَقَضَيْنَا إِلَىٰ بَنِىٓ إِسْرَٰٓءِيلَ فِى ٱلْكِتَٰبِ لَتُفْسِدُنَّ فِى ٱلْأَرْضِ مَرَّتَيْنِ وَلَتَعْلُنَّ عُلُوًّا كَبِيرًا (٤) فَإِذَا جَآءَ وَعْدُ أُولَىٰهُمَا بَعَثْنَا عَلَيْكُمْ عِبَادًا لَّنَآ أُولِى بَأْسٍ شَدِيدٍ فَجَاسُوا۟ خِلَٰلَ ٱلدِّيَارِ ۚ وَكَانَ وَعْدًا مَّفْعُولًا (٥) ثُمَّ رَدَدْنَا لَكُمُ ٱلْكَرَّةَ عَلَيْهِمْ وَأَمْدَدْنَٰكُم بِأَمْوَٰلٍ وَبَنِينَ وَجَعَلْنَٰكُمْ أَكْثَرَ نَفِيرًا (٦) إِنْ أَحْسَنتُمْ أَحْسَنتُمْ لِأَنفُسِكُمْ ۖ وَإِنْ أَسَأْتُمْ فَلَهَا ۚ فَإِذَا جَآءَ وَعْدُ ٱلْءَاخِرَةِ لِيَسُـۥٓـُٔوا۟ وُجُوهَكُمْ وَلِيَدْخُلُوا۟ ٱلْمَسْجِدَ كَمَا دَخَلُوهُ أَوَّلَ مَرَّةٍ وَلِيُتَبِّرُوا۟ مَا عَلَوْا۟ تَتْبِيرًا (٧)

Und Wir haben für die Kinder Isrā'īls im Buch dargelegt: „Ihr werdet ganz gewiss zweimal auf der Erde (im Heiligen Land) Unheil stiften, und ihr werdet ganz gewiss mächtige Überheblichkeit erlangen. Wenn nun das Versprechen vom ersten der beiden (Male) eintrifft, schicken Wir gegen euch Diener von Uns, die eine starke Gewalt besitzen. Sie dringen zwischen den Wohnstätten hindurch ein, und das ist ein Versprechen, das sicher ausgeführt wird.

Hierauf geben Wir euch wiederum die Oberhand über sie, und Wir unterstützen euch mit Besitz und Söhnen und machen euch zahlreicher. „Wenn ihr Gutes tut, tut ihr Gutes für euch selbst; und wenn ihr Böses tut, ist es (auch) für euch selbst." – Wenn nun das Versprechen vom letzten (Mal) eintrifft, so sollen sie eure Gesichter entstellen und die Gebetsstätte betreten, wie sie diese das erste Mal betraten, und das, worüber sie Macht erlangt haben, völlig zerstören.

(Qur'ān, Banū Isrāīl, 17:4-7)

Sūrah Banū Isrāīl im *Qur'ān (Sūrah Nr. 17)* zeichnet die Geschichte Jerusalems auf, welche die folgende betrügerische Aussage der Tora entlarvt:

„So wisse nun, dass der HERR, dein Gott, dir nicht um deiner Gerechtigkeit willen dieses gute Land zum Besitz gibt, denn du bist ein halsstarriges Volk."

(Deuteronomium, 9:6)

Diese Aussage ist gefälscht, weil sie auf dem Glaubensgedanken gründet und somit einen solchen vermittelt, dass die göttliche Bewilligung für das Heilige Land und die damit verbundene Übergabe an die Juden, bedingungslos von statten ging. Mit anderen Worten, dies erlaubt den Juden das Argument vorzubringen, dass das Heilige Land immer noch ihnen gehöre, unabhängig ob sie rechtschaffen und gerecht in ihren Handlungen sind, denn rechtschaffenes Verhalten stellt laut dieser Aussage keine Bedingung für ein Erbschaftsrecht auf das Heilige Land dar.

Die Juden werden damit argumentieren, dass Abraham (*alaihi as-Salam*) rechtschaffen war und aufgrund seiner Rechtschaffenheit wurde das Land ihm und seinen Nachkommen gegeben!

Nach Abraham kann somit kein Verstoß der rechtschaffenen Handlungsweisen, den jüdischen Rechtsanspruch auf das Heilige Land entkräften oder gar für ungültig erklären. Schließlich war doch die Thora klar und deutlich in ihrer Aussage über diesen Fall:

So fasset nun diese Worte zu Herzen und in eure Seele und bindet sie zum Zeichen auf eure Hand, daß sie ein Denkmal vor euren Augen seien. Und lehret sie eure Kinder, daß du davon redest, wenn du in deinem Hause sitzest oder auf dem Wege gehst, wenn du dich niederlegst und wenn du aufstehst; und schreibe sie an die Pfosten deines Hauses und an die Tore, daß du und deine Kinder lange leben in dem Lande, das der HERR deinen Vätern geschworen hat ihnen zu geben, solange die Tage vom Himmel auf Erden währen. Denn wo ihr diese Gebote alle werdet halten, die ich euch gebiete, daß ihr darnach tut, daß ihr den HERRN, euren Gott, liebet und wandelt in allen seinen Wegen und ihm anhanget, so wir der HERR alle diese Völker vor euch herausstoßen, daß ihr größere und stärkere Völker vertreibt, denn ihr seid. Alle Orte, darauf eure Fußsohle tritt, sollen euer sein; von der Wüste an und von dem Berge Libanon und von dem Wasser Euphrat bis ans Meer gegen Abend soll eure Grenze sein. Niemand wird euch widerstehen können. Furcht und Schrecken vor euch wird der HERR über alles Land kommen lassen, darauf ihr tretet, wie er euch verheißen hat.

(Deuteronomium, 11:18-25)

(Der Artikel von Michael Avi-Yonah in der jüdischen Enzyklopädie erklärt, dass "David *('alaihi As-Salam)*, im Zuge seiner Eroberungen Jerusalem zum Mittelpunkt eines sich ausbreitenden Reiches machte, das sich von Ägypten bis zum Euphrat erstreckte, obwohl dies zur

Herrschaftszeit seines Nachfolgers Salomon *(alaihi as-Salam)* stattfand, konnte der gesamte Vorteil aus diesem Umstand gezogen werden.

Doch wie im *5.Buch Moses 9:6* sowie im *Kapitel 11:18-25* handelt es sich hierbei um gefälschte Stellen, insofern falsch, weil die Bedingungen für das Erbschaftsanrecht auf das Heilige Land entfernt wurden, denn diese basierten auf rechtschaffenem Handeln und aufrichtigem Glauben. Der Qur`an bestätigt nicht nur das "rechtschaffene Handeln" als Grundvoraussetzung für eine solche Erbschaft *(siehe Sura 21:105)* sondern geht noch weiter und lenkt die Aufmerksamkeit auf die geschichtlichen Fakten und Beweise, die zeigen, wann immer ein solcher Verstoß dieser Bedingungen stattfand, dies auch zur göttlichen Ausweisung aus dem Heiligen Land führte. Die Sura berichtet uns mindestens von zwei Begebenheiten, in denen die Israeliten gegenüber der Religion Abrahams verräterisch handelten und sie die maßgebenden rechtschaffenen Handlungen unterließen, so verbannte sie Allah aus dem Heiligen Land.

(Eine ausführlichere Behandlung des Themas findet sich in unserem Buch: *"Die Religion Abrahams und der Staat Israel - Eine Sicht aus dem Qur'ān ".*)

In der ersten Begebenheit im Jahre 587 (vor unserer Zeitrechnung), belagerte eine babylonische Armee Jerusalem, welche durch Nebukadadnezar angeführt wurde, dann verbrannten sie die Stadt, ermordeten ihre Bewohner, zerstörten die *Masjid* (erbaut von *Suleyman alaihi as-Salam*) und führten die "Obersten" der jüdischen Population mit sich nach Babylon in die Sklaverei. Der

Prophet Jeremia hatte sie gewarnt, dass dies geschehen würde (siehe Bibel, Jeremia, 32:36), exakt so wie Allah, der Überlegene, es im Qur`an sagt: „Er zerstörte nie eine Stadt, ohne vorher einen Warner zu ihnen zu senden (siehe *Qur`an 17:15*)."

Gott, es sind Heiden in dein Erbe gefallen; die haben deinen heiligen Tempel verunreinigt und aus Jerusalem Steinhaufen gemacht.

(Psalm 79:1)

Sie wurden u.a. so bestraft, weil sie die Thora änderten und zu *Halal* (erlaubt) erklärten, was Allah (s.w.t) für *Haram* (verboten) erklärt hatte. Sie änderten die Thora, um sich selbst den Zinsverleih an jene, die keine Juden sind, zu erlauben:

Du sollst von deinem Bruder nicht Zinsen nehmen, weder Geld noch mit Speise noch mit allem, womit man wuchern. Von den Fremden magst du Zinsen nehmen, aber nicht von deinem Bruder, auf daß dich der HERR, dein Gott, segne in allem, was du vornimmst in dem Lande, dahin du kommst, es einzunehmen.

(5.Buch Moses, 23:19-20)

Im zweiten Fall ihres *Fasad*s (Unrecht, Schlechtigkeit) wurden sie aufgrund der Tötung der Propheten Allahs aus dem Heiligen Land ausgewiesen (siehe z.B. *Qur'an, al-Baqara, 2:61*). Sie töteten *Zakariah* (*alaihi as-Salam*) in der Masjid. Sein Sohn, *Yahya* (*alaihi as-Salam*), wurde (laut ihren Quellen) durch Betrug getötet. Jesus (*alaihi as-Salam*) nahm Bezug auf das Töten der Propheten und in seiner heftigen Verurteilung dieses Verbrechens, hielt er kein Wort zurück:

Darum spricht die Weisheit Gottes: Ich will Propheten und Apostel zu ihnen senden, und derselben werden sie etliche töten und verfolgen; auf das gefordert werde von diesem Geschlecht aller Propheten Blut, das vergossen ist, seit der Welt Grund gelegt ist, von Abels Blut an bis auf das Blut des Zacharias, der umkam zwischen dem Altar und Tempel. Ja, ich sage euch: Es wird gefordert werden von diesem Geschlecht.

(Lukas, 11:49-51)

Schließlich rühmten sie sich damit, den Messias, Jesus, den Sohn der Maria, getötet zu haben (jedoch rettete ihn Allah, der Allmächtige, vor dem Tod):

وَقَوْلِهِمْ إِنَّا قَتَلْنَا الْمَسِيحَ عِيسَى ابْنَ مَرْيَمَ رَسُولَ اللَّهِ وَمَا قَتَلُوهُ وَمَا صَلَبُوهُ وَلَٰكِن شُبِّهَ لَهُمْ ۚ وَإِنَّ الَّذِينَ اخْتَلَفُوا فِيهِ لَفِي شَكٍّ مِّنْهُ ۚ مَا لَهُم بِهِ مِنْ عِلْمٍ إِلَّا اتِّبَاعَ الظَّنِّ ۚ وَمَا قَتَلُوهُ يَقِينًا (١٥٧)

Und wegen ihrer Rede: „Wir haben den Messias, Jesus, den Sohn der Maria, den Gesandten Allahs, getötet" (das ist Sarkasmus, sie machten sich lustig); während sie ihn doch weder erschlugen noch den Kreuzestod erleiden ließen, sondern er erschien ihnen nur gleich (einem Gekreuzigten); und jene, die in dieser Sache uneins sind, sind wahrlich im Zweifel darüber; sie haben keine (bestimmte) Kunde davon, sondern folgen bloß einer Vermutung; und sie haben darüber keine Gewissheit.

(Qur'ān, al-Nisā, 4:157)

Es geschah nach diesem Ereignis, Allah (swt) bestrafte sie ein zweites Mal. Eine römische Armee angeführt von General Titus, belagerte Jerusalem. Titus zerstörte die Stadt Jerusalem, ermordete seine Bewohner und vertrieb die zurückgebliebenen Juden, aus dem Heiligen Land. Die *Masjid* wurde erneut zerstört und die Soldaten rissen sie Stein für Stein auseinander, in Hoffnung auf geschmolzenes Gold zu stoßen, exakt wie Jesus (*alaihi as-Salam*) gewarnt und prophezeit hatte:

$$...وَلِيُتَبِّرُوا۟ مَا عَلَوْا۟ تَتْبِيرًا (٧)$$

"...und alles, was sie erobert hatten, bis auf den Grund zerstörten."

(*Qur'ān, Banū Israil, 17: 4-7*):

$$وَقَضَيْنَآ إِلَىٰ بَنِىٓ إِسْرَٰٓءِيلَ فِى ٱلْكِتَٰبِ لَتُفْسِدُنَّ فِى ٱلْأَرْضِ مَرَّتَيْنِ وَلَتَعْلُنَّ عُلُوًّا كَبِيرًا (٤) فَإِذَا جَآءَ وَعْدُ أُولَىٰهُمَا بَعَثْنَا عَلَيْكُمْ عِبَادًا لَّنَآ أُو۟لِى بَأْسٍ شَدِيدٍ فَجَاسُوا۟ خِلَٰلَ ٱلدِّيَارِ ۚ وَكَانَ وَعْدًا مَّفْعُولًا (٥) ثُمَّ رَدَدْنَا لَكُمُ ٱلْكَرَّةَ عَلَيْهِمْ وَأَمْدَدْنَٰكُم بِأَمْوَٰلٍ وَبَنِينَ وَجَعَلْنَٰكُمْ أَكْثَرَ نَفِيرًا (٦) إِنْ أَحْسَنتُمْ أَحْسَنتُمْ لِأَنفُسِكُمْ ۖ وَإِنْ أَسَأْتُمْ فَلَهَا ۚ فَإِذَا جَآءَ وَعْدُ ٱلْءَاخِرَةِ لِيَسُۥٓـُٔوا۟ وُجُوهَكُمْ وَلِيَدْخُلُوا۟ ٱلْمَسْجِدَ كَمَا دَخَلُوهُ أَوَّلَ مَرَّةٍ وَلِيُتَبِّرُوا۟ مَا عَلَوْا۟ تَتْبِيرًا (٧)$$

Und Wir haben für die Kinder Isrā'īls im Buch dargelegt: "Ihr werdet ganz gewiss zweimal auf der Erde Unheil stiften, und ihr werdet ganz gewiss mächtige Überheblichkeit erlangen. Wenn nun das Versprechen vom ersten der beiden (Male) eintrifft, schicken Wir gegen euch Diener von Uns, die eine starke Gewalt besitzen. Sie dringen zwischen den Wohnstätten hindurch ein, und das ist ein

Versprechen, das sicher ausgeführt wird. Hierauf geben Wir euch wiederum die Oberhand über sie, und Wir unterstützen euch mit Besitz und Söhnen und machen euch zahlreicher. „Wenn ihr Gutes tut, tut ihr Gutes für euch selbst; und wenn ihr Böses tut, ist es (auch) für euch selbst." – Wenn nun das Versprechen vom letzten (Mal) eintrifft, so sollen sie eure Gesichter entstellen und die Gebetsstätte betreten, wie sie diese das erste Mal betraten, und das, worüber sie Macht erlangt haben, völlig zerstören."

(Qur'ān, Banū Isrāīl, 17:4-7)

فَخُذْهَا بِقُوَّةٍ وَأْمُرْ قَوْمَكَ يَأْخُذُوا بِأَحْسَنِهَا ۚ سَأُورِيكُمْ دَارَ الْفَاسِقِينَ (١٤٥)

„...Bald werde Ich euch die Stätte der Frevler zeigen (wie sie hoffnungslos lügen)."

(Qur'ān, al-'Arāf, 7:145)

Der Qur'an bezeichnet den Tempel, welcher zweimal zerstört wurde, als die *Masjid al-Aqsa*. Doch bevor er dies tut, beschreibt er die wundersame Nachtreise des Propheten Muhammad (*sallalahu alaihi wa sallam*), als eine Reise von der *Masjid al-Haram* (in Mekkah), zur *Masjid al-Aqsa* (d.h., die ferne Gebetsstätte):

سُبْحَانَ الَّذِي أَسْرَى بِعَبْدِهِ لَيْلًا مِّنَ الْمَسْجِدِ الْحَرَامِ إِلَى الْمَسْجِدِ الْأَقْصَا الَّذِي بَارَكْنَا حَوْلَهُ لِنُرِيَهُ مِنْ آيَاتِنَا ۚ إِنَّهُ هُوَ السَّمِيعُ الْبَصِيرُ (١)

Gepriesen sei Der, Der bei Nacht Seinen Diener von der heiligen Moschee zu der fernen Moschee, deren Umgebung Wir gesegnet haben, hinführte, auf dass Wir ihm einige Unserer Zeichen zeigten. Wahrlich, Er ist der Allhörende, der Allsehende.

(Qur'ān, Banū Isrāīl, 17:1)

Die *Masjid* aus dem Vers des *Qur'ans*, welche zweimal zerstört wurde, kann keine andere gewesen sein als die *Masjid*, die Salomon (*alaihi as-Salam*) in Jerusalem erbaut hatte. Der Prophet (*sallalahu alaihi wa sallam*) selbst bestätigte dies. Es handelt sich um dieselbe *Masjid*, die oben als die *Masjid al-Aqsa* beschrieben wird, zu welcher der Prophet Muhammad (*sallalahu alaihi wa sallam*) des Nachts auf eine wundersame Reise gebracht wurde. Der Qur'an erklärt, dass er dort hingebracht wurde, um einige `Zeichen´ Seines Herrn zu erblicken. Diese `Zeichen´ beziehen sich mehr als alle anderen, auf das Schicksal Jerusalems.

Nachdem die Juden ein zweites Mal durch eine Ausweisung aus dem Heiligen Land bestraft wurden, verkündete Allah (swt) Seine Absicht sie weiterhin zu bestrafen (und sie zu vertreiben) sollten sie weiterhin das Heilige Land durch die Übertretungen der göttlichen Glaubenskonditionen entweihen und nicht rechtschaffen Handeln:

عَسَىٰ رَبُّكُمْ أَن يَرْحَمَكُمْ ۚ وَإِنْ عُدتُّمْ عُدْنَا ۚ وَجَعَلْنَا جَهَنَّمَ لِلْكَافِرِينَ حَصِيرًا (٨)

„...*doch wenn ihr (zu eurem früheren Zustande der Übertretung) zurückkehrt, so wollen (auch) Wir zurückkehren (mit Unserer Bestrafung) ...*"

(Qur'ān, Banū Isrāīl, 17:8)

Das Schicksal Jerusalems ist klar und deutlich im vorherigen Zitat und der festen Verkündigung des Qur'ans niedergeschrieben worden. Unabhängig von folgenden Punkten:

> Abkommen, die im Camp David oder auch an anderen Orten ausgehandelt wurden zwischen den säkularen nationalistischen Vertretern der Palästinenser und des säkularen nationalistischen europäischen Judentums, die vorgeben die *Banu Israil* zu repräsentieren, oder

> Resolutionen des US-Senats und des Abgeordnetenhauses, welches das britische Parlament als den ultimativen Schirmherrn und als Beschützer des jüdischen Staates abgelöst hat, oder

> Resolutionen des Sicherheitsrates der Vereinten Nationen oder der Generalversammlung, die den Status der Weltregierung einnehmen.

Das Schicksal Jerusalems ist nun klar erkennbar im Zusammenhang der erstaunlichen gottlosigkeit, der Dekadenz und der Unterdrückung, welche nun das Heilige Land verschmutzt. Einige dieser Dinge wurden in nachfolgenden Kapiteln dieses Buches in der Analyse des politischen *Shirks* und der *Riba* des Wirtschaftssystems erläutert, der vom Staat Israel ausgeht. Es ist das Schicksal Israels sich derselben göttlichen Bestrafung unterwerfen zu müssen, die es schon zweimal zuvor erfahren hat. Die erste göttliche Strafe erfolgte durch eine babylonische Armee, die Israel zerstörte. Das zweite Mal erledigte dies eine römische Armee. Und das letzte und dritte Mal wird durch eine muslimische Armee erfolgen.

Die göttlichen `Zeichen´, die dem Propheten Muhammad (*sallalahu alaihi wa sallam*) während seines wundersamen Besuchs in Jerusalem gezeigt wurden, offenbarten ihm u.a das Schicksal Jerusalems. Es scheint so, dass diese Angelegenheit Dr. Pipes Aufmerksamkeit entgangen sein muss.

Der letzte Prophet (*sallalahu alaihi wa sallam*) sah das letzte Zeitalter. Er sah mit seinen spirituellen Augen, die Rückkehr der Juden im letzten Zeitalter in das Heilige Land. Er sah die Erschaffung des Betrügerstaates Israel und seine gottlosigkeit, seine Dekadenz und seine erstaunliche Unterdrückung, die das Heilige Land in Zukunft heimsuchen wird. Er sah die Rückkehr von Jesus (*alaihi as-Salam*) und die Zerstörung Israels, welche durch eine muslimische Armee erfolgen wird. Und er sah die Wahrheit, die Gerechtigkeit und die Rechtschaffenheit in der Religion Abrahams, welche der `wahre´ Messias im Heiligen Land wiederherstellen wird, wenn er zurückgekehrt ist.

JERUSALEM IM QUR'AN

Teil 1

Kapitel 7

Wende dich von Jerusalem nach Mekkah

اَفَلَمْ يَسِيرُوا فِي الْأَرْضِ فَتَكُونَ لَهُمْ قُلُوبٌ يَعْقِلُونَ بِهَا اَوْ اٰذَانٌ يَسْمَعُونَ بِهَا ۖ فَاِنَّهَا لَا تَعْمَى الْأَبْصَارُ وَلٰكِنْ تَعْمَى الْقُلُوبُ الَّتِي فِى الصُّدُورِ (٤٦)

Reisen sie denn nicht auf der Erde umher, so dass sie Herzen bekommen, mit denen sie begreifen, oder Ohren, mit denen sie hören? Denn nicht die Blicke sind blind, sondern blind sind die Herzen, die in den Brüsten sind.

(Qur'ān, al-Hajj, 22:46)

(Wollen sie nicht über die Erde reisen damit vielleicht ihre toten Herzen zum Leben erweckt werden, so dass sie mit solchen Herzen und solch einem Verstand, welcher nun intern Lebt, sie die Weisheit verstehen und ihre Ohren lernen mögen zu hören? (d.h. mit internem hören des Herzens) Wahrlich, es sind nicht die Augen die blind sind, doch eher ihre Herzen in ihren Brüsten.)

Jüdische Religionsgelehrte erkennen die Beziehung der Juden zum Heiligen Land sowie zur Stadt Jerusalem und dem Tempel an, der von Salomon (*alaihi as-Salam*) erbaut wurde, sie stellen für sie Dinge dar, die mit der wahren Essenz des Glaubens verbunden sind. In Folge dieses Glaubens kamen sie zu der Schlussfolgerung, dass die jüdische Religion für immer unvollständig bleiben wird, es sei denn und bis die Juden zu einem unabhängigen, befreiten Heiligen Land zurückkehren, zur Wiederherstellung des Staates Israels mit dem heiligen Jerusalem als deren Hauptstadt und der Wiederstellung des Tempels von Salomon (*alaihi as-Salam*).

Der zionistische Bezug zu diesen jüdischen Religionsaspekten basiert hauptsächlich auf politischer, historischer, säkularer und nationalen Ebene. Der Zionismus hatte somit nie eine wahre heilige Verbindung oder Beziehung zum Heiligen Land. Da sich säkulare Werte jederzeit ändern können, um sich somit der Veränderung der säkularen Welt anzupassen, sind diese immer relativ zu betrachten, doch nie als absolut. Und so ist die zionistische und euro-jüdische Verbundenheit zum Heiligen Land, zur Stadt Jerusalem und dem Tempel, immer auf eigene Zweckmäßigkeiten gerichtet und ändert sich ständig, um die anstehenden Erfordernisse zu erfüllen. Dies ist jedoch für die jüdische Religionslehre nicht möglich, sie ist verpflichtet, der oben genannten Grundüberzeugung treu zu bleiben.

Andererseits sagt der Qur´an, dass die Essenz der Religion und des Glaubens auf folgendem basiert – der Glaube an Allah, an Seine Engel, an Seine offenbarten Schriften, an Seine Gesandten oder Propheten, an den letzten Tag, die

Auferstehung und das Gericht, das Paradies und die Hölle, etc. Allah (swt) ist die Wahrheit. Der Glaube wohnt im Herzen des Menschen. Wenn man den Glauben erlangt, so dringt die Wahrheit in das Herz! Allah, der Höchste, ist größer als irgendein Land oder eine Stadt, oder ein Tempel. *"Meine Erde und Meine Himmel fassen Mich nicht, doch das Herz Meines gläubigen Dieners."* (*Hadith Qudsi'*)

Als der letzte Prophet in unsere Welt kam, waren die jüdischen Gelehrten unfähig ihn zu erkennen. Dies aufgrund dieser Fixierung und Reduzierung auf die bloße "äußere Form" der Religion. Dies machte sie unzulänglich, die "interne Essenz" des Glaubens zu erkennen. Muhammad (*sallallahu alaihi wa sallam*), der Araber, war kein Jude, daher behaupteten sie, er könne kein Prophet der Juden sein. Nach der Ankunft des Propheten (*sallalahu alaihi wa sallam*) in mitten der *Hijazi* Stadt *Yathrib* (jetziges Medina), fastete er an den Tagen an denen auch die Juden fasteten und richtete sich nach dem Fastengesetz der Thora (von Sonnenuntergang bis Sonnenuntergang). Ebenso verrichtete er sein Gebet, indem er sein Angesicht Richtung Jerusalem wandte.

Als nach 17 Monaten deutlich wurde, dass die Juden Muhammad (*sallallahu alaihi wa sallam*), nicht nur als Propheten des einen Gottes und den Qur`an somit als dessen Schrift ablehnten, sondern sich auch noch gegen ihn verschworen haben, um die Einheit und die Kraft der muslimischen Gemeinschaft zu zerstören, da befahl Allah, der Höchste, dem Propheten (*sallallahu alaihi wa salam*) sich von der Gebetsrichtung Jerusalem abzuwenden und sich zum Gebet in Richtung Mekkah zu drehen.

Dieser Wechsel der *Qibla* (Gebetsrichtung) erregte die Juden dazu einige kritische Äußerungen zu machen. Es stellte für sie eine Verletzung der Ehre dar, wo sie doch glaubten, dass die wahre Substanz der Religion sich in der Verbundenheit zur Stadt Jerusalem befand. Der *Qur'ān* antwortete auf ihre Kritik mit Verachtung:

سَيَقُولُ السُّفَهَاءُ مِنَ النَّاسِ مَا وَلَّاهُمْ عَنْ قِبْلَتِهِمُ الَّتِي كَانُوا عَلَيْهَا ۚ قُلْ لِلَّهِ الْمَشْرِقُ وَالْمَغْرِبُ ۚ يَهْدِي مَنْ يَشَاءُ إِلَىٰ صِرَاطٍ مُسْتَقِيمٍ (١٤٢)

Die Toren unter den Menschen werden sagen: „Was hat sie von der Gebetsrichtung, die sie (bisher) einhielten, abgebracht?" Sag: „Allah gehört der Osten und der Westen. Er leitet, wen Er will, auf einen geraden Weg."

(Qur'ān, al-Baqarah, 2:142)

Der *Qur'an* verkündete den Juden, dass sie von ihrer falschen Glaubensvorstellung so gefangen sind, bedeutet, dass Jerusalem zum Herzstück und zum Zentrum des Glaubens gehört, so dass auch nichts in der Welt ihre Vorstellung ändern könnte:

وَلَئِنْ أَتَيْتَ الَّذِينَ أُوتُوا الْكِتَابَ بِكُلِّ آيَةٍ مَا تَبِعُوا قِبْلَتَكَ وَمَا أَنْتَ بِتَابِعٍ قِبْلَتَهُمْ وَمَا بَعْضُهُمْ بِتَابِعٍ قِبْلَةَ بَعْضٍ ۚ وَلَئِنِ اتَّبَعْتَ أَهْوَاءَهُمْ مِنْ بَعْدِ مَا جَاءَكَ مِنَ الْعِلْمِ إِنَّكَ إِذًا لَمِنَ الظَّالِمِينَ (١٤٥)

Selbst wenn du zu denjenigen, denen die Schrift gegeben wurde, mit jeglichen Zeichen kämest, würden sie doch nicht deiner

Wende dich von Jerusalem nach Makkah

Gebetsrichtung folgen...

(Qur'ān, al-Baqarah, 2:145)

Schließlich antwortet der Qur'an mit einer Verkündigung, welche die falschen Glaubensvorstellungen der Juden zerstörte, dass die Stadt Jerusalem und ihr Tempel die Essenz der Religion Abrahams (*alaihi as-Salam*) seien:

لَيْسَ الْبِرَّ اَنْ تُوَلُّوا وُجُوهَكُمْ قِبَلَ الْمَشْرِقِ وَ الْمَغْرِبِ وَلَـكِنَّ الْبِرَّ مَنْ اٰمَنَ بِاللهِ وَالْيَوْمِ الْاٰخِرِ وَالْمَلٰئِكَةِ وَالْكِتٰبِ وَالنَّبِيّـنَ وَاٰتَى الْمَالَ عَلٰى حُبِّهٖ ذَوِى الْقُرْبٰى وَالْيَتٰمٰى وَالْمَسٰكِينَ وَابْنَ السَّبِيلِ وَالسَّآئِلِينَ وَفِى الرِّقَابِ وَاَقَامَ الصَّلٰوةَ وَاٰتَى الزَّكٰوةَ ۚ وَالْمُوفُونَ بِعَهْدِهِمْ اِذَا عَاهَدُوا ۚ وَالصَّابِرِينَ فِى الْبَأْسَآءِ وَالضَّرَّآءِ وَحِينَ الْبَأْسِ ۗ اُولٰٓئِكَ الَّذِينَ صَدَقُوا ۗ وَاُولٰٓئِكَ هُمُ الْمُتَّقُونَ (١٧٧)

Es ist keine Frömmigkeit, wenn ihr eure Angesichter in Richtung Osten oder Westen wendet; Frömmigkeit ist vielmehr, dass man an Allah glaubt, den Jüngsten Tag, die Engel, das Buch und die Propheten und vom Vermögen - obwohl man es liebt - den Verwandten gibt, den Waisen, den Armen, dem Sohn des Weges, den Bettlern und (für den Freikauf von) Sklaven, dass man das Gebet verrichtet und die Zakah entrichtet. Es sind diejenigen, die ihr Versprechen einhalten, wenn sie es gegeben haben; und diejenigen, die in Elend, Not und in Kriegszeiten geduldig sind; sie sind es, die wahrhaftig und gottesfürchtig sind.

(Qur'ān, al-Baqarah, 2:177)

Somit sollte aus dem Ereignis des Gebetsrichtungswechsels keine negative

Deutungsmöglichkeit mehr für den Islam abgeleitet werden können, außer des klaren Qur´anischen Versuchs, die religiösen Perspektiven derjenigen Leute richtigzustellen, die die Essenz der Religion Abrahams auf geographische Rahmen reduzieren.

Die Qur`anische Botschaft, gerichtet an die Juden, war sehr klar und deutlich. Die Juden wussten, obwohl Muhammad (*sallallahu alaihi wa sallam*) kein Jude war und obwohl er nicht länger in Richtung Jerusalem beten würde, und obwohl er auch nie den Versuch unternahm Jerusalem zu befreien, dass er dennoch ein wahrer Prophet des Gottes von Abraham war und die Religion die er predigte, die wahre Religion Abrahams, Moses, Davids, Salomons, und des Messias, den Sohn der Maria (Allahs Fieden und Segen auf ihnen allen) ist! Und so stellte sich der Gebetsrichtungswechsel als unheilverkündendes Zeichen für die trotzigen Juden heraus, die darauf bestanden, dass Jerusalem das spirituelle Herzstück der Religion Abrahams bildet.

Wenn der göttliche Zorn nicht auf Muhammad (*sallallahu alaihi wa sallam*) herunterkam, nachdem er sich von Jerusalem abgewendet hatte, so ließ dies darauf schließen, dass ein "wahrer" Prophet sich von Jerusalem abwenden kann und dennoch ein "wahrer" Prophet bleibt.

Nicht nur, dass Muhammad (*sallallahu alaihi wa sallam*) in keinster Weise unter den Folgen des Gebetsrichtungswechsels gelitten hatte, sondern zusätzlich fuhr er auch fort die Juden, die darauf bestanden die "Auserwählten" des Gottes Abrahams zu sein, überzeugend zu besiegen.

Und somit ist es deutlich, dass keine solchen politischen Auswirkungen entstanden sind, die abgeleitet werden könnten, um diese auf den Wechsel der *Qibla* zu beziehen und sich somit schlecht auf den Islam als Religion auswirken, so dass er nicht mehr in irgendeiner Beziehung zu Jerusalem stehen würde.

Im Gegenteil, der Qur´an bestätigt, dass Muhammad (*sallallahu alaihi wa sallam*) und jene, die ihm folgen, die wahren Gefolgsleute der Religion Abrahams sind:

إِنَّ أَوْلَى النَّاسِ بِإِبْرٰهِيمَ لَلَّذِينَ اتَّبَعُوهُ وَهٰذَا النَّبِىُّ وَالَّذِينَ اٰمَنُوْا ۗ وَاللّٰهُ وَلِىُّ الْمُؤْمِنِيْنَ ﴿٦٨﴾

Die Menschen, die Ibrāhīm am nächsten stehen, sind wahrlich diejenigen, die ihm folgten, sowie dieser Prophet (Muhammad) und die, die (mit ihm) glauben. Und Allah ist der Schutzherr der Gläubigen.

(Qur'ān, Āli 'Imrān, 3:68)

Die Folgerung, die aus dieser Erklärung des Qur'āns deutlich hervorgeht, ist, dass es jene sind, die Muhammed (*sallallahu alaihi wa auf ihm*) treu folgen, die das Recht haben, das Heilige Land zu erben. Es ist das Schicksal Jerusalems, diese Wahrheit zu bestätigen.

Das letzte Fenster der Gelegenheit, durch welches die Juden Allahs Barmherzigkeit erwerben können

Die Änderung der *Qibla* beinhaltete weitaus wichtigere Auswirkungen, als die, die oben geschildert wurden.

Als die Juden das "goldene Kalb" anbeteten, während Moses *(alaihi as-Salam)* auf dem Berge Sinai war und als sie die Thora änderten und sie umgeschrieben hatten, um das für *Halal* zu erklären, was Allah für *Haram* erklärte, und als sie sich damit brüsteten wie sie den Massias, den Sohn der Maria, getötet haben, so umfassten diese Vorfälle, die abscheulichsten ihrer Verhaltensweisen in ihrem kontinuierlichen Verrat gegenüber dem Bund mit Allah. Allah antwortete folglich auf all diese fürchterlichen, sündhaften Vergehen mit einer Verkündigung, in der ihnen klargemacht wurde, dass sie nur noch ein "Fenster der Gelegenheit" zur Reue besäßen, durch welches sie die "größte aller Strafen" abwenden können, die Er für sie reserviert hat. Dieses "Fenster der Gelegenheit", würde der arabische Prophet Muhammad *(sallallahu alaihi wa sallam)* sein, der der letzte aller Propheten ist. Sollten sie ihn akzeptieren und an ihn glauben, so könnten sie die göttliche Vergebung und Barmherzigkeit erlangen. Dieses Versprechen wurde im Qur'an in folgender Passage aufgezeichnet, in welcher Allah (swt) die Juden adressiert und ihnen Seine Antwort für die schrecklichen Sünden und für die Verstöße gegen das göttliche Abkommen, übermittelt:

وَاكْتُبْ لَنَا فِي هَٰذِهِ الدُّنْيَا حَسَنَةً وَّفِي الْآخِرَةِ اِنَّا هُدْنَا اِلَيْكَ ۚ قَالَ عَذَابِيْ اُصِيْبُ بِهٖ مَنْ اَشَاۤءُ ۚ وَرَحْمَتِيْ

وَسِعَتْ كُلَّ شَيْءٍ ۚ فَسَأَكْتُبُهَا لِلَّذِينَ يَتَّقُونَ وَيُؤْتُونَ الزَّكَوٰةَ وَالَّذِينَ هُم بِـَٔايَـٰتِنَا يُؤْمِنُونَ ﴿١٥٦﴾ اَلَّذِينَ يَتَّبِعُونَ الرَّسُولَ النَّبِيَّ الْأُمِّيَّ الَّذِي يَجِدُونَهُ مَكْتُوبًا عِندَهُمْ فِي التَّوْرَىٰةِ وَالْإِنجِيلِ يَأْمُرُهُم بِالْمَعْرُوفِ وَيَنْهَىٰهُمْ عَنِ الْمُنكَرِ وَيُحِلُّ لَهُمُ الطَّيِّبَـٰتِ وَيُحَرِّمُ عَلَيْهِمُ الْخَبَـٰٓئِثَ وَيَضَعُ عَنْهُمْ إِصْرَهُمْ وَالْأَغْلَـٰلَ الَّتِي كَانَتْ عَلَيْهِمْ ۚ فَالَّذِينَ ءَامَنُوا بِهِ وَعَزَّرُوهُ وَنَصَرُوهُ وَاتَّبَعُوا النُّورَ الَّذِي أُنزِلَ مَعَهُۥٓ ۙ أُو۟لَـٰٓئِكَ هُمُ الْمُفْلِحُونَ ﴿١٥٧﴾

"Und bestimme für uns in diesem Diesseits Gutes und auch im Jenseits! Gewiss, wir haben zu Dir zurückgefunden." Er sagte: „Mit Meiner Strafe treffe Ich, wen Ich will, aber Meine Barmherzigkeit umfasst alles. Ich werde sie für die bestimmen, die gottesfürchtig sind und die Abgabe entrichten und die an Unsere Zeichen glauben, die dem Gesandten, dem schriftunkundigen Propheten, folgen, den sie bei sich in der Thora und im Evangelium aufgeschrieben finden. Er gebietet ihnen das Rechte und verbietet ihnen das Verwerfliche, er erlaubt ihnen die guten Dinge und verbietet ihnen die schlechten, und er nimmt ihnen ihre Bürde und die Fesseln ab, die auf ihnen lagen.

Diejenigen nun, die an ihn glauben, ihm beistehen, ihm helfen und dem Licht, das mit ihm herabgesandt worden ist, folgen, das sind diejenigen, denen es wohl ergeht."

(Qur'ān, al-'Arāf, 7:156-7)

Es war ganz deutlich zu erkennen, dass sich die (obere) Qur'ānische Passage auf den Prophet Muhammad *(sallallahu alaihi wa sallam)* bezog.

Wenn die Juden den Propheten Muhammad *(sallallahu alaihi wa sallam)* nach seiner Ankunft in Medina akzeptieren und an ihn glauben würden, so könnten sie sich Allahs Gnade verdienen.

Aber wenn sie ihn - das "letzte Fenster" zur göttlichen Barmherzigkeit – ablehnen würden, so würde dieses für sie (als *Ummah*) geschlossen werden und die göttliche Strafe würde beginnen. Dies stellte den wichtigsten Moment in der jüdischen Geschichte dar. Die Zeit muss stillgestanden haben, als alle im Himmel dem Drama erwartungsvoll entgegenblickten.

Als der Prophet *(sallallahu alaihi wa sallam)* in Medina ankam, tat er einige Dinge, welche die Juden und deren Rabbiner leicht hätten davon überzeugen müssen, dass er in der Tat ein wahrer Prophet ist und dass er derjenige ist auf den sie warteten:

Während den ersten 17 Monaten seines Aufenthaltes in Medina, betete er in Richtung Jerusalem. Er tat dies, weil die *Qibla*, nach denen die Juden sich richteten, die *Qibla* für jene war, die in Übereinstimmung mit der Religion Abrahams dem einen Gott dienten. Doch wenn ein Araber dies in *Medina* tun würde, so müsste er seinen Rücken der *Ka'aba* zuwenden, das Haus Allahs, welches jeder Araber verehrte. Dieser Akt des Propheten *(sallallahu alaihi wa sallam)* hätte genügen müssen, um die Juden davon zu überzeugen, dass er ein wahrer Prophet ist.

Doch er tat mehr als dies. Ebenso fastete er mit den Juden an den Tagen an denen sie fasteten und somit übereinstimmend mit dem Gesetz der Thora (von

Sonnenuntergang bis Sonnenuntergang). Kein Araber in der gesamten Geschichte hatte je so gefastet. Doch so fastete nun die gesamte Gemeinschaft der Muslime in *Medina*.

Dies hätte die Juden davon überzeugen müssen, dass Muhammad (*sallallahu alaihi wa sallam*) in der Tat ein wahrer Prophet ist.

Letztendlich geschah noch etwas anderes, dass die Angelegenheit ein für alle Mal besiegeln hätte müssen. Die Juden brachten zwei Leute, die *Zina* (unehelichen Verkehr) begangen hatten, zum Propheten (*sallallahu alaihi wa sallam*). Sie versuchten ihn zu testen, indem sie fragten, was nun mit diesen Leuten geschehen sollte. Er fragte sie nach ihrem Strafmaß, welches sie für den Vollzug eines solchen Vergehens festgelegt hatten. Sie erwiderten, als Auswirkung würden sie die Gesichter schwarz machen und dann solche Leute öffentlich schlagen. Er fragte dann ob dies die Vorgehensweise des Strafvollzugs in ihren Büchern sei. Er verlangte von ihnen ihre Bücher hervorzubringen und aus ihnen zu lesen (weil er selbst weder lesen noch schreiben konnte).

Als sie nun von der Thora ablasen, stand ihr Rabbiner, Abdullah ibn´u Salam (r.a.), der Muslim geworden war neben dem Propheten (*sallallahu alaihi Wa sallam*). Als der Leser zum *Rajim*-Vers (Steinigung zu Tode) in der Thora gelangte, drückte er seinen Finger auf die Stelle, um sie zu verbergen. Abdullah ibn´u Salam befahl ihm mit dem lesen zu stoppen und seinen Finger von der Stelle zu heben. Nun sollte er den Vers des *Rajim* (Steinigung zu Tode) rezitieren. Die Rezitation dieses Verses verursachte bei den

Juden sichtbare Verlegenheit. Sie wurden ertappt und entblößt als Leute, die ihre eigenen, heiligen Gesetze missachten und die versuchten diesen Betrug zu verbergen. Der Prophet (*sallallahu alaihi wa sallam*) befahl dann die zwei Leute zu Tode zu steinigen, somit vollstreckte er das jüdische Gesetz, welches die Juden selbst nicht vollstreckten. Dies sollte gereicht haben, um die Juden zu überzeugen, dass er in der Tat ein Prophet ist.

Nach 17 Monaten, die seit der Ankunft des Propheten (*sallallahu alaihi wa sallam*) in Medina verstrichen waren, wurde es deutlich sichtbar, dass die Juden Muhammad (*sallallau alaihi wa sallam*) nicht nur als Propheten und den Qur´an als Offenbarung Gottes ablehnten, sondern zustätzlich hatten sie sich auch gegen den Islam verschworen, um ihn zu zerstören. Zu dieser Zeit geschah es, dass Allah durch folgende Punkte reagierte:

Er änderte die Gebetsrichtung von Jerusalem nach *Mekka*! Ebenso sandte Er die Offenbarung zur Pflicht des "Kampfes" (*Qital*) und des "Fastens" (*Saum*) herab! Alle drei Offenbarungen wurden im Monat Shaban herabgesandt.

Doch im Verlauf der Verkündung des Fastens im Ramadan, veränderte Allah, der Erhabene, das Gesetz des Fastens, welches zuvor in der Thora angeordnet worden war. Das neue Gesetz machte es zur Pflicht, von der Dämmerung an bis zum Sonnenuntergang zu fasten. Die Erlaubnis wurde somit erteilt zu trinken und sich sexuellen Angelegenheiten, während den Stunden der Dunkelheit, zu widmen.

Schließlich änderte Allah das Strafgesetz für *Zina*. Das neue Gesetz war nun ein öffentliches Auspeitschen. Die erste Auswirkung, die aus den Gesetzesänderungen hervorgeht, ist, dass das jüdische Gesetz nun dem *Naskh* (Annullierung) unterliegt. Es hat somit keine betriebsfähige Gültigkeit mehr.

Aber die weitaus ominösere Auswirkung wurde erst dann deutlich, als der Prophet (*sallallahu alaihi wa sallam*) einige Zeit später einen Traum oder eine Vision hatte, in der ihm offenbart wurde, dass die Freisetzung von Gog und Magogg begonnen hat. Er bestätigte auch, dramatischer Weise, die Freilassung des *Dajjāls*, des falschen Messias, als er mit Umar (*radiallahu 'anhu*) unterwegs war, um einen jüdischen Jungen namens Ibn Sayyad, zu treffen, bei dem er den Verdacht hatte, er könnte der Dajjāl sein.

Die Nachricht, dass der Dajjal nun auf die Erde entsandt ist wurde klar und deutlich, als Umar die Erlaubnis beim Propheten (*sallallahu alaihi wa sallam*) ersuchte, den Jungen töten zu dürfen, doch der Prophet verwehrte ihm dies mit den Worten:

„Wenn er der Dajjal ist, so kannst du ihn nicht töten und wenn er nicht der Dajjal ist, so hast du einen unschuldigen getötet."

(Sahih Muslim)

Wenn der *Dajjal* und ebenso Gog und Magogg nun entsandt worden sind, so würde dies bedeuten, dass das letzte Zeitalter oder das Zeitalter der *Fitan*, bereits zu Lebzeiten des Propheten (*sallallahu alaihi wa sallam*) begonnen hat und dies nachdem die *Qibla* geändert wurde.

Das "Tor" oder das "Fenster der Gelegenheit", durch welches die Juden die göttliche Barmherzig erwerben konnten, wurde nun für immer geschlossen und die größte göttliche Strafe wird nun beginnen. (Siehe Kapitel 12.)

Nie wieder werden die Juden befähigt werden, das Heilige Land zu erben. Die einzige Zeit, die sich ihnen bietet, um je zurückzukehren und die Kontrolle über das Land zu übernehmen, wird die Zeit sein, wenn Gog und Magogg sich in alle Himmelsrichtungen ausgebreitet haben und somit die Weltherrschaft durch die Gog und Magogg Weltordnung erlangt haben. Doch dies wird ein Teil des großartigen göttlichen Plans sein, durch den die Juden die größte göttliche Strafe erleben werden.

JERUSALEM IM QUR'AN

Teil 1

Kapitel 8

Jesus, der Wahre Messias und Dajjal, der Falsche Messias

وَنُقَلِّبُ اَفْـِٔدَتَهُمْ وَاَبْصَارَهُمْ كَمَا لَمْ يُؤْمِنُوا بِهٖٓ اَوَّلَ مَرَّةٍ وَّنَذَرُهُمْ فٖى طُغْيَانِهِمْ يَعْمَهُوْنَ (١١٠)

Und Wir kehren ihre Herzen und ihr Augenlicht um, so wie sie das erste Mal nicht daran geglaubt haben. Und Wir lassen sie in ihrer Auflehnung umherirren.

(Qur'ān, al-An'ām, 6:110)

(d.h. Wir werden ihre jüdischen Herzen und Augen umkehren (so, dass sie nicht begreifen) als Auswirkung ihrer erstmaligen Ablehnung der Botschaft, als sie u.a. Jesus, den Sohn der Maria ablehnten.)

Jesus - der wahre Messias

Die Propheten Allahs teilten den *Banu Israil* ein göttliches Versprechen mit, dass Er (Allah) einen Propheten zu ihnen senden wird, welcher ihr Prophet sein würde und der, als der Messias bekannt sein wird, welcher die Welt vom Throne des König Davids aus regieren wird. Dies beinhaltet in der Tat eine Prophezeiung, die das goldene Zeitalter des Salomons zurückbringen wird.

In *1.Chronik, 17:11-15*, sprach der Prophet Nathan zu König David über den Messias und nannte diesen *den Sohn Davids*:

Wenn einst deine Zeit voll ist, daß du hingehst und dich deinen Vätern zugesellst, dann will ich deine Nachkommenschaft, die aus deinem Leibe vorhanden sein wird, zu deiner Nachfolge bestimmen und will ihr Königtum bestätigen. 12Sie soll mir ein Haus bauen, und ich will ihren Thron für immer bestätigen. 13Ich will ihr Vater, und sie soll mir Sohn sein, und ich will ihr meine Gnade nicht entziehen, wie ich sie deinem Vorgänger entzogen habe. 14Vielmehr will ich sie für immer über mein Haus und mein Königtum bestellen, und ihr Thron soll für alle Zeiten Bestand haben! 15Genau diesen Worten und diesem Gesichte gemäß redete denn Nathan zu David.

(1 Chronik, 17:11-15)

Jahre später fügte Jasaja folgendes hinzu:

Denn ein Kind wird uns geboren, ein Sohn wird uns gegeben, und die Herrschaft kommt auf seine Schulter, und er nennt ihn: Wunderrat, Gottheld, Ewiger, Friedensfürst.

Groß ist die Herrschaft und der Friede ohne Ende auf dem Throne Davids und über seinem Königreiche, indem er es festigt und stützt durch gerechtes Gericht von nun an auf ewig. Der Eifer Jahwes der Heerscharen wird solches thun!

(Jesaja 9:6-7)

Der Prophet Muhammad *(sallallahu alaihi wa sallam)* sagte, dass er, der Messias, ein *Hakimun `Adil* (gerechter Herrscher der Welt) sein wird:

Berichtet von Abu Hurraira: Allahs Gesandter sagte: „Bei dem in dessen Hand meine Seele ist, der Sohn der Maria, wird bald unter euch als gerechter Herrscher entsandt werden. Er wird das Kreuz brechen und die Schweine töten und er wird die *Jizzya* abschaffen und Reichtum wird es in solch Überschuss geben, dass keiner ihn annehmen will. Eine einzige Niederwerfung (im Gebet) wird wertvoller als die ganze Welt und alles was in ihr ist sein."

(Sahih Bukhari)

Jeremia bezeichnete ihn als:

"...David einen rechten Sproß...."

(Jeremia 23:5,6)

Jasaja schrieb weiter über ihn:

"Sieh da mein Knecht, den ich aufrecht halte, mein Erwählter, an dem ich Wohlgefallen habe! Ich habe meinen Geist auf ihn gelegt: er wird den Völkern das Recht verkünden.

Er wird nicht schreien, noch laut rufen und nicht auf den Gassen seine Stimme erschallen lassen.

Zerknicktes Rohr wird er nicht vollends zerbrechen und glimmenden Docht wird er nicht auslöschen: Der Wahrheit gemäß wird er das Recht verkünden.

Er wird nicht ermatten und nicht zusammenbrechen, bis er auf Erden das Recht gegründet hat, und seiner Unterweisung harren bereits die Inseln.

(Jasajah: 42:1-4)

…und so mache ich dich denn zum Lichte der Heiden, dass mein Heil bis ans Ende der Welt reiche

(Jasajah: 49:6)

Zwei gegensätzliche Wesenbeschreibungen (Porträts) des Messias

Die Juden waren sehr erfreut, die Nachricht über die Ankunft dieses versprochenen Messias zu erhalten. Doch sie waren sehr verwirrt aufgrund des zwiespältigen Bildes, welches zwei widersprüchliche Beschreibungen seiner Mission präsentierte.

Die erste Beschreibung, war die eines erobernden Königs, der das `auserwählte Volk Allahs´ (welche zu dieser Zeit die Juden waren) in das Heilige Land zurück bringen und von dort aus in Frieden die gesamte Erde regieren würde. Die zweite Beschreibung, war die eines Messias, der bescheiden ist und leiden wird. Die zwei offenbar widersprüchlich erscheinenden Wesensbeschreibungen waren deutlich in Jesaja dargestellt worden, der den Messias als einen `Diener des Herrn´ beschrieb, der erfolgreich, erhöht und geehrt sein wird:

Fürwahr, mein Knecht wird Erfolg haben: er wird emporkommen und erhöht werden und hoch erhaben sein!

(Jesaja 52:13)

Doch dann kehrt er im selben Atemzug zur Beschreibung dieses "Dieners", als jemand dessen Gestalt entstellt werden wird und somit jemand ist der beides erfahren wird, nämlich, Hochgefühl und Erniedrigung:

"Gleichwie sich viele über dich entsetzt haben - so entstellt, nicht mehr menschenähnlich war sein Aussehen, und seine Gestalt nicht mehr wie die der Menschenkinder "

(Jesaja 52:14)

So Undenkbar wie es auch sein mag prophezeite Jesaja, dass der "Diener" auf beiden Seiten geschlagen werden wird, auf sein Gesicht und sein Rücken. Er wird erniedrigt werden durch "Zank" und "Spucke" in seinem Angesicht

(Jesaja, 50:4-11).

Dies ist es, was exakt mit Jesus geschah. Ein christlicher Schriftsteller, Hal Lindsey, kommentiert die Geschehnisse wie folgt und fährt fort mit der Bestätigung der Prophezeiung in Jesaja *52:13* und *52:12*:

[Es ist wohl bekannt, dass dies die Art der Behandlungsweise war, die Jesus, während seiner sechs illegalen Gerichtsverhandlungen, denen er unterzogen wurde, erfahren musste. Die aufpassenden Offiziere im "Tempel des Herodes" spuckten auf sein Gesicht, nachdem er durch den hohen Rat verurteilt worden war. Dann verbanden sie ihm die Augen und schlugen ihm ins Gesicht. Eine gezackte Dornenkrone wurde auf seinen Kopf gelegt und er wurde auf grausame Art ausgepeitscht. Es war eine sadistische Peitsche, bestehend aus vielen Lederstreifen, die mit Knochenstücken oder gezacktem Metall versehen war, um einen höheren Schmerzeffekt zu erzielen.] *(Hal Lindsey, "The Messiah". Harvest House Publishers, Oregon, 1982, S.108-9)*

Desweiteren identifizierte Jesaja die Juden als jene, die den "Diener des Herrn" (den Messias) verfolgen würden. Dies tat er, als er den Messias als den *Verzweifelten* und den *Verabscheuten* der Nation beschrieb (Jesaja 49:7). Hal Lindsey verwies darauf, dass das Substantiv "Nation" in Einzahl steht und nicht in Mehrzahl, desweiteren beschwerte er sich über eine unehrliche Übersetzung des Verses:

„Es ist äußerst bedauerlich (und unehrlich), dass die überarbeitete Standardversion der Bibel und die jüdischen Soncino Kommentatoren, diese Passage folgendermaßen übersetzten: „...*den Verabscheuten der Nationen.*"

Indem man das Wort "Nation" ins Plural übersetzt hatte, erweckt dies somit den Anschein, dass damit die Heiden bzw. die Nichtjuden gemeint sind, so als ob die Heiden (auf die immer mit dem Plural "die Nationen" Bezug genommen wird) jene waren, die den Diener (Jesus) verabscheuten und verachteten.

Während dies vielleicht in der jüdischen Geschichte wahr gewesen sein mag, kann diese besondere Tatsache nicht durch jene Passage bewiesen werden, weil das verwendete Wort im hebräischen für "Nation", "Goi" lautet und somit Singular ist und kann daher, ehrlicherweise, nur als "Nation" übersetzt werden, welches sich in diesem Kontext allein auf Israel bezieht." (Lindsey, S.109)

Andererseits lautet die authentische Übersetzung des Verses, der in der King James Version der Bibel richtig übersetzt wurde, wie folgt:

So spricht der HERR, der Erlöser Israels, sein Heiliger, zu dem von jedermann Verachteten, zu ihm, den Abscheu des Volkes (*nicht Völker*), zu einem Knechte der Herrscher, Könige sollen sehen und aufstehen, und Fürsten sollen anbeten um des HERRN willen, der treu ist, um des Heiligen in Israel willen, der dich erwählet hat.

(Jesaja, 49:7)

Sogar weiter zurück in der Zeit, im Genesis, wird jemand prophezeit, der die "Herrschaft der Welt", die erst durch David und Salomon gegründet wurde, weiterführen wird.

Es wird das Zepter von (seinem Sohn) Juda nicht entwendet werden noch der Stab des Herrschers von seinen Füßen, bis dass der *Schilo* komme; und demselben werden die Völker anhangen.

(1.Mose, 49:10)

Diese Prophezeiung erklärt nicht nur den Stamm, aus welchem der Messias kommen wird, sondern kennzeichnet Juda als königliche Linie für zukünftige Könige. Auslegungen der Rabbiner aus älterer Zeit, beschreiben "Shiloh" als einen persönlichen Titel des Messias, der in diesem Vers prophezeit wurde und aus dem Stamm Juda kommen würde.

Die Verwirrung nahm ihren Lauf, als unbekannte Schreiber den Text in Jesaja verfälschten um zu bekunden, dass der Messias nicht nur als Kind geboren werden würde (und daher ein menschliches Wesen ist) und letztendlich die Welt regieren wird, sondern dass er ebenso der allmächtige Gott sei. Der verfälschte Text beschrieb nun den Messias als Mensch und Gott zugleich:

"Denn uns ist ein Kind geboren, ein Sohn ist uns gegeben, und die Herrschaft ist auf seiner Schulter; er heißt Wunderbar, Rat, Der Mächtige Gott, Ewig-Vater, Friedefürst."

(Jasaja 9:6)

Als vor 2000 Jahren dann Allah, der Erhabene, sein Versprechen hielt und den Messias, den Sohn der Maria, zu den *Banu Israil* sandte, fand er sie vor wie sie sich an äußeren religiösen Formen festklammerten, während sie, bedauerlicherweise, dessen "innere" Essenz vernachlässigten. Doch selbst die "äußere" Form war verfälscht worden, weil sie diese geändert und umgeschrieben hatten, um sie ihren eigenen Gelüsten anzupassen. Als Jesus (*alaihi as-Salam*) nun bestätigte der wahre Messias zu sein und als er furchtlos die "innere" Essenz der Religion lehrte (predigte) und die bloße "äußere" Form verurteilte, glaubten einige Juden an ihn, doch die meisten lehnten ihn ab. Bis zum heutigen Tage lehnen sie ihn als Messias ab. Der Qur'an sagt, dass sie (zu dieser Zeit) stolz damit prahlten ihn getötet zu haben (per Kreuzigung):

وَقَوْلِهِمْ إِنَّا قَتَلْنَا الْمَسِيحَ عِيسَى ابْنَ مَرْيَمَ رَسُولَ اللهِ وَمَا قَتَلُوهُ وَمَا صَلَبُوهُ وَلَـكِن شُبِّهَ لَهُمْ ۚ وَإِنَّ الَّذِينَ اخْتَلَفُوا فِيهِ لَفِي شَكٍّ مِّنْهُ ۚ مَا لَهُم بِهِ مِنْ عِلْمٍ إِلَّا اتِّبَاعَ الظَّنِّ ۚ وَمَا قَتَلُوهُ يَقِينًا (١٥٧)

„...und dafür, dass sie sagten: „Gewiss, wir haben al-Masīḥ ʿĪsā, den Sohn Maryams, den Gesandten Allahs getötet."

(Qurʾān, al-Nisā, 4:157)

Als sie ihn nun, vor ihren eigenen Augen, am Kreuz "sterben" sahen, führte sie dieses Ereignis zu einer logischen Schlussfolgerung, dies bestätigte die "Falschheit" seiner Behauptung der Messias zu sein, somit war (ist) er für sie ein Betrüger. Sie waren davon überzeugt, dass er nicht der Messias gewesen sein kann, weil die Thora selbst sagt, wer auch immer am Kreuz stirbt, durch Allah verflucht sei (Deuteronomium, 21:23).

Zweitens konnte er auch nicht der Messias gewesen sein, weil er ja starb ohne vorher das Heilige Land aus der Herrschaft der heidnischen Römer befreit zu haben und er regierte auch nicht die Welt vom Throne Davids (*alaihi as-Salam*) (d.h. von Jerusalem) aus.

Und somit warten sie noch auf das Kommen des Messias. Jeder Jude, der Jesus (*alaihi as-Salam*) als Messias ablehnte und noch (seit damals) auf die Ankunft des Messias wartet, ist indirekt in den Mordversuch an Jesus verwickelt. Dies ist so, weil ihre Ablehnung seines Anspruches der Messias zu sein mit seinem Tod verbunden ist, den er laut ihrem Glauben schon gekostet hat (den Tod).
Doch Allah, der Erhabene, verkündete, dass die Juden durch seinen angeblichen Tod oder durch die angebliche Kreuzigung, getäuscht wurden:

$$\text{وَقَوْلِهِمْ إِنَّا قَتَلْنَا الْمَسِيحَ عِيسَى ابْنَ مَرْيَمَ رَسُولَ اللَّهِ وَمَا قَتَلُوهُ وَمَا صَلَبُوهُ وَلَٰكِن شُبِّهَ لَهُمْ ۚ وَإِنَّ الَّذِينَ اخْتَلَفُوا فِيهِ لَفِي شَكٍّ مِّنْهُ ۚ مَا لَهُم بِهِ مِنْ عِلْمٍ إِلَّا اتِّبَاعَ الظَّنِّ ۚ وَمَا قَتَلُوهُ يَقِينًا (١٥٧)}$$

...und dafür, dass sie sagten: „Gewiss, wir haben al-Masīḥ ʿĪsā, den Sohn Maryams, den Gesandten Allahs getötet." – Aber sie haben ihn weder getötet noch gekreuzigt, sondern es erschien ihnen so. Und diejenigen, die sich darüber uneinig sind, befinden sich wahrlich im Zweifel darüber. Sie haben kein Wissen darüber, außer dass sie Mutmaßungen folgen. Und sie haben ihn mit Gewissheit nicht getötet."

(Qur'ān, al-Nisā, 4:157)

Nun gut, was geschah dann mit Jesus ('alayhi As-Salam)?

Der Qur´an verkündete uns das, was geschehen ist. Er machte dazu 5 erklärende Äußerungen:

Erstens, der Qur´an sagt uns, dass die Juden Jesus nicht getötet haben:

$$\text{وَمَا قَتَلُوهُ...}$$

...aber sie haben ihn weder getötet....

(Qur'ān, al-Nisā, 4:157)

Zweitens, er verkündet ebenso, dass sie ihn nicht gekreuzigt haben:

...وَمَا صَلَبُوهُ...

...noch gekreuzigt...

(Qur'an, al-Nisa, 4:157)

Drittens, Allah der Erhabene, hat Jesus zu Sich emporgehoben (nahm seine Seele). In der Tat gibt es darüber im Qur'an zwei solcher Aussagen:

اِذْ قَالَ اللّٰهُ يَا عٖيسٰٓى اِنّٖى مُتَوَفّٖيكَ وَرَافِعُكَ اِلَىَّ وَمُطَهِّرُكَ مِنَ الَّذٖينَ كَفَرُوا وَجَاعِلُ الَّذٖينَ اتَّبَعُوكَ فَوْقَ الَّذٖينَ كَفَرُٓوا اِلٰى يَوْمِ الْقِيٰمَةِ ثُمَّ اِلَىَّ مَرْجِعُكُمْ فَاَحْكُمُ بَيْنَكُمْ فٖيمَا كُنْتُمْ فٖيهِ تَخْتَلِفُونَ (٥٥)

Als Allah sagte: „O ʿĪsā, Ich werde dich (nunmehr) abberufen und dich zu mir emporheben und dich von denen, die ungläubig sind, reinigen...

(Qur'an, Ali-Imran, 3:55)

وَاِذْ قَالَ اللّٰهُ يَا عٖيسَى ابْنَ مَرْيَمَ ءَاَنْتَ قُلْتَ لِلنَّاسِ اتَّخِذُونٖى وَاُمِّىَ اِلٰهَيْنِ مِنْ دُونِ اللّٰهِ قَالَ سُبْحَانَكَ مَا يَكُونُ لٖٓى اَنْ اَقُولَ مَا لَيْسَ لٖى بِحَقٍّ اِنْ كُنْتُ قُلْتُهُ فَقَدْ عَلِمْتَهُ تَعْلَمُ مَا فٖى نَفْسٖى وَلَٓا اَعْلَمُ مَا فٖى نَفْسِكَ اِنَّكَ اَنْتَ عَلَّامُ الْغُيُوبِ (١١٦) مَا قُلْتُ لَهُمْ اِلَّا مَٓا اَمَرْتَنٖى بِهٖٓ اَنِ اعْبُدُوا اللّٰهَ رَبّٖى وَرَبَّكُمْ وَكُنْتُ عَلَيْهِمْ شَهٖيدًا مَا دُمْتُ فٖيهِمْ فَلَمَّا تَوَفَّيْتَنٖى كُنْتَ اَنْتَ الرَّقٖيبَ عَلَيْهِمْ وَاَنْتَ عَلٰى كُلِّ شَىْءٍ شَهٖيدٌ (١١٧)

Und wenn Allah sagt: „O 'Īsā, Sohn Maryams, bist du es, der zu den Menschen gesagt hat: „Nehmt mich und meine Mutter außer Allah zu Göttern?", wird er sagen: „Preis sei Dir! Es steht mir nicht zu, etwas zu sagen, wozu ich kein Recht habe. Wenn ich es (tatsächlich doch) gesagt hätte, dann wüsstest Du es bestimmt. Du weißt, was in mir vorgeht, aber ich weiß nicht, was in Dir vorgeht. Du bist ja der Allwisser der verborgenen Dinge.

Ich habe ihnen nur gesagt, was Du mir befohlen hast (, nämlich): ‚Dient Allah, meinem und eurem Herrn!' Und ich war über sie Zeuge, solange ich unter ihnen weilte. Seitdem Du mich abberufen hast, bist Du der Wächter über sie. Du bist über alles Zeuge.

(Qur'an, al-Maidah, 5:116-117)

Wenn Allah, der Erhabene, die Seele Isa`s (*alaihi as-Salam*) zu Sich nahm und sie nicht zurück schickte, dann würde dies den Tod *al-Maut* darstellen. Doch der Qur'an besteht darauf, dass sie ihn weder getötet noch gekreuzigt haben:

...وَمَا قَتَلُوهُ وَمَا صَلَبُوهُ وَلَـكِنْ شُبِّهَ لَهُمْ

...aber sie haben ihn weder getötet noch gekreuzigt, sondern es erschien ihnen so.

(Qur'an, al-Nisa, 4:157)

Nun dann, was tat Allah mit der Seele Isa's (*alaihi as-Salam*), als Er sie entnommen hat? Wäre es Beispielsweise möglich, dass Er die Seele zurück in den Körper geschickt hat? Ist so etwas überhaupt möglich?

Der Qur´an bestätigt, dass Allah, der Erhabene, einige Seelen zurück in ihre Körper schickt, nachdem Er sie aus den Körpern entnommen hat:

اللّٰهُ يَتَوَفَّى الْأَنْفُسَ حِينَ مَوْتِهَا وَالَّتِي لَمْ تَمُتْ فِي مَنَامِهَا ۖ فَيُمْسِكُ الَّتِي قَضَىٰ عَلَيْهَا الْمَوْتَ وَيُرْسِلُ الْأُخْرَىٰ إِلَىٰ أَجَلٍ مُسَمًّى ۚ إِنَّ فِي ذَٰلِكَ لَآيَاتٍ لِقَوْمٍ يَتَفَكَّرُونَ (٤٢)

Allah beruft die Seelen zur Zeit ihres Todes ab und auch diejenigen, die nicht gestorben sind, während ihres Schlafes. Er hält die eine, für welche Er den Tod beschlossen hat, zurück und gibt die andere auf eine festgesetzte Frist frei. Darin sind wahrlich Zeichen für Leute, die nachdenken.

(Qur'ān, al-Zumar, 39:42)

Hat dies im Fall von Jesus *('alayhi As-Salam)* stattgefunden? Die Antwort ist in den nächsten beiden Aussagen des Qur'āns zu finden.

Viertens, der Qur'an gibt an, dass Allah (swt) den Tod von Jesus (*alaihi as-Salam*) nur dem Anschein nach den Menschen zeigte. Dies wurde möglich durch:

1.) Entweder, indem man "eine Sache" durch "eine andere Sache" ersetzt oder "eine Person" durch "eine andere"(*tashbih*).

Somit waren jene, die das Ereignis beobachteten davon überzeugt, dass Jesus tatsächlich starb (*Maut*).

وَلَـٰكِن شُبِّهَ لَهُمْ...

„...doch dies wurde ihnen zum Schein gezeigt..."

(Yusuf Ali)

„...*doch es erschien ihnen nur so (als wäre es so geschehen) ...*"

(M.Asad)

(Qur'an, al-Nisa, 4:157)

2.) Ist es nun für uns möglich, folgende Frage zu beantworten:

Was tat nun Allah mit der Seele, nachdem Er sie genommen hat?

Eine mögliche Antwort auf diese Frage ist, Allah der Erhabene, hat eine Sache gegen eine andere ausgetauscht:

- Allah nahm die Seele Isa´s *(alaihi as-Salam)*, während er noch am Kreuz hing,

- Allah, der Erhabene, überzeugte somit jene davon, die dieses Ereignis beobachteten, dass Jesus gestorben sei,

- Allah, der Erhabene, schickte dann die Seele Isa´s zurück nachdem er vom Kreuz genommen wurde und niemand um ihn herum da war, der dies hätte beobachten können. Er wurde dann anschließend in die Himmel emporgehoben, von wo er dann eines Tages zurück gesendet wird.

Der einzige Unterschied zwischen der anerkannten christlichen Glaubenslehre und der oben erwähnten Interpretation des Qur´ans, ist, dass die verstrichene Zeitperiode -zwischen dem Ereignis am Kreuz- und das Emporheben Isa´s (*alaihi as-Salam*), ein Ereignis war, welches die Christen als den Tod von Jesus anerkennen.

Jedenfalls ist er laut Qur´anischer Interpretation nicht gestorben, weil die Seele zurück in den Körper gekehrt ist.

Jene, welche die soeben mögliche Erläuterung des Qur´ans ablehnen, behaupten, dass Jesus (*alaihi as-Salam*) nie das Kreuz erreichte und er somit nicht an das Kreuz gehängt wurde. Sie interpretieren die Qur´anische Aussage, *„doch sie haben ihn nicht gekreuzigt"*, so dass er niemals ans Kreuz gehängt wurde. Sie gelangen zu dieser Schlussfolgerung, basierend auf ihrer Ansicht, dass die Kreuzigung (im Sinne wie der Qur´an diesen Begriff nutzt) einfach nur impliziert - ans Kreuz angesetzt zu werden - und nicht notwendigerweise erfordert, dass solch eine Person tatsächlich auch am Kreuz stirbt. *Ibn Kathir* ist der Meinung, dass die Kreuzigung zwangsläufig auch den Tod bedeute.

Die alternative Interpretation, die vormals geschildert wurde, ist, dass Allah eine Person gegen eine andere eingetauscht haben soll, so dass Jesus am Kreuz durch jemand anderen ersetzt wurde und diese Person dann an seiner Stelle gekreuzigt wurde. Dies entspricht der Theorie des "Eintauschens". Dies ist aber nur eine Meinung und so wie es mit allen Meinungen der Fall ist, unterliegen sie der Bedingung, dass man sagt: *Allah hu A´lem* (Allah weiß am besten!).

Jedenfalls gibt es viele angesehene islamische Gelehrte, die die Theorie des "Eintauschens" akzeptieren. Jedoch jene, die dagegen sind, behaupten, bzw. argumentieren, dass man mit diesem Akt des "Eintauschens", indem man Jesus durch einen Unschuldigen "umgetauscht", Allah eine Ungerechtigkeit zuschreiben würde. Denn dieser Mensch am Kreuz wurde getötet, weil er behauptete der Messias zu sein, würde er jetzt nicht jener sein, der dies behauptet hatte und einfach durch Jesus ausgetauscht worden ist, dann ist dieser für ein "Verbrechen" an das Kreuz gehängt worden, welches er nicht begangen hat, unabhängig davon, ob dieser "Umgetauschte" nun andere Delikte verbrochen hat oder nicht, Allah ist gerecht und Allah (swt) hat im wiederholten Male deklariert, dass keine Seele die Last einer anderen Seele tragen wird *(al-Anam, 6:164; Banu Israil, 17:15; al-Fatir, 35:18; al-Zumar, 39:7; al-Najm, 53:38).*

Fünftens, der Qur´an trifft die Aussage, dass Allah Jesus zu Sich emporgehoben hat:

بَلْ رَفَعَهُ اللّٰهُ اِلَيْهِ ۜ وَكَانَ اللّٰهُ عَزِيزًا حَكِيمًا (١٥٨),,

..Nein! Vielmehr hat Allah ihn zu Sich erhoben. Allah ist Allmächtig und Allweise.

(Qur´an, al-Nisa, 4:158)

Der Qur´an fährt dann fort zu erklären, dass jede Seele *(Nefs)* den Tod kosten wird:

كُلُّ نَفْسٍ ذَائِقَةُ الْمَوْتِ ۜ وَاِنَّمَا تُوَفَّوْنَ اُجُورَكُمْ يَوْمَ الْقِيٰمَةِ ۜ فَمَنْ زُحْزِحَ عَنِ النَّارِ وَاُدْخِلَ الْجَنَّةَ فَقَدْ فَازَ ۜ وَمَا الْحَيٰوةُ الدُّنْيَا اِلَّا مَتَاعُ الْغُرُورِ (١٨٥)

Jede Seele wird den Tod kosten. Und erst am Tag der Auferstehung wird euch euer Lohn in vollem Maß zukommen.

(Qur´an, Ali-Imran, 3:185)

Weil Allah nunmal gesagt hat, dass jede Seele den Tod kosten muss, bedeutet dies nun, dass Jesus ebenso, sofern er eine Seele hat, den Tod kosten muss. Daher stellt sich nun die Frage: Hatte Jesus eine Seele? War er ein menschliches Wesen? Und weil wir wissen, dass er der Sohn der Maria war, müssen wir ebenso fragen: War Maria ein menschliches Wesen?

Der Qur´an antwortet mit ausdrücklicher Klarheit und verkündet offen die "Menschlichkeit" von Jesus und Maria:

مَا الْمَسِيحُ ابْنُ مَرْيَمَ إِلَّا رَسُولٌ قَدْ خَلَتْ مِنْ قَبْلِهِ الرُّسُلُ وَأُمُّهُ صِدِّيقَةٌ كَانَا يَأْكُلَانِ الطَّعَامَ انْظُرْ كَيْفَ نُبَيِّنُ لَهُمُ الْآيَاتِ ثُمَّ انْظُرْ اَنَّى يُؤْفَكُونَ (٧٥)

Al-Masih, der Sohn Maryams, war doch nur ein Gesandter, vor dem bereits Gesandte vorübergegangen waren. Und seine Mutter war sehr wahrheitsliebend; sie (beide) pflegten Speise zu essen. Schau, wie Wir ihnen die Zeichen klar machen, und schau, wie sie sich abwendig machen lassen!

(Qur´an, al-Maidah, 5:75)

Mit einer überraschenden Verkündigung „sie (beide) pflegten Speise zu essen", löst sich der Qur´an von jeder Vorstellung, dass Jesus *(alaihi as-Salam)* und Maria *(radiallahu a´nha)* etwas anderes als Menschen waren.

Ebenso verkündet der Qur´an über Jesus *(alaihi as-Salam)*, dass er nichts anderes gewesen ist, als ein Diener und Sklave Allahs:

يَا أَهْلَ الْكِتَابِ لَا تَغْلُوا فِي دِينِكُمْ وَلَا تَقُولُوا عَلَى اللهِ إِلَّا

$$\text{ٱلْحَقَّ ۚ إِنَّمَا ٱلْمَسِيحُ عِيسَى ٱبْنُ مَرْيَمَ رَسُولُ ٱللَّهِ وَكَلِمَتُهُ ۚ أَلْقَىٰهَا إِلَىٰ مَرْيَمَ وَرُوحٌ مِّنْهُ ۖ فَـَٔامِنُوا۟ بِٱللَّهِ وَرُسُلِهِ ۖ وَلَا تَقُولُوا۟ ثَلَٰثَةٌ ۚ ٱنتَهُوا۟ خَيْرًا لَّكُمْ ۚ إِنَّمَا ٱللَّهُ إِلَٰهٌ وَٰحِدٌ ۖ سُبْحَٰنَهُۥٓ أَن يَكُونَ لَهُۥ وَلَدٌ ۘ لَّهُۥ مَا فِى ٱلسَّمَٰوَٰتِ وَمَا فِى ٱلْأَرْضِ ۗ وَكَفَىٰ بِٱللَّهِ وَكِيلًا (١٧١)}$$

„O Leute der Schrift, übertreibt nicht in eurer Religion und sagt gegen Allah nur die Wahrheit aus! Al-Masīḥ 'Īsā, der Sohn Maryams, ist nur Allahs Gesandter und Sein Wort, das Er Maryam entbot, und Geist von Ihm. Darum glaubt an Allah und Seine Gesandten und sagt nicht „Drei". Hört auf (damit), das ist besser für euch! Allah ist nur ein Einziger Gott. Preis sei Ihm (, und Erhaben ist Er darüber), dass Er ein Kind haben sollte! Ihm gehört (alles), was in den Himmeln und was auf der Erde ist, und Allah genügt als Sachwalter."

(Qur'ān, al-Nisā, 4:171)

$$\text{إِنْ هُوَ إِلَّا عَبْدٌ أَنْعَمْنَا عَلَيْهِ وَجَعَلْنَٰهُ مَثَلًا لِّبَنِىٓ إِسْرَٰٓءِيلَ (٥٩)}$$

"Er ist nur ein Diener, dem Wir Gunst erwiesen und den Wir zu einem Beispiel für die Kinder Isrāʾīls gemacht haben.

(Qur'ān, al-Zukhruf, 43:59)

Somit wurde deutlich dargestellt, dass Jesus, laut Qur'anischer Ansicht, ein Mensch war, da er *(alaihi As-Salam)* auch dem allgemeinen Gesetz des Todes unterliegt. Er wird ebenso den Tod *(Maut)* kosten.

Jesus *('alaihi as-Salām)* wird zurückkehren

Der *Qur'ān* erklärt ausdrücklich, dass Jesus *(alaihi As-Salam)* nicht starb (das heißt, er wurde weder getötet, noch wurde er gekreuzigt). Weiter verkündet der *Qur'an*, dass Jesus *(alahi as-Salam)* zu Allah, dem Allerhöchsten, erhoben wurde.

Und da der *Qur'ān* lehrt, dass jede Seele (einschließlich Jesus) den Tod *(Maut)* kosten muss, folgt daraus, dass Jesus *(alaihi As-Salam)* zurückkehren und Tod *(Maut)* erfahren muss, wie jeder andere Mensch auch.

Doch ebenso übermittelte der Qur'an eine unheilverkündende Warnung, als er über den Tod von Jesus *(alaihi as-Salam)* sprach. Die Warnung lautet, die Juden und die Christen werden alle an Jesus glauben, bevor dieser stirbt (d.h. so wie der Qur'an Jesus darstellt, seinen Status und seine Position als den Messias und als einen Propheten Gottes). Daher richtet dieser Vers deutlich den göttlichen Plan ein, dass Jesus eines Tages zurück auf die Erde kehren und sich folgendes Ereignis vor seinem Tode ereignen wird:

وَاِنْ مِّنْ اَهْلِ الْكِتٰبِ اِلَّا لَيُؤْمِنَنَّ بِهٖ قَبْلَ مَوْتِهٖ ۚ وَيَوْمَ الْقِيٰمَةِ يَكُونُ عَلَيْهِمْ شَهِيدًا ۚ (١٥٩)

Es gibt keinen unter den Leuten der Schrift, der nicht noch vor dessen Tod ganz gewiss an ihn glauben wird. Und am Tag der Auferstehung wird er über sie Zeuge sein.

(Qur'ān, al-Nisā, 4:159)

Daher wird jeder Jude an diesem Tage an ihn glauben und ihn als Messias akzeptieren müssen und jeder Christ wird gezwungen sein den falschen Glauben an Jesus aufzugeben, der ihn zum "Sohn Gottes" und zur dritten Person einer göttlichen Trinität machte. Der Prophet Muhammad (*sallallahu alaihi wa sallam*) verkündete so ausdrücklich wie nur möglich die Rückkehr Jesus (*alaihi as-Salam*), so dass es für jeden möglich wird dies zu erkennen:

Abu Huraira berichtete: Der Gesandte Allahs, Allahs Segen und Heil auf ihm, sagte: "Ich schwöre bei Dem, in Dessen Hand mein Leben ist, dass der Sohn der Maria, Allahs Segen und Heil auf ihm, alsbald zu euch als gerechter Schiedsrichter entsandt wird; sodann wird er das Kreuz brechen, das Schwein töten, die Dschizya (Pflichtabgabe im islamischen Staat für Nicht-Muslime) der freien Nicht-Muslime unter muslimischer Herrschaft abschaffen, und Reichtum wird es in solch Überschuss geben, dass keiner ihn annehmen will. Eine einzige Niederwerfung (im Gebet) wird wertvoller als die ganze Welt und alles was in ihr ist sein."

(Sahih, Bukhari)

In der Tat, die Rückkehr von Jesus (*alaihi as-Salam*) gehört zu den zehn großen Zeichen des letzten Tages, die der Prophet Muhammad (*sallallahu alaihi wa sallam*) erwähnte:

Hudhaifa b. Usaid Ghifari berichtete: Der Gesandte Gottes kam plötzlich zu uns, als wir gerade (in eine Diskussion vertieft waren). Er sagte: „Worüber sprecht ihr?" Sie (die Gefährten) sagte: „Wir sprechen über die letzte Stunde." Daraufhin sagte er: „Sie wird nicht eintreffen, bevor ihr zehn Zeichen seht." Und (in diesem Zusammenhang) nannte er den Rauch, den Dajjal, das Biest, das Aufgehen der Sonne vom Westen, die Wiederkehr von Jesus, dem Sohn Marias (Friede sei mit ihm), Gog und Magogg und Erdrutsche an drei Orten, einer im Osten, einer im Westen und einer in Arabien, am Ende derer ein Feuer brennen wird, das von Jemen kommt und die Menschen zum Ort ihrer Versammlung treibt.

(Sahih, Muslim)

Diese zehn Zeichen lauten wie folgt:

- die Freisetzung des *Dajjāsl* – des falschen Messias
- die Freisetzung von Gog und Magogg
- die Wiederkehr von Jesus ('alaihi as-Salām) – der Wahre Messias
- das Auftreten eines *Dukhan* (Rauches)
- das Aufkommen von *d'abbatul ard (eine Kreatur aus dem Land d.h. das Heilige Land)*
- die Sonne wird von Westen her aufegehen
- ein Erdrutsch im Osten,
- ein Weiterer im Westen,
- ein Dritter in Arabien,
- ein Feuer kommt aus dem Jemen und treibt die Menschen an den Ort ihrer Versammlung.

(Bitte beachtet, dass die Zeichen nicht notwendigerweise in chronologischer Reihenfolge auftreten müssen)

Der Qur´an bestätigte die Wiederkehr von Jesus *(alaihi as-Salam),* als eines der großen Zeichen des letzten Tages:

وَإِنَّهُ لَعِلْمٌ لِّلسَّاعَةِ فَلَا تَمْتَرُنَّ بِهَا وَاتَّبِعُونِ ۚ هَٰذَا صِرَاطٌ مُّسْتَقِيمٌ (٦١)

Und er (Jesus) gehört wahrlich zum Wissen der Stunde (des Gerichts). So hegt ja keinen Zweifel an ihr und folgt mir. Das ist ein gerader Weg.

(Qur'ān, al-Zukhraf, 43:61)

Jesus selbst gab eine Liste von Dingen für die Zeit seiner Wiederkehr bekannt:

- ➢ Männer werden auftauchen, die sich selbst Messias nennen, doch sie sind falsch,
- ➢ es wird Kriege und Gerüchte über Kriege geben,
- ➢ es wird ein Ausbruch neuartiger globaler Hungersnot geben,
- ➢ es wird einen großen Zuwachs an Gesetzlosigkeit und Unmenschlichkeit geben,
- ➢ die Anzahl der Erdbeben wird zunehmen in ihrer Intensität und Häufigkeit.

Wir haben nun die Erklärung für die gegensätzliche Darstellung des Messias in den Schriften – der eine ist sanftmütig und bescheiden und wird immens Leid erfahren und der andere wird ein mächtiger Eroberer sein. Bei seiner Wiederkehr wird Jesus (*alaihi as-Salam*) die zweite Darstellung erfüllen.

Doch der Prophet Muhammad *(sallallahu alaihi wa sallam)* fuhr fort seiner *Ummah* zu enthüllen, bevor die Rückkehr von Jesus (*alaihi as-Salam*) stattfinden würde, wird Allah einen falschen Messias in das letzte Zeitalter entsenden (*al-Masih ad-Dajjal*).

Wer ist der Dajjal?

Seit mehr als 2000 Jahren, ist es der größte Traum der Juden, in das Heilige Land zurückzukehren, um die Herrschaft über Jerusalem einzunehmen, sodass sie von dort aus den Staat Israel wiederherstellen können, der vom Propheten-König David (*alaihi as-Salam*) und Salomon (*alaihi as-Salam*) gegründet wurde. Sie träumen ebenso davon den Tempel, den Salomon erbaute, wiederaufzubauen und darin dem Gott Abrahams zu dienen. Dies muss tatsächlich als nobler Traum betrachtet werden. Ein Volk, das einen solchen Traum, als den größten ihrer Träume betrachtet, muss doch sicherlich ein Volk sein, das eine große Spiritualität innehat. Es sollte ein Volk sein, das das "Leben danach" dem Vorzug, vor der "Dunya" (dem weltlichen Leben) geben und deren spirituelle Sicht sollte sicherlich die "äußeren" Erscheinungen durchdringen, um die "Realität" der Dinge zu erkennen. Daher sollten sie mindestens in der Lage sein zu realisieren, dass solch ein nobler Traum nicht erfüllt werden kann, durch die Erschaffung eines essentiell gottlosen Staates (Israel) und ebenso nicht durch eine Herrschaftsführung des Terrors und der Unterdrückung im Heiligen Land.

Dies ist der Zustand, der jetzt schon seit mehr als 50 blutbefleckten Jahren andauert. Es ist mehr als unwahrscheinlich, dass die Unterdrückung für weitere 50 Jahre andauert, bevor sie nicht die schrecklichen Konsequenzen dafür zu kosten bekommen. Nun glaubten alle israelischen Juden, dass ihr Traum nicht erfüllt werden kann und wird, bis dieser spezielle Prophet, genannt der Messias, erscheinen wird.

Er wird „*die Rettung am Ende der Tage mit sich bringen, wenn er wird gethront werden als König der Welt*". Die Herrschaft des Messias wiederholt sich an weiteren Stellen in der Schrift. (1.Buch Enoch: 45:3; 105:2; 28:29; 13:32-35; 14:9). Sicherlich, die europäischen Juden, die den Zionismus gründeten, teilen diesen heiligen Ansatz kaum, der zu den Prophezeiungen des Messias gehört.

Allah, der Erhabene, verordnete, dass der falsche Messias (*al-Masih ad-Dajjal*) als Täuschung zu den Juden gesandt werden wird, sie werden annehmen, er sei die Erfüllung ihres größten Traums, d.h., die Rückkehr in ihr Heiliges Land, die Wiederherstellung des Staates Israels und die Einsetzung eines herrschenden Königs über sie: (*Siehst du nicht die führende Schar von den Kindern Isrā'īls nach Mūsā, als sie zu einem ihrer Propheten sagten: „Setze einen König für uns ein, damit wir auf Allahs Weg kämpfen."? - Sura al-Baqara, 2:246*) und der Wiederaufbau des Tempels. Die Tatsache, dass sie absolut und in kompletter Weise durch den Betrügerstaat Israel getäuscht wurden, erkennt man an ihrer anhaltenden spirituellen Blindheit:

وَإِنَّهُ لَعِلْمٌ لِّلسَّاعَةِ فَلَا تَمْتَرُنَّ بِهَا وَاتَّبِعُونِ ۚ هَٰذَا صِرَاطٌ مُّسْتَقِيمٌ (٦١)

Die Werke derjenigen aber, die ungläubig sind, sind wie eine Luftspiegelung in einer Ebene, die der Durstige für Wasser hält. Wenn er dann dorthin kommt, findet er, dass es nichts ist; aber er findet Allah da, Der ihm dann seine Abrechnung in vollem Maß zukommen lässt. Allah ist schnell im Abrechnen.

(Qur'ān, al-Nūr, 24:39)

Der Staat Israel befindet sich heutzutage exakt in der Situation eines Mannes, der austrocknet und vor lauter Durst, eine `Fata Morgana´ für Wasser hält.

اِنَّ هٰذَا الْقُرْاٰنَ يَقُصُّ عَلٰى بَنٖى اِسْرَآءٖيلَ اَكْثَرَ الَّذٖى هُمْ فٖيهِ يَخْتَلِفُونَ (٧٦) وَاِنَّهُ لَهُدًى وَرَحْمَةٌ لِّلْمُؤْمِنٖينَ (٧٧)

Gewiss, dieser Qur'ān erzählt den Kindern Isrā'īls das meiste von dem, worüber sie uneinig sind. Und es ist wahrlich eine Rechtleitung und Barmherzigkeit für die Gläubigen.

(Qur'ān, al-Naml, 27:76-7)

Heutzutage ist ihr "größter Traum" dem Anschein nach schon fast komplett erfüllt. Die Juden sind in das Heilige Land zurückgekehrt oder zögern nicht dies zu tun, wo auch immer sie sich in der Welt befinden mögen. Der Staat Israel wurde im Jahre 1948 gegründet und ist nun Realität. Alles, was nun zur Erfüllung des Traumes übriggeblieben ist, ist das Einsetzen eines Königs und die Zerstörung der *Masjid al-Aqsa*, um den Wiederaufbau des Tempels zu ermöglichen:

Wenn du in das Land, das der Herr, dein Gott, dir gibt, hineingezogen bist, es in Besitz genommen hast, in ihm wohnst und dann sagst: Ich will einen König über mich einsetzen wie alle Völker in meiner Nachbarschaft!, dann darfst du einen König über dich einsetzen, doch nur einen, den der Herr, dein Gott, auswählt. Nur aus der Mitte deiner Brüder darfst du einen König über dich einsetzen. Einen Ausländer darfst du nicht über dich einsetzen, weil er nicht dein Bruder ist.

(5.Buch Mose, 17:14-15)

Zusätzlich muss Israel zum *herrschenden Staat* der Welt werden und der König Israels muss die Welt von Jerusalem aus *regieren*. Die zwingende Folgerung ist, dass dies nicht erreicht werden kann, ohne den Messias. Dies ist der "Anschein", doch wie lautet die "Realität"?

Die Realität des Gesamtbildes, aus islamischer Betrachtungsweise, ist, dass der *Dajjal*, der falsche Messias, die Juden getäuscht hat indem er sie glauben ließ, dass die "göttliche Gnadengabe" sie näher an die Erfüllung ihres größten Traums brachte. Die "Realität" ist jedoch, dass ihre spirituelle Blindheit sie in eine göttliche Falle geleitet hat, aus der es nun keinen Ausweg mehr gibt.
Sie verurteilen die Unterdrückung und die Ungerechtigkeit in der Welt, aber rechtfertigen ihre eigene Unterdrückung und Ungerechtigkeit, den anderen gegenüber.

Sie begründen dies wie folgt, sie meinen, sie hätten einen speziellen Status beim göttlichen Wesen, welchen andere nicht besitzen. Weil sie glauben, dass das Heilige Land ihnen gehört, glauben sie auch, dass sie das Recht besitzen es von jenen zu befreien, die schon seit Jahrhunderten dort leben. Das "Ergebnis" rechtfertigt die "Mittel". Die Wahrheit ist, dass sie fehlgeleitet, irregeleitet und gründlich vom *Dajjal* getäuscht wurden.

Der *Dajjal*, der falsche Messias, ist ein Wesen, das von Allah erschaffen wurde. Er wird die Rolle des Messias vortäuschen und die Juden damit blenden, sodass sie glauben er sei der wahre Messias. Der *Dajjal* wurde von Allah, dem Allweisen, mit erstaunlicher Macht, mit Vielseitigkeit und mit großer Fähigkeit zur Täuschung und List, ausgestattet.

Die Christen kennen ihn als den `AntiChrist´. Das böse Wesen, der *Dajjal*, erschaffen von Allah, wird eines Tages in der Welt als menschliches Wesen erscheinen. Wenn er dies tut, so wird er ein Jude und zusätzlich ein junger Mann sein, der kräftig gebaut sein wird, mit lockigem Haar. Der Prophet Muhammad (*sallallahu alaihi wa sallam*) verdächtigte einen jüdischen Jüngling, dass er der *Dajjal* sein könnte, sein Name war *Ibnu Sayyad* und er lebte in Medina.

Indem er dies tat bestätigte er, dass der *Dajjal* schon in die Welt entsandt worden ist und dass er eines Tages erscheinen wird als:

- Mensch,
- Junger Mann
- Jude

Der wahre Messias, der Salomon *(alaihi as-Salam)* ähnelt, wird die Welt vom Throne Davids *(alaihi as-Salam)* aus regieren, d.h., von Jerusalem aus. Um dies zu tun muss er notwendigerweise erst folgendes vollbringen:

> ➤ das Heilige Land aus Herrschaft derer befreien, die nicht dem Gott von Abraham dienen,
> ➤ das auserwählte Volk (welches zur Zeit der Verkündigung Juden waren) zurück in das Heilige Land bringen,

> den Staat Israel wiederherstellen, welcher von David *(alaihi as-Salam)* und Salomon *(alaihi as-Salam)* gegründet wurde,
> bewirken, dass Israel der "Herrschende Staat" der Welt wird.

Nur dann wird es für den wahren Messias möglich sein, die Welt vom Throne Davids *(alaihi as-Salam)* (aus Jerusalem) zu regieren. Wenn somit der *Dajjal* erfolgreich den wahren Messias imitieren will, so muss er auch die oberen logischen Ableitungen vollbringen. Nun mag die Frage aufkommen, die in Folge der oben getroffenen Aussagen entstehen könnte, wenn der *Dajjal*, der falsche Messias oder Antichrist, für diese große Täuschung der Juden verantwortlich ist und für so vieles mehr, und wenn er schon längst entsandt wurde, und sich schon längst auf der Erde befindet, wo ist er dann?

Der Prophet *(sallallahu alaihi wa* sallam) sprach folgendes über den *Dajjal* (dies könnte als die "Mutter aller Rätsel" bezeichnet werden):

Überliefert von al-Nawwas ibn Sam'an: ...Wir sagten: „O Allahs Gesandter! Wie lange wird er (Dajjal) auf der Erde bleiben?" Er sagte: „Für vierzig Tage, ein Tag wie ein Jahr, ein Tag wie ein Monat, ein Tag wie eine Woche und der Rest der Tage werden wie eure Tage sein..."

(Sahīh, Muslim; Sunan, Tirmīdhī)

Der Grund für die Zeitphase *"der Rest seiner Tage sind wie eure Tage"*, lautet, diese Zeitphase wird dann eintreffen, wenn der *Dajjal* das Ende seiner Lebensphase auf der Erde erreicht hat. Zweitens, der *Dajjal* wird dann in "unserer"

Dimension von Raum und Zeit sein, wenn *"seine Tage"* wie *die "unseren"* sein werden. Daher wird er in "unserer" Welt nur am Ende seiner Lebensphase erscheinen, in dieser Phase tritt er in "unsere" Welt ein, um seine Mission zu erfüllen, das Vortäuschen des Messias.

Das Versprechen Allahs lautete, der Messias wird vom Throne Davids aus regieren, d.h., von Jerusalem, welches das Herzstück des Staates Israel sein wird. Somit ist es klar, dass der *Dajjal* am Ende seiner Lebensphase auf der Erde, sich in physikalischer Form in Jerusalem befinden wird und weil er sich zu dieser Zeit in der Phase *"seine Tage wie die unseren"* befindet, wird es auch für uns möglich sein ihn zu sehen. Zu dieser Zeit werden wir ihn als einen Juden erleben, als einen jungen Mann, kraftvoll gebaut und mit lockigem Haar, etc. Ebenso wird er der Herrscher der Welt sein, der von Jerusalem aus regiert. Hier befindet sich die Antwort auf die Frage bzgl. der strategischen Rolle, die Jerusalem spielen wird und welche für sie am Ende der Geschichte bestimmt wurde.

Vor dieser letzten Zeitphase seines Lebens auf der Erde (*d.h., die Zeitphase: „in seinem Tag wie ein Jahr, ein Monat und einer Woche"*) wird der *Dajjal* in gleicher Weise um uns sein, so wie auch die Engel und die *Jinns* sich ständig um uns herum befinden, wir können sie zwar nicht sehen, dennoch sind sie in "unserer" Welt vorhanden, die einer Zeitphase entspricht, die gleich der Zeitphase ist, *„ein Tag gleich unserer Tage"*.

Er wird uns unaufhörlich attackieren, um unseren Glauben auf die Probe zu stellen. Er wird sein Netz der Täuschung weben und wir werden nicht in der Lage sein ihn dabei zu beobachten, zumindest nicht mit unserer normalen Beobachtungsfähigkeit, weil in dieser Phase "*sein Tag nicht wird wie unser Tag sein wird*".

Wo wird sich der Dajjal auf Erden befinden, wenn er von Allah freigelassen wird, *an dem Tag, der wie ein Jahr sein wird*, und *an dem Tag, der wie ein Monat sein wird*, und schließlich *an dem Tag, der wie eine Woche sein wird*? Wir wissen zwar, dass er auf der Erde sein wird, doch die Frage lautet: Wo?

Glücklicherweise haben wir auf die erste Frage eine Antwort und diese Antwort wiederum öffnet uns die Möglichkeit, weitere Antworten auf die anderen beiden Fragen zu finden.

Die Antwort auf die erste Frage befindet sich im *Hadith*, der bekannt ist als *Hadith* von *Tamim al-Dari*. *Tamim al-Dari* war ein Christ in Medina, der den Islam angenommen hat. Er kam zum Propheten (*sallallahu alaihi wa sallam*) und erzählte ihm etwas, was er bzgl. des *Dajjals* erlebt hatte. Es ist nicht ganz klar, ob er entweder einen Traum hatte oder eine Vision oder gar eine tatsächliche reale Erfahrung.
Der Prophet (*sallalahu alaihi wa sallam*) reagierte darauf, indem er den Leuten sagte, sie sollen nach dem Gebet in der *Masjid* sitzen bleiben, so dass er ihnen erzählen könne, was *Tamim al-Dari* bzgl. dem *Dajjal* erlebt hat. Er fuhr fort zu Verkünden, dass das, was *Tamim al-Dari ihm* erzählte, das wäre, was er selbst über den *Dajjal* zu sagen pflegte. Hier ist der Hadith:

Es wurde berichtet, dass Fātimah bint Qays (möge Allāh mit ihr zufrieden sein) sagte: „Ich hörte die Stimme des Rufers, des Rufers des Gesandten Allāhs (Allāhs Frieden und Segen seien auf ihm), der rief: Al-Salātu jāmiʿah (das Gebet beginnt). Daher ging ich hinaus zur Moschee und betete mit dem Gesandten Allāhs (Allāhs Frieden und Segen seien auf ihm). Ich stand in der Reihe der Frauen, die den Leuten am nächsten war. Als der Gesandte Allāhs (Allāhs Frieden und Segen seien auf ihm) sein Gebet beendet hatte, saß er auf der Minbar und lächelte. Er sagte: „Lasst jeden an seinem Platz bleiben, an dem er gerade gebetet hat." Dann fuhr er fort: „Wisst ihr, warum ich euch zusammengerufen habe?" Sie sagten: „Allāh und Sein Gesandter wissen es am besten." Er sagte: „Bei Allāh, ich habe euch nicht für eine Ermahnung oder Warnung zusammengerufen. Ich habe euch zusammengerufen, weil Tamīm al-Dāri ein Christ war und er kam und schwor die Treue und wurde Muslim. Er sagte mir etwas, was mit dem übereinstimmt, was ich euch über den Dajjāl (den falschen Messias) erzählt hatte. Er sagte mir, dass er auf einem Schiff fuhr, mit 30 Männern der Lakhm und Judhām, und sie wurden von den Wogen des Meeres für einen Monat hin und hergeworfen. Dann kamen sie bei Sonnenuntergang an einer Insel an. Sie saßen in einem kleinen Ruderboot und legten an der Insel an. Dort trafen sie ein Biest mit so starker Behaarung, dass sie das Gesicht nicht vom Rücken unterscheiden konnten, weil es so haarig war. Sie sagten: ʿWehe dir, was bist du?ʿ Es erwiderte: ʿIch bin al-Jassāsah.ʿ Sie sagten: ʿWas ist al-Jassāsah?ʿ Es antwortete: ʿOh ihr Leute, geht zu diesem Mann in dem Kloster, denn er möchte über euch Bescheid wissen.ʿ Er (der Erzähler) sagte: ʿAls es uns einen Mann benannte, waren wir besorgt, es könnte ein Teufel sein. Dann zogen wir los, uns beeilend, bis wir zu dem Kloster kamen, wo wir den größten Mann fanden, den wir je gesehen hatten, gefesselt mit starken Ketten, sodass seine Hände an seinen Hals gebunden waren und seine Beine von den Knien zu den Knöcheln durch Fußfesseln. Wir sagten: ʿWehe dir, wer bist du?ʿ Er antwortete: ʿIhr werdet bald über mich Bescheid wissen. Sagt mir, wer ihr seid.ʿ Sie sagten: ʿWir sind Leute aus Arabien und sind mit dem Schiff gekommen, doch die See war rau und die Wellen warfen uns für einen Monat hin und her. Dann brachten sie uns zu diesem deinen Land. Wir bestiegen die Ruderboote und legten an der Insel an, wo wir ein Biest mit starker Behaarung trafen, sodass wir seine Vorderseite nicht von der Rückseite unterscheiden konnten. Wir sagten: Wehe dir, wer bist du? Und es antwortete: Ich bin al-Jassāsah (Bemerkung: Im Qurʾan, Surah 49:12, kommt der Begriff vor - uele ta-jassasu – dies bedeutet spioniert nicht, somit steht Jassasah symbolisch in diesem Hadith, für eine Insel, die durch Spionage bekannt ist). Wir fragten: Was ist al-Jassāsah? Es sagte: Geht zu diesem Mann im Kloster, der mehr über euch erfahren will. (Das Kloster lag in Ruinen, dies symbolisiert eine Insel, dessen Religion sich mit dem Mönchtum identifiziert, welches allerdings auf dieser Insel zusammengebrochen ist, da das Kloster in Ruinen lag, ein weiterer Punkt der für die Anwesenheit des Dajjals in Großbritannien spricht. Erster Hinweis – eine Insel – Zweiter Hinweis – bekannt für Spionage, James Bond 007, Dritter Hinweis – eine Insel mit christlicher Religionszugehörigkeit). Daher sind wir schnell zu dir gekommen und vor ihm geflohen, denn wir konnten nicht sicher sein, dass es kein Teufel war.` Er (die angekettete Person) sagte: `Berichtet mir von den Dattelpalmen von Baysān.` Wir fragten: `Was weißt du über sie?` Er antwortete: `Ich frage euch, ob diese Bäume Früchte tragen.` Sie sagten: `Ja.` Er sagte: `Bald werden sie keine Früchte mehr tragen. Erzählt mir vom See Tabariyyah.` Sie sagten: `Was willst du darüber wissen?` Er fragte: `Ist Wasser darin?` Sie antworteten: `Es ist eine Menge Wasser darin.` Er sagte: `Bald wird er ausgetrocknet sein.` Dann sagte er: `Berichtet mir von der Quelle Zughar (welche im Süden Syriens ist).` Sie fragten: `Was willst du darüber wissen?` Er erwiderte: `Gibt es Wasser in der Quelle und bewässern die Menschen damit ihre Felder?` Sie sagten zu ihm: `Ja, darin gibt es viel Wasser und die Menschen bewässern ihre Felder damit.` Er sagte: `Erzählt mir vom Propheten, wenn er ungebildet ist. Was hat er getan?` Sie antworteten: `Er hat Makkah verlassen und sich in Yathrib (Madīnah) niedergelassen.` Er fragte: `Bekämpfen die Araber ihn?` Sie antworteten: `Ja.` Er fragte: `Wie geht er mit ihnen um?` Sie berichteten ihm, dass er über die Araber in seiner Umgebung herrschte und dass sie ihm Gehorsam erwiesen hatten. Er sagte zu uns: `Ist das wirklich geschehen?´ Sie bejahten dies, woraufhin er sagte: `Wenn das so ist, dann ist es besser für sie, dass sie ihm gehorsam sind. Nun werde ich euch etwas über mich selbst erzählen. Ich bin der Dajjāl und bald wird mir die Erlaubnis zum Erscheinen gegeben. So werde ich hervorkommen und über das Land reisen und ich werde keine Stadt auslassen, ich werde 40 Nächte bleiben, außer in Makkah und Taybah (Madīnah). Sie beide sind mir verboten. Jedes Mal, wenn ich versuche, eine von ihnen zu betreten, wird mir ein Engel mit einem Schwert in seiner Hand begegnen, der mir den Weg versperrt, und auf jedem Weg werden sie von Engeln bewacht.´ " Sie sagte: „Dann schlug der Gesandte Allāhs (Allāhs Frieden und Segen seien auf ihm) die Minbar mit seinem Stock und sagte: ´Dies ist Taybah, dies ist Taybah, dies ist Taybah`, womit Madīnah gemeint war. `Habe ich euch das vorher nicht gesagt? ` Die Leute sagten: ´Ja.` Der Prophet (Allāhs Frieden und Segen seien auf ihm) sagte: ´Ich mag die Geschichte von Tamīm, denn sie stimmt mit dem überein, was ich euch über ihn und über Makkah und Madīnah zu sagen pflegte. Doch er ist im Syrischen Meer (das Mittelmeer) oder im Jemenitischen Meer (das Arabische Meer). Nein, vielmehr ist er im Osten, er ist im Osten, er ist im Osten`, und er wies mit seiner Hand in Richtung Osten." Sie sagte: „Ich erinnere mich an dies vom Gesandten Allāhs (Allāhs Frieden und Segen seien auf ihm)." Berichtet von Muslim in seinem Sahīh (#2942) und somit ist der Hadīth sahīh.

(Sahih Muslim)

Aus diesem *Hadith* geht folgendes klar hervor, als der *Dajjal* in die Welt entsandt wurde, befand er sich geographisch gesehen auf dieser Insel und von dieser Insel aus muss auch sein Auftrag begonnen haben, den wahren Messias zu imitieren, indem er das Heilige Land von nichtjüdischen Gesetzen befreit etc.
Doch um welche Insel handelt es sich dabei?

Die Insel ist Britannien

Unserer Ansicht nach ist die Insel auf die der *Hadith* Bezug nimmt, die Insel Britanniens. Der Beweis, der unsere Behauptung unterstützt ist wirklich verblüffend. Betrachtet folgendes. Im Jahre 1917 erließ die Regierung der "Insel" Britanniens die **Balfour – Deklaration**, in welcher sich Großbritannien bereit erklärte in Palästina (im Heiligen

Land) eine Heimstätte für das jüdische Volk einzurichten. Dann, im Jahre 1917-18 besiegte eine britische Armee angeführt von General Allenby die türkische Armee und befreite das Heilige Land aus muslimischer Herrschaft. Von 1919 bis 1948 regierte Großbritannien über das Heilige Land, basierend auf einer Vollmacht, die durch den Völkerbund verliehen wurde. Während dieser Zeitperiode erlebte die Welt eine massive Immigrationswelle europäischer Juden, die sich im Heiligen Land niederliesen. Den enormen Hass, den die Deutschen gegenüber den Juden, für ihren Betrug im Ersten Weltkrieg hatten (*die deutschen Juden gingen mit Großbritannien einen Deal ein, dass sie die USA im Krieg hineinziehen würden, wenn Großbritannien ihnen wiederum versprechen würde, dass sie das Heilige Land im Gegenzug erhalten, sollte der Krieg gewonnen werden*) und der sich daraus ergebende Aufstieg Adolf Hitlers, führte zu solch einer massenhaften Verfolgung der Juden, sodass ihre Immigration von Europa in das Heilige Land dramatisch anstieg. Letztendlich im Jahre 1948, agierte Großbritannien als "Hebamme" zur Geburtshilfe des Babys, d.h., für die Verkündung eines unabhängigen Staates Israels.

Zusätzlich nahmen wir zur Kenntnis, dass sich die Insel Großbritanniens quer über das Mittelmeer erstreckt und von der arabischen Welt aus einen Reiseaufwand zu ihr von einem Monat beträgt! Ebenso wichtig anzumerken ist, dass die Briten exzellent im Gebiet der Spionage sind. Die Sherlock Holmes und James Bond Filme sind die erfundenen Gegenstücke zu Lawrence von Arabien.

Möglicherweise wird es dennoch den einen oder anderen geben, der mit unserer Vorgehensweise (Ansicht), durch die wir Großbritannien, als die im *Hadith* erwähnte Insel identifizierten, nicht einverstanden sein wird. Diesen Leuten antworten wir mit vollem Respekt, dass sie uns doch freundlicherweise korrigieren sollen. Um dies jedoch zu tun, müssen sie ihrerseits die Insel identifizieren und den Beweis zur Verfügung stellen, der ihre Behauptung bestätigt und unsere somit für ungültig erklärt. Und so schlussfolgerten wir aus diesem *Hadith*, dass die Entsendung auf die Erde und die Mission des *Dajjals* von der Insel Britanniens begann, an seinem „*Tag, der wie ein Jahr*" ist. Ebenso stellten wir fest, dass Großbritannien während dieser Zeitperiode, als "*Herrschender Staat*" der Welt regierte. Zweites bemerkten wir, als Großbritannien der "*Herrschende Staat*" der Welt war, hatten sie auch die Kontrolle über das Geld der Erde. Dies wurde durch die Bank von England erledigt. London war in der Tat die finanzielle Hauptstadt der Welt.

Doch dann mussten wir feststellen, dass es einen Augenblick in der Zeit gab, indem auf mysteriöse Weise die Weltherrschaft Großbritanniens endete und sie plötzlich von den USA abgelöst wurden. Dieser Wechselprozess scheint mit einem Krieg begonnen zu haben, d.h., der Erste Weltkrieg und mit einem anderen zu Enden, d.h., der Zweite Weltkrieg. Wir vertreten die Ansicht, dass die Phase zwischen dem Ersten und dem Zweiten Weltkrieg, den Übergang des *Dajjals* markiert, als er von *einem Tag, der wie ein Jahr,* zu *einem Tag wie ein Monat* überging. Diesen Wechselprozess mit großer Erkenntnis zu beobachten, stellt eine Angelegenheit von höchster Wichtigkeit dar, denn dies liefert uns wichtige Hinweise, durch die wir den zukünftigen Augenblick in der Zeit erkennen, wenn sich der *Dajjal* weiter von *einem Tag wie ein Monat* zu *einem Tag wie eine Woche*, bewegen wird.

Ein Akt des Terrors ereignete sich im Sommer 1914 in der Stadt Sarajevo, die Ermordung des Herzogs Franz Ferdinand von Österreich-Ungarn. Bei dem Täter handelte es sich um einen Serben, doch die Fußspuren, die hinterlassen wurden, führten nach Russland. Wer auch immer diese Ermordung plante und jene Fußspuren, die nach Russland leiteten, hinterließ, der wollte, dass Österreich-Ungarn Russland den Krieg erklärt. Das wahre Ziel dieser Ermordung jedoch war nicht Russland, sondern der Verbündete Russlands, nämlich, Großbritannien. Das Islamisch-Osmanische Reich war das andere Ziel. Es musste zerstört werden und Großbritannien musste diese Arbeit erledigen. Als Österreich-Ungarn Russland den Krieg erklärte, traten prompt Großbritannien und Frankreich zur Unterstützung Russlands auf. Deutschland antwortete darauf, durch den Beitritt zur Unterstützung Österreichs-Ungarns.

Der Plan, der sich hinter diesem Mordereignis verborgen hatte, war, die britische Wirtschaft durch einen Krieg zu schwächen, damit Großbritannien letztendlich ihren Weltherrschaftsstatus verliert und somit durch einen anderen Staat ersetzt werden kann. Die Täter dieses terroristischen Attentats waren so teuflisch und listig, dass sie in der Lage waren gleichzeitig das Islamisch-Osmanische Reich zu attackieren. Dieser Staat stellte immer noch ein gewaltiges Hindernis zur Befreiung des Heiligen Landes dar, ein Störfaktor, der ebenso die Rückkehr der Juden in das Heilige Land und die

Wiederherstellung eines israelischen Staates verhinderte. Das beste Mittel, um dieses Hindernis aus dem Weg zu räumen, war ein Krieg. Und somit wurde das Osmanische Reich durch geschickte und interne Intrigen gezwungen, in einen Krieg zur Unterstützung Deutschlands beizutreten. Großbritannien wurde dann letztendlich für den Angriff benutzt, der nicht nur das Osmanische Reich zerstörte, sondern ebenso das Kalifat.

Doch vom Jahre 1914 bis zum Jahre 1916 war der Krieg für Großbritannien eine einzige Katastrophe. Erstens, entrissen deutsche Unterseebote den Briten die Kontrolle über die Meere. Zweitens, Deutschland besetzte Frankreich und installierte eine pro-deutsche Regierungsform in Paris. Drittens, russische Truppen flüchteten und zogen sich zurück. Und zu guter Letzt befand sich Großbritannien von 1916 an in solch einer ernsten Notlage, dass sie von der Außenwelt abgeschnitten und durch eine Hungersnot bedroht wurden. Dann kam der dramatische Wandel im Jahre 1916. Die Juden gingen auf die britische Regierung zu und boten ihnen die USA zur Kriegsunterstützung an, sollten die Briten ihnen im Gegenzug versprechen, ihnen am Ende des Krieges das Heilige Land zu überlassen. Großbritannien akzeptierte das Angebot. Die Juden starteten im Anschluss ihre enorme Propagandamaschinerie in den Vereinigtenstaaten und zogen jeden möglichen Faden, bis sie die USA 1916 erfolgreich zum Eintritt in den Krieg für sich gewannen, der Großbritannien unterstützen sollte. Großbritannien reagierte ein Jahr später mit der Ausstellung der **Balfour – Deklaration.**

Das Jahr 1916 markiert ebenso die erfolgreiche Abwicklung exzellenter britischer Spionagearbeit auf der arabischen Halbinsel. Großbritannien gelang es zwei sehr wichtige Hauptziele zu erreichen, beide bewirkten einen strategischen Schlag gegen das Osmanische Reich.

Der erste Schlag war, die Abwicklung eines Abkommens zur gegenseitigen Unterstützung und eine milde Neutralität zwischen Großbritannien und `Abdul Aziz ibn Saud´ (damals Herrscher über Riyadh). Der Kostenbetrag für Großbritannien belief sich auf nur 5000 "*Sterling Pfund*" pro Monat, die `Abul `Aziz´ aus der britischen Schatzkammer erhielt.

Der zweite strategische Schlag, veranlaste *Sharif Husain*, den osmanisch eingesetzten ernannten Sharif *Mekkahs* und des *Hijaz*, sich gegen das Osmanische Kalifat zu wenden, zu rebellieren und seine Unabhängigkeit zu verkünden. Der Kostenpunkt dafür betrug für Großbritannien die stolze Summe von 7 Millionen "*Sterling Pfund*". Und so änderte sich der Kurs des Krieges im Jahre 1916 und führte somit letztendlich zum Sieg der USA, Großbritannien und der Juden. Nicht nur Deutschland wurde besiegt, sondern noch viel wichtiger, der Islamisch-Osmanische Staat wurde zerstückelt und an seine Stelle trat der säkulare Staat der Türkei. In der Tat und Prompt wurde vom türkischen säkularen Führer der Türkei eine offensive und defensive Allianz mit denselben Briten ausgehandelt, die eine führende Rolle in der Zerstückelung des Osmanischen Reiches spielten. Doch Großbritannien war durch den Krieg so am Boden zerstört, dass die USA Großbritannien als `*Herrschenden Weltstaat*´ ablöste. Dies bestätigte sich während der Zeitperiode der beiden

Weltkriege und nach dem Zweiten Weltkrieg. Während des Zweiten Weltkrieges, beispielsweise, war es der amerikanische General *Dwight Eisenhower*, der die alliierten Truppen anführte. Dann, im Jahre 1944 übermittelte die Bretton Woods Konferenz, gegründet auf einem neuen internationalen Geldsystem, die überzeugende Darlegung einer neuen geringeren Stellung Großbritanniens, als sie den US-Dollar zur neuen internationalen Geldwährung erklärten und somit den *"Sterling Pfund"* ersetzten. Der internationale Währungsfond (IMF) und die Weltbank ersetzten die Bank von England als führende internationale Institution der Welt und Washington ersetzte London als die Finanzhauptstadt der Welt, somit übernahmen sie die Kontrolle über das Geld der Erde.

Nachdem der Krieg beendet war, war es nun die USA, die die britische und europäische Wirtschaft durch den Marshallplan wiederaufbauen musste. In der Sueskrise 1956 und erneut in der Kubakrise 1963, demonstrierte die USA überzeugend ihren neuen Status als `Herrschender Weltstaat´.

In selbiger Weise wie Großbritannien, der damalige *Herrschende Staat der Welt*, wie besessen in Verbindung zum Heiligen Land stand (die Balfour - Deklaration) und sich das britische Volk nicht erklären konnte, was es mit dieser seltsamen Besessenheit auf sich hatte, so ist nun auch der neue *Herrschende Staat der Welt*, die USA, mit dieser Besessenheit infiziert und das amerikanische Volk unfähig dieses Phänomen zu erklären.

Beispielsweise gehörte die USA zum ersten Staat der Welt, der Israels Unabhängigkeit im Jahre 1948 verkündete und anerkannte. Seit damals agiert die USA als oberster Schirmherr mit ihrem Ehrenschutz über Israel, "durch dick und dünn"! Die USA stellte Israel massive finanzielle, wirtschaftliche und militärische Mittel zur Verfügung. In der Tat überschreitet die amerikanische Unterstützung Israels, schon längst ihre Unterstützungshilfe gegnüber dem Rest der Welt.

Einige dieser US Unterstützungshilfen gelangten durch die US Regierung nach Israel, während eine erhebliche Menge zwar ebenfalls von den USA nach Israel gelangte, jedoch dies durch die in Amerika ansässigen Juden. Bisher beteiligten sie sich durch die "Vordertür" an der militärischen Hilfe, doch einiges ging auch durch die "Hintertür" (der Fall von Jonathan Pollard, der Israel US nuklear Geheimnisse weiter gab, dies ist der bekannteste Fall). Folglich wurde Israel zu einem Atomwaffenstaat, der sich auf Augenhöhe mit den restlichen Nuklearsaaten dieser Welt befindet.

Die unheimliche, unnatürliche, geheimnisvolle und unerklärliche Beziehung der USA zum Staat Israel, kam kurz vor dem Angriff des 11. Septembers, ein weiteres Mal reichlich zum Vorschein. Die Durban-Weltkonferenz gegen Rassismus und Rassen-diskriminierung verurteilte Israel stark für die Unterdrückung am palästinensischen Volk. Israel reagierte auf diese Kritik durch das Verlassen der Konferenz. Der einzige Staat, der seine Solidarität gegenüber Israel demonstrierte, indem er sich dem Verlassen der Konferenz anschloss, war die USA!

Unsere Schlussfolgerung lautet, der *Dajjal* befindet sich momentan geographisch gesehen in den USA und dies entspricht der Phase seines Lebens, die *"ein Tag wie ein Monat"* ist. Desweiteren erläutern wir in diesem Buch, das der Dajjal im Begriff ist von dieser momentanen Phase, die *"einem Tag wie einem Monat"* entspricht, in die Phase seines Lebens überzugehen, die *"einem Tag wie einer Woche"* entspricht. In dieser Phase wird man folgendes erleben, der Staat Israel wird die USA als *Herrschenden Weltstaat* ablösen. Der "911" Angriff auf die USA stellte in der Tat die einleitende Eröffnungsrunde dar, die diesen "Wechselprozess der Weltherrschaft" vollenden wird.

Der Qur´an selbst verkündet "alle Dinge erklären zu können" *(Qur´an, al-Nahl, 16:89)*, diese Tatsache befähigt ihn dazu das erstaunlichste Ereignis, welches dergleichen noch nie zuvor in der religiösen Menschheitsgeschichte erlebt wurde, zu erklären, d.h., den Wiederaufbau des Staates Israel im Heiligen Land und dies nachdem Allah ihn vor fast 2000 Jahren zerstört hat.

Bevor wir uns jedoch einer Erläuterung dieses höchst mysteriösen Ereignisses der göttlichen Prophezeiung zuwenden, die längst in Erfüllung ginng *(d.h., das Allah die Juden am Ende der Zeit ins Heilige Land zurückbringen wird)*, müssen wir uns notwendigerweise erst dem Thema von Mirza Ghulem Ahmed widmen, der den größten Witz darstellte, den die Welt je gehört hat bzgl. der Prophezeiung der Widerkehr des Messias.

JERUSALEM IM QUR`AN

Teil 1

Kapitel 9

Mirza Ghulam Ahmad
Ein Falscher Messias

Abu Huraira, Allahs Wohlgefallen auf ihm, berichtete: Der Gesandte Allahs, Allahs Segen und Heil auf ihm, sagte: "Ich schwöre bei Dem, in Dessen Hand mein Leben ist, dass der Sohn der Maria, Allahs Segen und Heil auf ihm, alsbald zu euch als gerechter Schiedsrichter entsandt wird; sodann wird er das Kreuz brechen, das Schwein töten, die Dschizya (Pflichtabgabe im islamischen Staat für Nicht-Muslime) der freien Nicht-Muslime unter muslimischer Herrschaft abschaffen, und Reichtum wird es in solch Überschuss geben, dass keiner ihn annehmen will. Eine einzige Niederwerfung (im Gebet) wird wertvoller als die ganze Welt und alles was in ihr ist sein."
Abu huraira fügte hinzu, „wenn ihr wollt, so lest im heiligen Buch:

(Sahih Bukhari)

وَإِنْ مِّنْ أَهْلِ الْكِتَٰبِ إِلَّا لَيُؤْمِنَنَّ بِهِ قَبْلَ مَوْتِهِ ۖ وَيَوْمَ الْقِيَٰمَةِ يَكُونُ عَلَيْهِمْ شَهِيدًا ۝ (١٥٩)

Es gibt keinen unter den Leuten der Schrift, der nicht noch vor dessen Tod ganz gewiss an ihn (Jesus) glauben wird. Und am Tag der Auferstehung wird er über sie Zeuge sein.

(Qur'an, al-Nisa, 4:159)

Mirza Ghulam Ahmad war ein Punjabi Muslim, der in der Stadt Qadian in Indien am Beginn des 20. Jahrhundert lebte. Er starb in etwa zu Beginn des Ersten Weltkrieges. Er lebte nicht lange genug, um den Übergang der Großmächte zu sehen, der sich während des Ersten Weltkrieges ereignete, der `Herrschende Weltstaat´ Großbritannien wurde durch einen anderen Staat (USA) ersetzt. Noch lebte er lang genug, um die Rückkehr der Juden in das Heilige Land und die Gründung des Staates Israel im Jahre 1948 mitzuerleben. Ebenso lebt er auch nicht mehr um das zu sehen, wovon wir nun Zeugnis ablegen können, d.h., die Machtübertragung der USA auf den jüdischen Staat Israel. Dieses Buch kündigt an, dass dies innerhalb der nächsten fünf bis zehn Jahre oder gar früher, in Erscheinung treten wird.

Mirza Ghulam erschrak die Welt mit einer Anzahl von Behauptungen, die sich auf die Prophezeiungen bzgl. der Wiederkehr des Messias beziehen. Er gründete die Ahmadiyyah- Bewegung in Indien und nahm unverzüglich eine außergewöhnliche Bemühung auf sich, um in der westlichen Welt zu Predigen und die Europäer zur Ahmadiyyah-Bewegung zu konvertieren. Doch die Ahmadiyyah-Bewegung nahm auch weitere schmerzhafte Anstrengungen auf sich, um das Augenmerk besonders die afroamerikanischen Muslime zu richten, die zu den

Angehörigen der `Nation of Islam´ gehörten, die von Elijah Muhammad angeführt wurden.

Demzufolge beeinflusste Mirza mit seinen Lehren erfolgreich die afroamerikanischen Muslime bzgl. der Wiederkehr des Messias, diese werden heute von Imam Warithuddin Muhammad (Update: im Jahre 2003 kündigte er seinen Rücktritt aus der Führerschaft an) oder von Louis Farrakhan angeführt. Aus diesem Grund war es für uns notwendig der Behauptung Mirzas ein eigenes Kapitel zu widmen. In Betrachtung der historischen Prozesse, so wie sich diese in der letzten Phase der Geschichte entfalten, sollte es für seine Anhänger, mit steigender Tendenz, immer deutlicher werden und auch für jene, die durch seine Lehren beeinflusst worden sind, dass die folgenden Behauptungen von Mirza Ghulem Ahmed (von Indien) eindeutig falsch sind:

- ➢ Er ist der *Imam al-Mahdi*, der Führer der Muslime in der Zeit, wenn der Messias zurückkehrt ist.

- ➢ Die Prophezeiung bzgl. des Messias wurde durch ihn erfüllt,

- ➢ Er ist ein von Gott auserwählter Prophet.

Wir hoffen, dass die Ahmadis unserer Einladung Folge leisten werden, die wir nun hiermit verbreiten und die wie folgt lautet:

Den *Qur'an* und die *Hadithe* dafür zu nutzen, um die oben erwähnten Ereignisse zu erläutern, die nach dem Tod von Mirza in Erscheinung getreten sind und besonders die

Ereignisse, die sich auf "Wiederkehr" der Juden in das Heilige Land und auf die Gründung des Staates Israel beziehen. Wenn sie dies tun, so sind wir uns sicher, dass sie ein neues Verständnis zum Thema *Dajjal*, Gog und Magogg, Imam al-Mahdi und die Rückkehr des Messias (Jesus, der Sohn der Maria) erlangen werden – ein Verständnis, das völlig unterschiedlich ist von dem, welches sie von Mirza Ghulam Ahmed vermittelt bekommen haben.

Dieses Buch wurde verfasst, um den Ahmadis bei ihrer Suche nach der Qur´anischen Erläuterung für das seltsamste Ereignis, das je in der religiösen Menschheitsgeschichte stattgefunden hat, zu helfen, d.h., die Rückkehr der Juden in das Heilige Land. Es wird für ein Mitglied der Ahmadiyyah-Bewegung nicht möglich sein, die grundlegenden Argumente und Schlussfolgerungen dieses Buches zu verstehen und zu akzeptieren, ohne zur selben Zeit, die Behauptungen von Mirza Ghulam Ahmed abzulehnen, welche lauten, dass er der Messias gewesen ist, *Imam al-Mahdi* und ein auserwählter Prophet. Und Allah leitet zu Seinem Licht wen Er will!

Die Juden waren nicht die Einzigen, die durch den *Dajjal* getäuscht wurden. Viele fromme Muslime, deren Demonstration eines aufrichtigen Glaubens zur Ehrfurcht inspiriert, wurden ähnlich getäuscht.

In voller Aufrichtigkeit traten sie der Ahmadiyya-Bewegung bei und waren davon überzeugt, die einzig wahre Auslegung des Islams auf der gesamten Welt angenommen zu haben. Doch stattdessen sind sie in die

Falle des *Dajjals* getreten, die er für sie vorbereitet hat. Wie wurden sie getäuscht?

Die Ahmadiyyah Bewegung glaubt, dass die Prophezeiung bzgl. der Rückkehr des Messias durch die Person Mirza Ghulam Ahmad in Erfüllung ging. Es gibt eine Anzahl von Gründen warum diese Behauptung schlichtweg falsch ist. **Erstens,** die *Hadithe* bzgl. der "Rückkehr des Messias" stellen ausreichend klar, dass der Messias, der zurückkehren wird, der "Sohn der Maria" sein wird. Doch Mirza Ghulam Ahmad war der Sohn einer Punjabi Dame. **Zweitens**, wenn Mirza tatsächlich die Erfüllung der Prophezeiung bzgl. der Wiederkehr des Messias war, dann muss er den *Dajjal*, den falschen Messias, töten, weil dies der Messias während seiner Lebensspanne tun wird. Dies ist es, was der Prophet (*sallallahu alaihi wa sallam*) zu diesem Thema zu sagen hat. Wir zitieren den gesamten *Hadith*, damit der Leser davon profitieren kann:

Berichtet von al-Nawwas ibn Sam´an:

An-Nawwâs ibn Sam'ân al-Kilâbî – möge Allah mit ihm zufrieden sein – berichtete, dass der Gesandte Allahs – Segen und Friede seien auf ihm – den Antichristen (Dajjâl) mit solch großer Eindringlichkeit erwähnte, wobei er ihn manchmal als unbedeutend und manchmal als so bedrohlich beschrieb, dass wir den Eindruck bekamen, er befände sich in den angrenzenden Dattelhainen. Als wir später wieder zu ihm zurückkehrten, bemerkte er (der Prophet) die Furcht in unseren Gesichtern und fragte: „Was ist mit euch?"

Wir sagten: „O Gesandter Gottes, heute morgen hast du über den Dajjâl gesprochen und manchmal beschriebst du ihn als unbedeutend und manchmal beschriebst du ihn als so bedrohlich, dass wir dachten, er befände sich in den angrenzenden Dattelhainen."

Da sagte er – der Segen und Friede Allahs seien auf ihm: „Ich sorge mich um euch aus vielen anderen Gründen neben dem Dajjâl. Wenn er erscheint, während ich noch unter euch bin, so werde ich mich für euch mit ihm auseinandersetzen. Wenn er jedoch auftritt und ich nicht mehr unter euch bin, so wird sich ein Jeder mit ihm auseinandersetzen müssen und Allah wird sich an meiner Stelle um jeden Muslim kümmern. Er (der Dajjâl) wird ein junger Mann sein, mit verfilztem, krausem Haar und einem schlechten Auge.
Er ähnelt am ehesten dem 'Abd al-'Uzza ibn Qatan. Wer immer sein Erscheinen erlebt, sollte die ersten (zehn) Verse der Sure al-Kahf rezitieren.

Er wird auf dem Weg zwischen Syrien und Iraq erscheinen und links und rechts Unheil stiften. O Diener Allahs, haltet fest am Weg der Wahrheit!"

Wir fragten: „Wie lange wird er auf der Erde verweilen?"

Er sagte – Allah segne ihn und schenke ihm Frieden: „Er wird vierzig Tage auf der Erde verweilen: Ein Tag wird sein wie ein Jahr, ein Tag wie ein Monat, ein Tag wie eine Woche und der Rest so wie eure Tage."

Wir sagten: „O Gesandter Allahs, wenn der Tag wie ein Jahr ist, sind dann die Gebete eines Tages dafür ausreichend?"

Er sagte: „Nein, ihr müßt die Zeit schätzen und dementsprechend eure Gebete verrichten."

Wir sagten: „O Gesandter Allahs, wie schnell wird der Dajjâl über die Erde ziehen?"

Er sagte: „Wie eine Wolke, die vom Wind getrieben wird. Er wird zu den Leuten kommen und sie aufrufen, ihm zu folgen und sie werden an ihn glauben und ihm folgen. Er wird dem Himmel den Befehl geben und es wird regnen und die Erde wird fruchtbar sein. Am Abend werden die Herden wohlgenährt, mit vollen Eutern und runden Flanken, von der Weide zurückkehren. Dann wird er zu einem anderen Volk kommen und sie aufrufen, ihm zu folgen und sie werden sich weigern und ihn ablehnen und er wird sie verlassen und dieses Volk wird daraufhin eine Dürre erleben und seinen gesamten Besitz verlieren. Dann wird er durch öde, verlassene Gegenden ziehen (die Wüste) und sagen:, Bringt eure Schätze hervor!' und die Schätze werden ihm hinterherlaufen wie Bienen (dies bezieht sich auf das Erdöl und weitere Schätze der Erde).. Er wird einen jungen Mann in der Blüte seiner Jugend rufen und ihn mit seinem Schwert in der Mitte in zwei Hälften teilen und die Hälften um die Länge einer Bogenschussweite voneinander trennen. Dann wird er ihn zu sich rufen und der Jüngling wird zu ihm kommen und ihm mit lachendem Gesicht entgegentreten. Während all dies geschieht wird Allah den Messias, den Sohn der Maria (al-Masîh ibn Maryam), senden und dieser wird am weißen Minarett im Osten von Damaskus hernieder kommen, gekleidet in zwei hell Safran gefärbte Gewänder, seine Hände gestützt auf die Schwingen zweier Engel. Wenn er seinen Kopf bewegt, tropft Wasser hernieder und wenn er ihn hebt, fallen Tropfen wie Perlen herab. Und keinem Ungläubigen ist es gestattet, den Duft seines Atemhauchs zu spüren ohne dass er (davon) stirbt und sein Atem reicht so weit sein Auge sieht. Er wird ihn (den Dajjâl) verfolgen, bis er ihn am Tor von Ludd erreicht und tötet. Darauf wird 'Îsâ ibn Maryam zu Menschen kommen, die Allah vor ihm (dem Dajjâl) bewahrt hat, und er wird ihnen über die Gesichter streichen und ihnen ihre Stufen im Paradies verkünden. Und während dies geschieht, wird Allah 'Îsâ offenbaren: ,Wahrlich ich habe von meinen Gottesdienern solche hervorgebracht, die unbesiegbar sind, so führe meine Diener zum Berg Sinai (Tûr). Und Allah sendet ,Gog und Magog (Ya'jûj wa Ma'jûj) und sie eilen hin von jeder Erhöhung und die Ersten ihrer Truppen werden sich auf den See von Tabariyya stürzen und von seinem Wasser trinken und die letzten von ihnen werden sagen: Hier gab es früher einmal Wasser. '

Und Allahs Prophet 'Îsâ – Friede sei mit ihm – und seine Gefährten werden belagert werden, bis jedem von ihnen ein Kuhkopf lieber wäre als einem von euch heute einhundert Dirham wert sind, bis Allahs Prophet 'Îsâ und seine Gefährten um Beistand flehen, woraufhin Allah Insekten senden wird, die über ihre (Ya'jûj wa Ma'jûj's) Nacken herfallen und am Morgen werden sie alle gleichzeitig tot daliegen. Darauf werden Allahs Prophet 'Îsâ und seine Gefährten (vom Berge Sinai) heruntersteigen und keinen Handbreit finden, der nicht von ihrer Verwesung und ihrem Gestank vergiftet ist. Und Allahs Prophet ʿÎsâ und seine Gefährten werden Allah anflehen und Er wird Vögel senden, mit Hälsen wie Kamele, die die Kadaver hinweg tragen wohin Allah es bestimmt. Dann wird Allah Regen senden, der jedes Haus und jedes Zelt und die ganze Erde reinigt, bis sie glänzt wie ein Spiegel. Daraufhin wird der Erde befohlen: „Bring deine Früchte hervor und gib deinen Segen her!" und an jenem Tage wird eine Gruppe satt werden von einem Granatapfel und sie werden Schatten unter seiner Schale finden. Und das Kamel, das gerade ein Junges geboren hat, wird so gesegnet sein, daß seine Milch einer großen Schar genug sein wird. Eine Milchkuh wird einem ganzen Stamm genügen und eine Milchziege einer ganzen Sippe. Während sie in diesem Zustand sind, wird Allah einen sanften Wind senden, der die Menschen bis unter die Achseln erfrischt und mit dem die Seelen eines jeden Gläubigen (Mu'min) und eines jeden Muslim hinweg genommen werden. Danach bleiben nur die übelsten der Menschen zurück. Sie werden einander ohne jede Scham wie die Esel bespringen, bis über sie die Stunde hereinbricht."

(Sahih Muslim)

Der Hadith ist deutlich. Jesus, der wahre Messias, wird den Dajjal, den falschen Messias, töten: *„Er wird ihn (den Dajjâl) verfolgen bis er ihn am Tor von Ludd erreicht und tötet."* Wenn Mirza Ghulam Ahmad die Prophezeiung in diesem Hadith bzgl. der Wiederkehr Jesus erfüllt haben soll, so muss er den *Dajjal* töten. Deshalb müsste es für den *Dajjal*, nach dem Tod von Mirza keine Möglichkeit mehr geben, seine Mission fortzusetzen. Dennoch starb Mirza vor der Gründung der zionistischen Bewegung und lebt somit nicht mehr, um den großen Triumph des *Dajjals* mitzuerleben, gemeint ist, die Erschaffung eines "Betrügerstaates" (Israel) und die Rückkehr der Juden in das Heilige Land. In der gesamten religiösen Historie der Menschheit, fand noch nie ein solch seltsames Ereignis statt, welches mit dieser Leistung des *Dajjals* vergleichbar gewesen wäre (d.h., die Gründung Israels).

Drittens, es gibt einen Berg an Beweisen (erkennbar für jene, die mit zwei Augen sehen), dass wir uns immer noch im Zeitalter des *Dajjals* befinden, einige davon lauten wie folgt:

> ➤ Der gegenwärtige philosophische *Shirk*, der Materialismus, der eine Erfüllung der Prophezeiung unseres Propheten (*sallallahu alaihi wa sallam*) darstellt, die er über den *Dajjal* verkündete, er schilderte wie er versuchen wird die Menschheit davon zu überzeugen ihm, anstatt Allah, dem Erhabenen, zu dienen. Die Hauptader des Materialismus und der damit verbundene Angriff auf die Menschheit, trat von der Insel Großbritanniens in Erscheinung. Der *Hadith* von Tamim ad- Dari im Sahih Muslim weißt klar darauf hin, dass wenn die Mission des *Dajjals* beginnt, dies von einer Insel aus geschehen wird und von dieser Insel, wird er seinen Angriff auf die Menschheit und auf die Juden lancieren. Wir zeigten auf, dass diese Insel keine andere Insel außer Großbritannien sein kann.

> ➤ Der philosophische *Shirk* der modernen westlichen Wissenschaftslehre, die das Vorhandensein und das Erlangen "internen spirituellen" Wissens leugnet und damit einen klaren Beweis für die unheilvolle Verkündigung des Propheten (*sallallahu alaihi wa sallam*) darstellt, in der er sagte, dass der *Dajjal*, der falsche Messias, mit "einem Auge" sieht, während euer Herr nicht "einäugig" ist. Diese "einäugige" Wissenschaftslehre wurde von der modernen westlichen Welt angenommen und dann auf den Rest der Menschheit, durch die moderne westliche Erziehungsform übertragen. Und wieder war es die

Insel Großbritanniens, die diesen Angriff der Wissenschaftslehre ausführte.

- ➤ Der universelle politische *Shirk* der modernen säkularen Staaten, erwies sich ebenso als Erfüllung der Prophezeiung des Propheten Muhammad (*sallallahu alaihi wa sallam*), welcher klar verkündete, dass der *Dajjal*, der falsche Messias, das Ziel verfolgen wird die Menschheit in den *Shirk* zu führen, sodass sie ihm anstatt Allah dienen. Die moderne westliche Zivilisation produzierte den modernen säkularen Staat, dessen Satzung besagt, die absolute Souveränität gebührt dem Staat, die Autorität des Staates ist überlegen, und das höchste Gesetz, ist das Gesetz des Staates. Allah könnte somit etwas als Verboten erklären, doch der Staat könnte es erlauben oder besser gesagt legalisieren. Dies ist ein klarer, enormer *Shirk* und selbst Muslime haben ihre Schwierigkeiten diesen als solchen zu erkennen. Die gesamte Welt ist nun dem säkularen Staatssystem beigetreten und die säkularen vereinigten Nationen (UNO) leiten dieses System. Dies war jedoch noch nicht in Erscheinung getreten, als Mirza Ghulam Ahmad starb.

- ➤ Die wissenschaftliche und technologische Revolution, die die Welt uns brachte, wurde durch Luftfracht, Telefone und anderen modernen Telekommunikationsgeräten täuschender Weise durch das vermischt, was offensichtlichen Nutzen bringt, mit dem, was gefährlich und schädlich ist. Diese unvollendete Revolution hat immer noch seltsame und verwundernde Kunststücke, die noch auszuführen sind. Die wissenschaftliche und technologische Revolution steht in Verbindung mit dem *Dajjal*, dies ist in den *Hadithen* klar zu erkennen, sie verkünden Beispielsweise, dass der *Dajjal* auf einem Esel reiten wird, der schneller ist als die Wolken und dessen Ohren weit ausgestreckt sein werden. Dies bezieht sich auf die moderne Luft - und Kampfluftfracht.

➢ Allah, der Erhabene, erschuf den Menschen und verkündende dann seinen Engeln, Er werde auf Erden einen *Khalifa* von Ihm einsetzen (ein Akteur der in Seinem Namen, in einer fähigen Art und Weise, Ihm gegenüber untergeordnet, agieren wird). Das Islamische *Kalifat* tat exakt dies. Es erkennt Allah als Oberhoheit, als höchste Autorität an und akzeptiert Allahs Gesetz, als das Höchste. Das Islamische Kalifat wurde nach dem Tod von Mirza durch die westliche Zivilisation zerstört und wurde durch einen modernen säkularen Staat, basierend auf dem *Shirk*, ersetzt. Der neue, säkulare Staat umschloss die Türkei, als Hauptsitz des *Kalifats* und umschloss ebenso den Kern der arabisch-islamischen Länder, bevor er letztendlich über die gesamte Welt des Islams kam. So trat die gesamte islamische Welt kollektiv dem *Shirk* bei. Dies war die Leistung des *Dajjāsl*. Doch dies fand alles nach dem Tod von Mirza statt.

➢ Der Wucherzins (*Riba*) umklammert nun das Wirtschaftssystem auf der gesamten Erde, die Erfüllung der prophetischen Voraussage ist eingetroffen, er *(sallallahu alaihi wa sallam)* verkündete, dass das Zeitalter des Dajjals ein Zeitalter sein wird, indem die *Riba* überall anzutreffen sein wird. Ebenso prophezeite der Prophet *(sallallahu alaihi wa sallam)*, dass ein Tag kommen wird, an dem man keine einzige Person findet, die nicht *Riba* konsumiert und falls doch jemand den Anspruch erhebt dem Zins zu trotzen, "so trifft ihn doch sein Staub". Die Prophezeiung wurde nun erfüllt. Der Zins hat die Kontrolle über die gesamte Weltwirtschaft übernommen. Doch dies, war zu Zeiten Mirzas noch nicht der Fall.

> Die modere Feministen Revolution und ihre Anstrengung zur Befreiung der Frau, ist ebenso eine in Erfüllung gegangene Prophezeiung des Propheten (*sallallahu alaihi wa sallam*), in der er darüber sprach, wie die Frauen die letzten Menschen sein würden, die dem *Dajjal* Folgen:

„Die letzten (Menschen), die zu dem Dajjal heraustreten werden, sind die Frauen und dies in solch einem Ausmaß, dass ein Mann zu seiner Mutter, Tochter, Schwester und Tante zurückkehren muss, um sie schnellstens anzubinden, damit sie nicht zu ihm (*Dajjal*) heraustreten."

(Kanz al-'Ummal. Vol. 7, Hadith No. 2116)

„Die meisten, die ihm (*Dajjal*) folgen werden, sind die Juden und die Frauen."

(Kanz al-'Ummal. Vol. 7, Hadith No. 2114)

Es waren britische Frauen, die diese Bemühung leiteten. Erst im 20. Jahrhundert, nach dem Tod von Mirza Ghulam Ahmad, drang die Feministen Revolution erfolgreich bis in die muslimischen Länder durch.

> Die Umweltverschmutzung, die der Klimawandel im Zeitalter des *Dajjals* mit sich bringt, wurde vom Propheten (*sallallahu alaihi wa sallam*) ebenfalls

prophezeit. Diese Umweltverschmutzung ist nun überall zu sehen und Mirza ist längst verstorben.

➤ Die gewaltige Täuschung des modernen Zeitalters, in dem die "Realität" und der "Schein", so komplett unterschiedlicher Natur sind, dass der Weg zum Paradies als Weg zur Hölle erscheint und umgekehrt genauso, dies ist der Beweis, dass der *Dajjal* sein Werk längst begonnen hat! Exakt dies beschrieb der Prophet (*sallallahu alihi wa sallam*).

➤ Es ist sehr wahrscheinlich, dass der Staat Israel in naher Zukunft die USA als den *Herrschenden Staat* der Welt verdrängen wird und somit die Wiederkehr des goldenen Zeitalters des Suleyman (*alaihi as-Salam*) beanspruchen und verkünden wird. Dies ist jedoch noch nicht geschehen. Doch wenn dies geschieht, so wird dies einen weiteren Fortschritt in der Mission des *Dajjals* (die Verkörperung des Messias) darstellen. All dies wird sehr bald geschehen, doch Mirza ist seit einem Jahrhundert tot.

All die erwähnten Punkte gehören zum Werk des Dajjals, dem falschen Messias, der sehr wohl am leben ist, obwohl Mirza schon längst gestorben ist. In der Tat, alle erwähnten Ereignisse sind gänzlich auf der Erde erschienen und nehmen einen universalen Charakter ein, lange Zeit nach dem Tot von Mirza Ghulam Ahmad. Wenn Mirza den *Dajjal* bereits getötet hat, wie erklären sich dann die Gefolgsleute Mirzas, all die erwähnten Ereignisse? Möglicherweise erkennen nun die anspruchsvollen unter den Gefolgsleuten Mirzas die Realität der heutigen Welt und erkennen somit, dass die Wahrheit sich von dem unterscheidet, was Mirza behauptete.

Amin!

JERUSALEM IM QUR'AN

Teil 1

Kapitel 10

Gog und Magogg im Qur'an und in den Hadithen

قَالُوا يَذَا الْقَرْنَيْنِ إِنَّ يَأْجُوجَ وَمَأْجُوجَ مُفْسِدُونَ فِى الْأَرْضِ فَهَلْ نَجْعَلُ لَكَ خَرْجًا عَلَى أَن تَجْعَلَ بَيْنَنَا وَبَيْنَهُمْ سَدًّا (٩٤)

Sie sagten: „O Ḏū 'l-Qarnain, Ya'ǧūǧ und Ma'ǧūǧ stiften Unheil auf der Erde. Sollen wir dir eine Gebühr dafür aussetzen, dass du zwischen uns und ihnen eine Sperrmauer errichtest?"

(Qur'ān, al-Kahf, 18:94)

Unser Lehrer in gesegneter Erinnerung, *Maulana Dr. Muhammad Fadlur Rahman Ansari (rahimullah)*, lehrte uns eine sehr wichtige Lektion bzgl. dem streben nach Wissen – besonders, wenn es sich dabei um Wissen handelt, das der Wahrheit angehört. Er lehrte, dass der "Teil" des Wissens, nie abgeschottet oder isoliert vom Rest der "Gesamtangaben" bzgl. eines Fachbereiches untersucht werden sollte. Zweitens lehrte er, dass die ordnungsgemäße Ansammlung des Wissens, das sich auf einen zu untersuchenden Fachbereich bezieht, ebenso die Ordnung zu einem Ganzen erfordert. Doch dies ist nicht möglich, außer man findet das einheitliche Prinzip, welches die einzelnen Teile zusammen verbindet. Er nannte dieses einheitliche Prinzip *"das System des Verständnisses"*. Dieses System des Verständnisses gilt es zu entdecken, wenn wir versuchen das Thema Gog und Magogg (Y`ajuj und M´ajuj) zu behandeln.

Wenn man diese Untersuchungsmethode nicht anwendet, so können selbst die größten Gelehrten, beim Thema Gog und Magogg, in die Irre geführt werden.

In einem *Hadith,* der sich im Sahih Muslim befindet, erscheint der Hinweis darauf, dass die Welt das Phänomen von Gog und Magogg nicht erlben wird, bis Jesus (alaihi as-Salam) zurückgekehrt ist:

Es wird unter solchen Umständen sein, dass Allah Jesus folgende Worte offenbart: „Ich habe von meinen Dienern solche Leute hervorgebracht, die niemand besiegen kann; du bringst die Leute sicher in die Berge, und dann wird Allah Gog und Magogg senden und sie werden in alle Richtungen ausschwärmen (oder jeden vorteilhaften Platz einnehmen)."

(Sahih Muslim)

Der klare Beweis jedoch, der aus dem Qur´an hervorgeht und aus nicht weniger als acht *Ahadithen* im Sahih al Bukhari, deutet darauf hin, dass die Entsendung von Gog und Magogg zu Lebzeiten des Propheten *(sallallahu alaihi wa sallam)* von statten ging, lange vor der Wiederkehr von Jesus *(alaihi as-Salam)*, dem Sohn der Maria.

Im Qur´an gibt es nur zwei Stellen, die Bezug auf Gog und Magogg nehmen. Daher besteht unsere erste Aufgabe darin, das Einheitsprinzip ausfindig zu machen, welches diese zwei Qur´anischen Hinweise auf Gog und Magogg, miteinander verknüpft.

Der erste Hinweis befindet sich in der *Surah al-Kahf* und finden. Hier der zweite Hinweis, ist in *Surah al-Anbiyah* zu der erste Hinweis:

قَالُوا يَٰذَا الْقَرْنَيْنِ اِنَّ يَأْجُوجَ وَمَأْجُوجَ مُفْسِدُونَ فِى الْأَرْضِ فَهَلْ نَجْعَلُ لَكَ خَرْجًا عَلَىٰ أَنْ تَجْعَلَ بَيْنَنَا وَبَيْنَهُمْ سَدًّا (٩٤)

Sie sagten: „O Ḏū 'l-Qarnain, Ya'ǧūǧ und Ma'ǧūǧ stiften Unheil auf der Erde. Sollen wir dir eine Gebühr dafür aussetzen, dass du zwischen uns und ihnen eine Sperrmauer errichtest?"

(Qur'ān, al-Kahf, 18:94)

Der aller erste Qur´anische Hinweis auf Gog und Magogg verkündet somit, dass sie essenzielle Repräsentanten des *Fasads* (Unheilstifter) sind. Der Prophet (*sallallahu alaihi wa sallam*) erklärte, dass Gog eine Gemeinschaft menschlicher Wesen war, die von Adam (*alahi as-Salam*) abstammen. Ähnlich beläuft es sich im Falle von Magogg.

Der *Hadith* ergänzt den Qur´an in seiner Warnung, dass Allah (swt) dieses menschliche Volk, bestehend aus Repräsentanten des Fasads, mit einer solchen Macht ausgestattet hat, dass sie bzgl. weltlicher Normen, unbesiegbar sind:

Dann kommt ein Volk, das Gott beschützt hatte, zu Jesus, den Sohn Marias, und er wird über ihre Gesichter streichen und sie von ihren Rängen im Paradies unterrichten, und unter solchen Bedingungen wird Gott Jesus diese Worte offenbaren: 'Ich habe von Meinen Dienern ein solches Volk hervorgebracht, gegen das niemand kämpfen können wird; du nimmst dieses Volk sicher mit zum Berg von Tur und dann wird Gott Gog und Magogg schicken und sie werden von jedem Hang herab schwärmen. Der erste von ihnen wird am See von Tiberius vorbei kommen und daraus trinken. Und wenn der letzte von ihnen daran vorbei kommt, wird er sagen: 'Es gab einmal Wasser dort.' Jesus und seine Gefährten werden dann dort belagert werden (bei Tur, und sie werden so hart bedrängt), dass der Kopf des Ochsen ihnen lieber wäre als hundert Dinar (alte Währung) und Gottes Apostel Jesus und seine Gefährten werden Gott anflehen, Der ihnen Würmer schickt (die die Nacken der Gog und Magogg angreifen) und am Morgen werden sie zugrunde gehen wie eine einzelne Person. Gottes Apostel Jesus und seine Gefährten werden zur Erde herabkommen, und sie werden in der Erde nicht mal so viel Platz finden wie eine Spanne, die nicht von ihrer Fäulnis und ihrem Gestank erfüllt ist. Gottes Apostel Jesus und seine Gefährten werden dann wieder Gott anflehen, der Vögel schicken wird, deren Nacken wie die von Trampeltieren sein werden, und sie werden sie tragen und dorthin werfen, wo Gott will. Dann wird Gott Regen schicken, den kein Haus aus Lehm oder (kein Zelt aus) Kamelhaar fernhält, und er wird die Erde davon schwämmen, bis sie wie ein Spiegel zu sein scheint. Dann wird der Erde befohlen, ihre Früchte hervorzubringen und ihre Gaben zurückzubringen und als Ergebnis dessen wird ein (so großer) Granatapfel wachsen, dass eine Gruppe von Menschen davon essen und unter seiner Haut Schatten suchen könnte, und eine Milchkuh wird so viel Milch geben, dass eine ganze Gesellschaft davon trinken könnte.Und das Milchkamel wird eine (solche Menge) Milch geben, dass ein ganzer Stamm davon trinken könnte und ein Milchschaf wird so viel Milch geben, dass die ganze Familie davon trinken könnte. Zu jener Zeit wird Gott einen angenehmen Wind schicken, der (die Menschen) sogar unter ihren Achseln besänftigt

und das Leben eines jeden Muslim nimmt und nur die Boshaften
werden überleben, die Unzucht treiben wie die Esel im Freien und die
Letzte Stunde wird über sie kommen."

(Sahih Muslim)

Die *Surah al-Kahf* informiert uns darüber, dass *Dhul Qarnain*
eine Barriere zwischen einem Volk und diesem Volk (Gog
und Magogg) *des Fasads*, errichtete. Er nutze dazu
Eisenblöcke und versiegelte diese mit einer Schicht aus
geschmolzenem Kupfer. Sodann verkündete er, dass diese
Barriere eine *Rahma* (ein Akt der Gnade) seines Herren sei,
doch dass Allah (swt) selbst diese Mauer auch wieder zu
Fall bringen und somit Gog und Magogg zu einer Zeit
freisetzten wird, wenn die *W'ad* (Warnung/Versprechen)
seines (*Dul Qarnains*) Herren eintrifft:

قَالَ هَٰذَا رَحْمَةٌ مِّن رَّبِّي ۖ فَإِذَا جَاءَ وَعْدُ رَبِّي جَعَلَهُ دَكَّاءَ ۖ وَكَانَ وَعْدُ رَبِّي حَقًّا (٩٨)

*Er sagte: „Das ist eine Barmherzigkeit von meinem Herrn. Wenn
dann das Versprechen meines Herrn eintrifft, lässt Er ihn in sich
zusammensinken; und das Versprechen meines Herrn ist wahr."*

(Qur'ān, al-Kahf, 98)

Auf welches *"Versprechen seines Herrn"* bezieht sich *Dhul
Qarnain* in diesem Qur'anvers? Die Antwort wird deutlich
im *Hadith* offenbart, indem der Prophet (*sallallahu alaihi wa
sallam*) über die zehn großen Zeichen des Jüngsten Tages
berichtete:

Hudhaifa b. Usaid Ghifari berichtete: "Der Gesandte Gottes kam
plötzlich zu uns, als wir gerade (in eine Diskussion vertieft waren). Er

sagte: „Worüber sprecht ihr?" Sie (die Gefährten) sagten: „Wir sprechen über die letzte Stunde." Daraufhin sagte er: „Sie wird nicht eintreffen, bevor ihr zehn Zeichen seht." Und (in diesem Zusammenhang) nannte er den Rauch, den *Dajjal*, das Biest, das Aufgehen der Sonne vom Westen her, die Wiederkehr von Jesus, dem Sohn Marias (Friede sei mit ihm), Gog und Magogg und Erdrutsche an drei Orten, einer im Osten, einer im Westen und einer in Arabien, am Ende der Erdrutsche wird ein Feuer brennen, das von Jemen kommt und die Menschen zum Ort ihrer Versammlung treibt."

(Sahih Muslim)

Mit anderen Worten, wenn die Barriere zu Fall gebracht wird und Gog und Magogg herausgelassen werden, so zählt dieses Ereignis zu den großen Zeichen des letzten Tages. Die Frage ist: Wie können wir wissen, wann die Barriere zu Fall gebracht wurde und somit die Entsendung von Gog und Magogg ihren Anfang fand? Last uns zunächst folgendes untersuchen:

Die *Ahadithe*, die die Antwort auf diese Frage liefern und die alle aus dem *Sahih Bukhari* stammen. Der *Hadith* wird von verschiedenen Leuten, mit minimalem Textunterschied, berichtet, dies hat zur Folge, dass der *Hadith* als mutawatir (von mehreren überliefert) eingestuft wird, dies qualifiziert ihn zur stärksten möglichen Gattung der *Hadithe*:

Überliefert von Abu Huraira:

……Der Prophet sagte: „Ein Loch hat sich geöffnet im Damm von Gog und Magogg."

(Sahih Bukhāri)

Zainab bint Jahsh berichtete, dass der Prophet (s.a.s) zu ihr kam in einem Zustand der Angst nachdem er einen Traum gesehen hatte. Er sagte: "Niemand hat das Recht angebetet zu werden außer Allah!"

Wehe den Arabern wegen des Übels, das sich ihnen nähert! **Heute** ist ein Loch in den Damm von Gog & Magog gemacht worden, so groß wie dies", und machte mit zwei seiner Finger einen Kreis. Zainab bint Jahsh fügte hinzu: Ich sagte: „O Gesandter Allahs! Werden wir zerstört werden obwohl es unter uns rechtschaffene Menschen geben wird? Der Prophet sagte: „Ja, wenn die Zahl der schlechten Menschen zunimmt (das Übel sich verbreitet)."

(Sahih Bukhāri)

Überliefert von Ibn Abbas: Der Gesandte Allahs vollzog den Tawaf (um die Ka´aba auf seinem Kamel reitend), und jedes Mal wenn er die Ecke (mit dem schwarzen Stein) erreichte, so zeigte er auf sie mit seiner Hand und sagte: `Allah hu akbar.` Zainab sagte: Der Prophet sagte: `Ein Loch wurde gemacht in die Mauer von Gog und Magogg wie dieses und dieses`(indem er die Nummer 90 mit seinem Daumen und Zeigefinger formte)

(Sahih Bukhari)

Berichtet von Umm Salama: Der Prophet erwachte und sagte: „Gepriesen sei Allah: Welch große Schätze herabgesandt wurden, und welch große Beschwerden."

(Sahih Bukhāri)

Die verschiedenen *Ahadithe* aus dem Sahih Al-Bukhari, die aus vier verschiedenen Quellen stammen, Abu Huraira, Zainab bintu Jhash, Umm Salama und Abdullah ibnu Abbas (*radiallahu a´nhumma*), enthüllen ganz explizit die Freisetzung von Gog und Magogg zu Lebenszeiten des Propheten (*sallallahu alaihi wa sallam*). In der Tat verkündete er selbst sogar, dass die Freisetzung von Gog und Magogg "**heute**" stattgefunden hat! Somit begann das Endzeitalter oder das Zeitalter der *Fitan*, zu Lebzeiten des Propheten (*sallallahu alaihi wa sallam*). Dies erklärt somit auch seinen bekannten Ausspruch bzgl. seiner Beziehung zur "Letzten Stunde":

„Ich sah den Gesandten Allahs wie er mit seinem Zeigefinger und Mittelfinger deutete, sagend: „Mein kommen und die Stunde sind wie diese zwei Finger. Die große Katastrophe (das Zeitalter der Fitan) wird jeden überwältigen."

(Sahih Bukhāri)

Der Qur´an fährt fort den Gläubigen weitere bedeutsame Zeichen für die Freilassung Gog und Magoggs zur Verfügung zu stellen, mit denen sie somit nicht nur konkrete Beweise für ihre Befreiung erhalten, sondern mehr als dies, sie werden anhand dieser Zeichen erkennen, dass Gog und Magogg nun die Weltherrschaft übernommen haben. Somit sind die Gläubigen in der Lage Gog und Magogg, als herrschende Macht der Welt zu identifizieren. Dieser Hinweis befindet sich in der Sura Al-Anbiyah:

قَالَ هَٰذَا رَحْمَةٌ مِّن رَّبِّى ۖ فَإِذَا جَاءَ وَعْدُ رَبِّى جَعَلَهُ دَكَّاءَ ۖ وَكَانَ وَعْدُ رَبِّى حَقًّا (٩٨)

Und verboten ist es für (die Bewohner) einer Stadt, die Wir vernichteten, dass sie zurückkehren, bis die (Sperrmauer von) Yaʾǧūǧ und Maʾǧūǧ geöffnet wird und sie von jeder Anhöhe schnell herbeilaufen.

(Qur'ān, al-Anbiyāh, 21:95-6)

Als Gog und Magogg herausgelassen wurden und sie zusätzlich von jeder Anhöhe schnell herbeiliefen, da wurden die Leute dieser Ortschaft, die durch Allah bestraft und aus ihrer eigenen Stadt verbannt wurden, in diese Stadt zurückgebracht. Es gibt nur eine solche Stadt im Bezug auf

Gog und Magogg, die im *Hadith* erwähnt wird. Diese Stadt ist **Jerusalem!**

Der folgende *Hadith* erwähnt Gog und Magogg wie sie am See von Galiläa, welcher sich im Heiligen Land befindet, vorbeiziehen:

„...und unter solchen Bedingungen wird Allah Jesus diese Worte offenbaren: 'Ich habe von Meinen Dienern ein solches Volk hervorgebracht, das von niemandem bekämpft werden kann; du nimmst dieses Volk sicher mit zum Berg von Tur und dann wird Gott Gog und Magogg schicken und sie werden von jedem Hang herab schwärmen. Der erste von ihnen wird am See von Tiberius (Galiläa) vorbei kommen und daraus trinken. Und wenn der letzte von ihnen daran vorbei kommt, wird er sagen: 'Es gab einmal Wasser dort...

(Sahih Muslim)

Wenn Gog und Magogg am See von Galiläa vorbei gehen, werden sie weiterziehen in Richtung eines Berges namens Tur, der in einem anderen *Hadith* als ein Berg in Jerusalem Erwähnung findet:

„Gog und Magogg werden laufen bis sie den Berg al-Khamr erreichen und dies ist ein Berg, der zu Bait al-Maqdis (Jerusalem) gehört..."

(Sahih Muslim)

Da keine andere Ortschaft (die von Allah zerstört wurde) außer Jerusalem in den *Hadithen* bzgl. Gog und Magogg erwähnt wird, kamen wir zur Schlussfolgerung, dass die erwähnte Stadt in der *Surah Al-Anbiyah* (Vers 95-96) nur **Jerusalem** sein kann.

Aus dieser Schlussfolgerung heraus und durch die Identifizierung dieser Stadt, ergibt sich folgendes Ergebnis, dass die Rückkehr der Juden in das Heilige Land als längst geschehene Auswirkung betrachtet werden kann und als dramatischer Hinweis dafür, dass Allah (swt) die Barriere längst zu Fall brachte, dass wir uns nun im Zeitalter von Gog und Magogg befinden und wir daher im letzten Zeitalter leben.

Doch die weitaus wichtigere Bedeutung, die sich aus der Rückkehr der Juden in die Stadt (Jerusalem) ergibt und durch die Gründung des Staates Israels, ist, dass Gog und Magogg die Phase ihrer Mission erfüllt haben, auf die in *Surah Al-Anbiyah* (21:96) Bezug genommen wird, sie kamen von jeder Anhöhe herab (oder verstreuten sich in jede Richtung) und haben die Kontrolle über die Welt übernommen. Die Weltordnung, die die Juden in das Heilige Land zurückbrachte, ist die Weltordnung von Gog und Magogg! Wer sind Gog und Magogg? Wir müssen nun mit unserer Untersuchungsmethode nach Menschen Ausschau halten, die durch ihre besessene Verbindung zu den Juden und dem Heiligen Land auffallen und die zusätzlich einen seltsamen Wandel ihres Verhaltens durchlebten, verglichen vor der Zeit des Propheten (*sallallahu alaihi wa sallam*), mit der nachprophetischen Lebenszeit.

Eine seltsame europäische Besessenheit zum Heiligen Land

Als Abraham (*alaihi as-Salam*) die Hijra (Auswanderung) ins Heilige Land unternahm und Babylonien, Persien, Ägypten und China großartige Zivilisationen hatten und das griechische sowie das römische Reich noch nicht entstanden waren, da lebte Europa größtenteils in "wilden

Stämmen". Es gab einen geringen oder gar keinen Handelsverkehr mit dem Rest der zivilisierten Welt. Als Ergebnis dieser besonderen Isolation, konnte die restliche Weltbevölkerung die europäische Sprache weder verstehen, noch spielte Europa irgendeine signifikante Rolle als Akteur der großen Weltbühne. Der Qur´an bezieht sich in der *Surah al-Kahf* auf diese einzigartige europäische Charakteristik, als *Dhul Qarnain* seine dritte Reise in Angriff nahm und an einem Volk vorüberzog, dessen Sprache er nicht verstehen konnte (*siehe Qur´an 18:93*).

Eine seltsame und geheimnisvolle Revolution überkam Europa. Eine heidnische, griechische und römische Zivilisation kam plötzlich zum Vorschein und auf seltsame Art brachen sie zur Eroberung der Welt auf und rissen davon soviel sie nur konnten an sich. Die griechische wie auch die römische Zivilisation, schien ein besonderes Interesse am Heiligen Land zu haben. Alexander "der große" eroberte Jerusalem und das Heilige Land, bekundete sein Interesse gegenüber dem Judentum und das römische Reich herrschte über Jerusalem sowie über das Heilige Land bishin zu der Zeit von Jesus (*alaihi as-Salam*) und darüber hinaus.

Zweitens, gab es keine beständige Verbundenheit zu ihren Göttern sowie zur heidnischen Lebensweise. Vielmehr wurde der heidnische Glauben letztendlich formlos verworfen sowie er Jahrhunderte vorher Angenommen worden war.

Dann trat ein Zulauf bzgl. der Annahme des Christentums in Erscheinung, aus hauptsächlich politischen Gründen, welche dann letztendlich zur Enstehung der euro-christlichen Kirchen führte, mit Rom als Zentrum einer neuen Kirche. Es war das Christentum, das die meisten verbleibenden Teile Europas aus dem Zustand der "wilden Stämme" herausgeholt hatte und Europa somit zu einer Christeneinheit vereinte. Die neue christliche Kirche war so energisch bzgl. ihrer Unabhängigkeit gegenüber dem alten Christentum, dass sie sogar ihr eigenes Datum zum Andenken des Jahrestages der Geburt Jesus (*alaihi as-Salam*) erwählten. Das neue europäische Weihnachten wurde am 25. Dezember gefeiert. Jedoch unterschied sich das neue Euro-Christentum, erheblich und rätselhafter Weise, vom alten orthodoxen byzantinischen Christentum. Sobald die neue christliche Kirche ihre Haltung zu Europa vertieft hatte, folgte die Darstellung einer noch nie dagewesenen Besessenheit zum Heiligen Land, die andere Christen noch nie zuvor gezeigt hatten. Die Kreuzzügler waren nicht nur einfache Christen, sondern eher Euro-Christen.

Sie wurden gegen die Muslime entsandt, einer nach dem anderen, um die Kontrolle über das Heilige Land zu ergattern. Eine kurzlebige europäische Befreiung des Heiligen Landes, wurde von Sultan *Salahuddin* ruppig zu Ende gebracht. Er besiegte die christlichen Kreuzzügler und hat die muslimische Herrschaft über das Heilige Land wiedererlangt.

Der wichtigste Punkt bzgl. der Kreuzzüge war, dass sie rein europäischer Natur waren. Obwohl die europäischen Christen an den byzantinischen Christen und an dessen Territorium vorbeiziehen mussten, schlossen sich diese dennoch nicht den nicht-europäischen Christen an, somit hatten sie auch keinen Anteil an den Kreuzzügen. Dieses

Buch stellt die Frage: Warum existiert diese seltsame Eurochristliche Besessenheit zum Heiligen Land?

Zweitens, als die europäischen Kreuzzügler für eine kurze Zeit erfolgreich die Herrschaft über das Heilige Land von den Muslimen zurückerlangten, bereiteten sie ein Blutbad, welches bedrohlich und absolut unchristlich war. Sie schlachteten alle Bewohner Jerusalems ab. Nicht einmal Kinder und Frauen wurden verschont. Die christliche Welt war entsetzt von der Barbarei und der Grausamkeit der angeblichen europäischen Christen, die einen "religiösen" und "spirituellen" Kurs eingeschlagen hatten, um das Heilige Land zu befreien. Es scheint eher so, als ob der Mantel des Christentums von den Europäern, zu einem Akt der Zweckmäßigkeit und der Bequemlichkeit übergezogen wurde und nicht um des Glaubens willen. Die Kreuzzügler offenbarten ein schreckliches, unbarmherziges, gottloses und unmoralisches Gesicht Europas. Es war eher hauptsächlich gottlos, als christlich und bestand eher mehr aus "wilden Stämmen", als aus zivilisierten Menschen... Als die Zeit verging erschien eine weitere erstaunliche Fähigkeit der europäischen Christen, die es verstanden die wahre Natur zu verbergen und sich selbst so gegensätzlich zu präsentieren, dass man die Wirklichkeit nicht erkennt.

Die Aufmerksamkeit, die die Muslime der Untersuchung dieses seltsamen europäischen Phänomens widmen sollten, wurde auf komische und mysteriöse Art umgeleitet, als die mongolische Invasion stattfand und wilde und grausame Menschen, dessen Benehmen sich nicht von dem der Euro-Christen unterschied, die muslimische Welt terrorisierten. Hätte die mongolische Invasion nicht stattgefunden, so hätten vielleicht muslimische Denker ein seltsames und unheilvolles Verhaltensmuster des Euro-christlichen Europas erkannt.

Gerade weil der Untersuchung, dieses seltsamen aufkommenden Phänomens in der Geschichte, keine Beachtung geschenkt wurde, war die Welt des Islams unfähig die sogar noch seltsamere und noch unerklärlichere Revolution zu verstehen, die Europa von einer mittelalterlichen, christlichen Zivilisation, in eine hauptsächlich gottlose, moderne, säkulare, westliche Zivilisation verwandelte.
Ebenso lieferte diese Revolution Europa eine wissenschaftliche, industrielle Revolution und ein auf *Riba* - basierendes Wirtschaftssystem, das dazu führte, dass das gottlose Europa noch Mächtiger als die restliche Welt wurde und die Stellung eines unanfechtbaren Weltherrschers einnahm.

Doch das neue, hauptsächlich gottlose, angeblich christliche Europa zeigte die gleiche seltsame Besessenheit für das Heilige Land, die einst die alten kreuzzügler Europas aufzeigten. Das neue Europa fuhr fort den hauptsächlich gottlosen, angeblich jüdisch-europäischen Chasaren die Hand zu reichen, um ihnen mit ihrer Unterstützung bei der Verfolgung ihres Ziels, das Heilige Land zu befreien, beizustehen. Diese zwei europäischen Völker blieben seitdem, in einer verwirrenden heillosen Umarmung, zusammengebunden.

Es war die Insel Großbritanniens, die im Jahre 1917 verkündete (was als Balfour Deklaration bekannt ist), dass sie für die Gründung eines jüdischen nationalen

Heimatlandes in Palästina arbeiten werde. Nur zwei Jahre später fuhr Britannien damit fort, das Heilige Land aus Nichtjüdischer (Muslim) Herrschaft zu befreien.

Dies ereignete sich im Jahre 1917, als der britische General Allenby, seine Armee zum Sieg gegen die türkische Armee leitete, welche Jerusalem und das Heilige Land zuvor beschützt hatte. Während die alten Kreuzzügler, angeführt vom angeblich christlichen Europa, die erste Schlacht verloren, gewannen diesmal die neuen Kreuzzügler, die vom gottlosen Europa angeführt wurden. Beide dieser Bemühungen, das Heilige Land und Jerusalem zu befreien, waren europäischer Natur. Beides waren Kreuzzüge. Tatsächlich, hat General Allenby höchst persönlich dies, in seiner unvergesslichen Verkündigung bestätigt, als er Jerusalem als Eroberer betreten hatte: "Heute haben die Kreuzzüge ein Ende gefunden". Somit ist es klar, dass die Bemühungen um das heilige Land zu befreien, nichts mit der Religion zu tun haben. All diese Bemühungen hatten etwas mit diesem neuen seltsamen Akteur auf der Weltbühne, namens Europa zu tun!

Dann übernahm Großbritannien, bedeckt unter dem Deckmantel des Völkerbundes, als Mandatsmacht die Herrschaft über das Heilige Land und fuhr damit fort das Ziel zur Gründung eines nationalen Heimatlandes, für die Juden, zu verfolgen.

Dieses Buch stellt die Frage: Warum diese seltsame Euro-Besessenheit zum Heiligen Land von einem Europa, das nun dem Säkularismus und ebenso dem Materialismus beigetreten ist und nur dem Namen nach christlich war?

Wenn die Annahme des Christentums, seitens der Europäer etwas Komisches darstellte, so war die Annahme des Judentums der selbigen, noch etwas viel Komischeres. Es war möglicherweise irgendwann im siebten Jahrhundert als die Chasaren Stämme von Osteuropa das Judentum annahmen. Als sie Juden wurden, taten sie dies hauptsächlich aus politischen Gründen. Der Glaube spielte bei ihrer Konvertierung keine Rolle. Bevor sie zum Judentum konvertierten, waren die Euro-Chasaren sogar bekannt dafür eine mysteriöse Macht zu besitzen, die ihnen erlaubte mit Erfolg und effektiv den Vormarsch des Islams in Europa zu blockieren.

Ebenso wie die Euro-Christen, unterschieden sich die Euro-Juden erheblich von den israelischen Juden. Im Gegensatz zu den israelischen Juden, waren die Euro-Juden besessen darauf die Kontrolle über das Heilige Land zu übernehmen. Letztendlich waren es die Euro-Juden, die die zionistische Bewegung gründeten und dasselbe Ziel verfolgten, wie die Euro-Christen durch ihre Kreuzzüge (d.h., das Ziel, das Heilige Land zu befreien). Dieses Buch stellt die Frage: Warum diese seltsame Besessenheit seitens Euro-Juden zum Heiligen Land?

Großbritannien unterstützte die zionistische Bewegung, indem sie wirkungsvoll der Wiederkehr der Juden in das heilige Land assistierten, dies wurde im Jahre 1984, nach der Gründung des Staates Israels erreicht.

Als die "Hebamme" namens Großbritannien, das Baby Israel austrug, erlebte die Welt eine anscheinende Restaurierung des alten Israels, welches von Allah (swt) vor mehr als über 2000 Jahren zerstört worden war.

Nachdem Großbritannien die Welt für ein paar hundert Jahre regiert hatte, trat eine mysteriöse und seltsame Veränderung auf, in der eine Supermacht zum Herrscher der Welt wurde. Der klare Beweis dieser seltsamen Veränderung, war im Ersten Weltkrieg zu sehen, als die US-militärische Intervention Großbritannien vor einer Niederlage rettete. Noch deutlicher wurde dies im Zweiten Weltkrieg, als ein amerikanischer General namens Eisenhower, zum obersten Kommandeur aller kämpfenden alliierten Truppen des Zweiten Weltkrieges, auserwählt wurde.

Dann wurde im Jahre 1944 bei Bretton Woods im Norden von New York, eine internationale Konferenz einberufen, um ein neues internationales Geldsystem zu gründen. Der britische Sterling Pfund, das künstliche Papiergeld, welches allgemein als Schlüsselwährung in der Welt bekannt war, wurde bei der Bretton Woods Konferenz durch den US Doller ersetzt. Ähnlich wie London durch Washington DC, als das Zentrum des neuen internationalen Geldsystems ersetzt wurde.

Die neue Supermacht erschien auf seltsame und mysteriöse Art aus derselben europäischen Zivilisation, die zuvor besessen im Kreuzzug um Jerusalem kämpfte und die Hauptrolle zur Gründung eines jüdischen Heimatlandes im Heiligen Land, spielte. Die neue Supermacht machte dort weiter, wo die alte aufgehört hatte, die Aufrechterhaltung einer seltsamen und vertrauten Beziehung zum Heiligen Land und zum Staate Israels. Als der Staat Israel im Jahre 1948 zum unabhängigen Staat ernannt wurde, war die USA das erste Land auf der Welt, die den jüdischen Staat als solchen anerkannt hatte.

Die neue Supermacht stellte ausreichend klar, dass sie Großbritannien als strategischen Partner des jüdischen Staates abgelöst hatten. Dies ging in einer bestimmten Art weiter, sodass Großbritannien in aller Öffentlichkeit einer Erniedrigung ausgesetzt wurde. Im Jahre 1952 erfolgte eine ägyptische Revolution und die ägyptische Armee verdrängte und ersetzte die Monarchie als neues Staatsmodel Ägyptens. 1956 ersetzte Oberst Jamal Abdel Nasser den General Muhammad Naguib, als führenden Kopf des Staates und prompt machte Nasser, mit einer spektakulären Darstellung seiner nationalistischen Legitimation, weiter, indem er den Suez Kanal nationalisierte. Israel nahm dies, als strategische Bedrohung des jüdischen Staates wahr. Großbritannien hingegen, fühlte sich in ihrem Supermachtstatus herausgefordert.

Im gemeinsamen Vorgehen, ohne die USA, lancierten die britische, die französische und die israelische Regierung einen gemeinsamen Angriff gegen Ägypten und verdrängten die ägyptische Armee vom Suez Kanal. US Präsident Eisenhower antwortete darauf mit der Anordnung des Rückzuges der britischen, französischen und israelischen Truppen aus dem ägyptischen Territorium. Großbritannien, die frühere Supermacht, war gezwungen ihre Truppen zurückzuziehen und die britische Regierung von Anthony Eden brach zusammen. Danach und seitdem, war die USA der Schirmherr par excellence des jüdischen Staates.

Dieses Buch stellt die Frage: Warum diese seltsame Euroamerikanische Besessenheit zum Heiligen Land?

Wenn die europäische und amerikanische (inklusive der Euro-christlichen und Euro-jüdischen) Besessenheit zum Heiligen Land schon etwas Komisches war, so scheint die Zukunft noch komischere Dinge auf Lager zu haben.

Unsere Sicht der Dinge lautet, die Welt ist im Begriff Zeuge der Erscheinung eines europäisch-israelischen Staates zu werden (d.h., ein Israel, welches von Euro-Zionisten gegründet wurde), der Großbritannien als Supermacht und die USA, als dominante Macht der Welt, ersetzen wird. Euro-Israel besitzt längst genügend Atom und Thermoatomwaffen, um als Supermacht eingestuft zu werden. Ihre Militärtechnologie befindet sich auf Augenhöhe mit den besten der Welt. Letztendlich haben die Euro-jüdischen Financiers und Bänker es in ihrer Hand, die finanzielle Kontrolle der Welt durch ein einfaches Manöver zu übernehmen, indem sie einfach den Kollaps des US-Dollers verursachen. Wenn der US-Doller sinken wird, so wird das restliche Papiergeld der Erde, mit ihm versinken. Dies könnte der Plan sein, um zeitlich übereinstimmend und parallel, eine spektakuläre Euro-israelische militärische Machtausübung zu präsentieren, die sich in einem Angriff auf die Palästinenser und der arabischen Nachbarstaaten richtet. Israel wird dann erfolgreich die restliche Welt bezwingen, indem sie nach den Früchten ihrer Kriegsleidenschaft greifen und somit sich selbst zur herrschenden Weltmacht ernennen. Wenn dies geschieht, wird dies den Juden (Banu Israil) höchstwahrscheinlich als Rückkehr des Goldenen Zeitalters erscheinen, das Zeitalter, als Salomons Israel die Welt regierte.

Gibt uns der Qur´an irgendeine Erklärung zu all den erwähnten Dingen und wenn er dies tut, wie lautet diese Erklärung?

Zu Beginn möchten wir eine Sache gestehen, es wäre für ein Buch wie dieses, vor der Rückkehr der Juden in das Heilige Land, nicht möglich gewesen verfasst zu werden. Somit scheint es, dass dies das erste Buch seiner Art ist, welches seit dem Eintreffen dieses Ereignisses geschrieben wurde.

Infolgedessen, wenn wir den Qur´an und die *Hadithe* nutzen, um diese komischen und mysteriösen Ereignisse zu erklären, die vormals erwähnt wurden, so wird unsere Darlegung sicher überraschend erscheinen und dies, selbst für die Gelehrten des Islams. Desweiteren scheint es diesem Schreiber so, dass die Qur´anische Erklärung all dieser komischen Ereignisse in Europa und im Heiligen Land, zu einer Wissenssparte zählen, die möglicherweise so vorher nicht auf der Welt existierte. Folglich bekräftigt dies ihn (den Schreiber) und all jene, die nun als "Wahrheit" annahmen, was dieses Buch erklärt und auch jene, die längst mit diesem Wissen gesegnet wurden, sich äußerst demütig vor Allah, dem Höchsten, zu verbeugen, Der alleine die Kenntnis aller Dinge besitzt und zu Seinem Licht führt wen Er will."

Jene, die die Qur´ anische Erklärung, die in diesem Buch dargelegt wird, ablehnen, müssen sich selbst erklären, ob entweder der Qur´an die Rückkehr der Juden in das Heilige Land und die Wiederherstellung des Staates Israels erklärt oder ob es eine andere Erklärung gibt, als die, die in

diesem Buch vorhanden ist, in beiden Fällen obliegt ihnen die Darlegung dieser anderen Qur´anischen Erklärung!
Jene, die den Islam ablehnen und verkünden die Wahrheit zu besitzen, werden aufgefordert diese Wahrheit zu benutzten, um dieses Thema zu erklären. Egal ob der moderne säkulare Staat behauptet die Wahrheit zu haben oder ob es das Judentum, Christentum, Hinduismus, Buddhismus, Taoismus, Atheismus oder Materialismus usw. tut, diese Behauptung kann nur dann Gültigkeit erlangen, wenn sie den hier angegebenen Fachbereich erklären können. Dies scheint die größte Wichtigkeit dieses Buches zu sein. Es bestätigt die Behauptung, dass der Islam die Wahrheit ist!

Der Qur´an fährt mit der Warnung fort, dass die Welt nun den `Count Down´ für den letzten Tag erleben wird:

إِنَّكُمْ وَمَا تَعْبُدُونَ مِنْ دُونِ اللَّهِ حَصَبُ جَهَنَّمَ أَنْتُمْ لَهَا وَارِدُونَ (٩٨)

„...und das wahre Versprechen (der Abrechnung) nahegerückt ist, dann werden sogleich die Blicke derjenigen, die ungläubig sind, starr werden: „O wehe uns! Wir waren dessen ja unachtsam. Nein! Vielmehr pflegten wir Unrecht zu tun."

(Qur'ān, al-Anbiyah, 21:98)

Wenn Gog und Magogg freigelassen werden, so werden sie von jeder Anhöhe herbeieilen oder sich in jede Richtung verstreuen. Dies weist darauf hin, dass sie mit ihrer unbesiegbaren Macht die Kontrolle über die gesamte Erde übernehmen werden und dass zum ersten Mal in der

Geschichte eine kleine Gruppe von Menschen, die ganze Erde regieren werden. Genau in dieser Phase befindet sich nun die Welt.

Die Weltordnung von Gog und Magogg, wird eine Weltordnung von *Fasad* (d.h., Unterdrückung und Boshaftigkeit) sein. *Surah al-Kahf* nennt die zwei Charakteristiken, die den *Fasad* dieser Weltordnung beschreiben und weist daraufhin, dass sie das Gegenteil der zwei Charakteristiken der Weltordnung von *Dhul Qarnain* darstellen:

Dhul Qarnain nutzte die Macht (basierend auf dem Glauben an Allah), um die Unterdrücker zu bestrafen und etablierte dadurch eine Weltordnung, die mit der oberen himmlischen Ordnung harmonisiert (d.h., eine Harmonie von weltlicher oder zeitlicher Realität, gepaart mit einer spirituellen Realität).

Andererseits würden Gog und Magogg ihre unbezwingbare Macht (gegründet auf der Basis von Gottlosigkeit) dazu nutzen, um zu unterdrücken und die Unterdrückten zu bestrafen.

Indem sie dies tun, etablieren sie hier auf Erden eine Weltordnung, die in absolutem Konflikt zur himmlischen Ordnung stehen würde. Zweitens, diese Art der Weltordnung, würde stets einen Zuwachs an Unterdrückung erleben.

Dhul Qarnain nutzte die Macht, um jene zu belohnen, die Glauben an Allah hatten und jene, die in ihren Werken rechtschaffen handelten. Gog und Magogg würden ihre

Macht dazu gebrauchen, um das exakte Gegenteil zu praktizieren.

Gog und Magogg würden somit eine Weltordnung kreieren und aufrechterhalten, die unmöglich von jenen erkannt werden würde, dessen spirituelle Sicht (welche auf Glauben und rechtschaffen Werken basiert) die Realität der Dinge nicht zu erfassen vermag. Wenn das jüdische Volk solchen Leuten erlaubt ihre Verfechter zu werden, die für sie das Heilige Land befreien und ihnen erlauben nach Jerusalem zurückzukehren, so deutet dies darauf hin, dass das jüdische Volk spirituell blind ist.

Seit der Zeit der mittelalterlichen Euro-Christenheit, bis zum Zeitalter der modernen westlichen Zivilisation, hat Europa zunehmend gezeigt, wie man die Charakterzüge von Gog und Magogg und deren Weltordnung umsetzt und haben somit ihre Grundmission schon erfüllt. Europa hat die gesamte Welt verdorben und Europa war es, welches die Juden in das Heilige Land zurückgebracht hat. Deshalb ist dies ein Hinweis für die absolute spirituelle Blindheit des jüdischen Volkes, welches sich selbst erlaubte so getäuscht zu werden und somit den Weg nach unten zu ihrer eigenen Vernichtung durch Gog und Magogg eingeschlagen hat. Der Prophet (*sallallahu alaihi wa sallam*) hat uns ein Messmittel zur Verfügung gestellt, durch welches wir den 'Count Down' zur finalen Bestrafung der Juden ablesen können. Erstens, diese finale Bestrafung wird nicht eintreffen bis Jesus, der wahre Messias, den *Dajjal*, den falschen Messias, tötet und bis Allah (t) selbst, Gog und Magogg durch biologische Kriegskunst vernichtet. Dieser Moment kann nicht eintreffen, solange sich dort noch Wasser befindet, welches im See von

Galiläa seinen Platz hat. Bzgl. des folgenden Hadith heißt es:

Überliefert von al-Nawwas ibn Sam'an: ...Und während dies geschieht, wird Allah 'Îsâ offenbaren: ‚Wahrlich ich habe von meinen Gottesdienern solche hervorgebracht, die unbesiegbar sind, so führe meine Diener zum Berg Sinai (Tûr). Und Allah sendet ‚Gog und Magogg (Ya'jûj wa Ma'jûj) und sie eilen hin von jeder Erhöhung und die Ersten ihrer Truppen werden sich auf den See von Tabariyya (Galiläa) stürzen und von seinem Wasser trinken und die letzten von ihnen werden sagen: Hier gab es früher einmal Wasser."

(Sahih Muslim)

Deshalb handelt es sich um eine Angelegenheit von enormer Wichtigkeit, unsere Aufmerksamkeit auf den Wasserpegel des Sees von Galiläa zu richten.

JERUSALEM IM QUR'AN

Teil 1

Kapitel 11

Die Juden und die Araber

لَتَجِدَنَّ اَشَدَّ النَّاسِ عَدَاوَةً لِّلَّذِينَ اٰمَنُوا الْيَهُودَ وَالَّذِينَ اَشْرَكُوا ۚ وَلَتَجِدَنَّ اَقْرَبَهُمْ مَوَدَّةً لِّلَّذِينَ اٰمَنُوا الَّذِينَ قَالُوٓا اِنَّا نَصَارٰى ۚ ذٰلِكَ بِاَنَّ مِنْهُمْ قِسِّيسِينَ وَرُهْبَانًا وَاَنَّهُمْ لَا يَسْتَكْبِرُونَ (٨٢)

Du wirst ganz gewiss finden (immer wieder), dass diejenigen Menschen, die den Gläubigen (d.h., die Muslime) am heftigsten Feindschaft zeigen, die Juden und diejenigen sind, die (Allah etwas) beigesellen. Und du wirst ganz gewiss finden, dass diejenigen, die den Gläubigen in Freundschaft am nächsten stehen, die sind, die sagen: „Wir sind Christen." Dies, weil es unter ihnen Priester und Mönche gibt und weil sie sich nicht hochmütig verhalten.

(Qur'ān, al-Māidah, 5:82)

Bevor wir zur Untersuchung der unheilvollsten der göttlichen Prophezeiungen zurückkehren, die bereits in Erfüllung gegangen ist, (d.h., dass Allah die Juden zurück in das Heilige Land bringen wird, sobald der letzte `Count

Down´ zur finalen Bestrafung beginnt), ist es unbedingt notwendig, dass wir die Thematik des Ismails (*alaihi as-Salam*), der Araber und des Heiligen Landes durchleuchten. Seitdem die zionistische Bewegung die Wiedererrichtung des Staates Israels ermöglichte, indem sie die Araber zwangen aus ihrem Land und ihren Häusern auszuziehen, nimmt dieses Thema einen enormen Stellenwert ein. Dies hätten sie sich ohne "schriftliche Rechtfertigung" (aus den religiösen Büchern, der Thora und dem Evangelium) nicht gewagt.

Bei dieser besagten "schriftlichen Rechtfertigung", auf die sie sich stützen, handelt es sich jedoch um eine Fälschung und eine Lüge, die im Namen des Gottes von Abraham (*alaihi as-Salam*) berichtet wurde. Die Zionisten wussten, dass dies eine Fälschung war und sie nutzen sie zu ihrem Vorteil. In diesem Kapitel widmen wir uns diesem Themenbereich.

Die jüdisch-religiöse Sichtweise des Arabers

Der spirituelle Führer der israelischen orthodoxen Shas Partei der sephardischen Juden (als Sephardim bezeichnen sich die Juden und ihre Nachfahren, die bis zu ihrer Vertreibung 1492 und 1513 auf der Iberischen Halbinsel lebten), verkündete in seiner Predigt vom 5. August 2000: *„Die Ismaeliten (die Araber) sind allesamt verfluchte Frevler, alles Feinde Israels. Der Heilige, gesegnet sei Er, bedauert diese Ismaeliten erschaffen zu haben."*

Der Bericht beschrieb wie Rabbi Ovadia Yosef sich über die Bemühungen der damaligen Barak-Regierung Israels lustig machte, die versuchte einige Abkommen mit der palästinensischen Freiheitsorganisation zu schließen, bzgl. des bekannten gegenseitigen Konfliktes über die Inanspruchnahme der Heiligen Stadt Jerusalem. „*Warum die alte Stadt teilen?*" fragte er, „*sodass sie eine erneute Möglichkeit erhalten uns zu töten?*" Sich wendend an den israelischen Premierminister Barak, fügte der Rabbi hinzu: „*Sie bringen Schlangen zu uns. Wie können sie mit Schlangen Frieden schließen?*" *Barak läuft Amok gegen die bösartigen Ismaeliten…Er wird uns die Schlangen bringen, damit sie neben uns in Jerusalem leben. Er hat keinen Verstand.*"

"The Jerusalem Post" berichtete, dass die Anmerkungen des Rabbis von Seiten seiner Gemeinde, mit Applaus empfangen wurden (siehe www.JerusalemPost.com – August 5, 2000).

Eines der Gründe, die die Feindseligkeit des Rabbiners gegen die Araber und ihrer Inanspruchnahme der Stadt Jerusalem erklärt, ist, dass das Buch Genesis in der Thora verkündet, Ismael sei:

„…ein Wildesel von einem Mann: seine Hand gegen jedermann und jedermanns Hand gegen ihn…"

(Genesis, 16:12)

Der Rabbi und seine Anhänger können somit das geeignete Argument vorbringen, welches die unbarmherzige und eskalierende Unterdrückung der Araber durch den Staat Israel, als eine göttliche Sanktion rechtfertigt, so wie in den unheilvollen Worten vermittelt wird: "*jedermanns Hand gegen ihn*".

Wie sonst kann der Rest der zivilisierten Welt die barbarische israelische Angriffslust erklären? Haben die Juden etwa nicht die Thora umgeschrieben und diese Falschaussage gegen Ismail (*alaihi as-Salam*), den Sohn Abrahams (*alaihi as-Salam*), hinzugefügt? Hätten sie dies nicht getan, so wäre die Täuschung und das Schema leicht Erkennbar, welches die teuflischen Zionisten zur Enteignung des Heiligen Landes anwenden, indem sie es aus den Händen der Muslime entreißen, um den Staat Israel wiederherzustellen.

Die Beschreibung Ismails, des Propheten Allahs, die der Qur´an übermittelt, offenbart uns klar und deutlich, dass die Aussage der Thora eine Lüge gegen Allah (swt) ist:

وَاذْكُرْ فِى الْكِتَٰبِ اِسْمَٰعِيلَ اِنَّهُ كَانَ صَادِقَ الْوَعْدِ وَكَانَ رَسُولًا نَبِيًّا (۵۴) وَ كَانَ يَأْمُرُ اَهْلَهُ بِالصَّلَوٰةِ وَالزَّكَوٰةِ وَكَانَ عِنْدَ رَبِّهِ مَرْضِيًّا (۵۵)

„Und gedenke im Buch Ismāʻīls. Gewiss, er war wahrhaftig in seinem Versprechen, und er war ein Gesandter und Prophet. Und er pflegte seinen Angehörigen das Gebet und die Abgabe zu befehlen, und er war seinem Herrn wohlgefällig."

(Qur'ān, Maryam, 19:54-5)

وَاِسْمَٰعِيلَ وَاِدْرِيسَ وَذَا الْكِفْلِ كُلٌّ مِّنَ الصَّٰبِرِينَ (۸۵) وَاَدْخَلْنَٰهُمْ فِى رَحْمَتِنَا اِنَّهُمْ مِّنَ الصَّٰلِحِينَ (۸۶)

"Und Ismael und Idris und Thu-l-Kifl; sie alle zählten zu den Standhaften. Und Wir ließen sie in Unsere Barmherzigkeit eingehen; denn sie gehörten zu den Rechtschaffenen."

(Qur'ān, al-Anbiyāh, 21:85-6)

وَاذْكُرْ اِسْمٰعِيْلَ وَ الْيَسَعَ وَذَا الْكِفْلِ وَكُلٌّ مِّنَ الْأَخْيَارِ (۴۸) هٰذَا ذِكْرٌ وَاِنَّ لِلْمُتَّقِيْنَ لَحُسْنَ مَاٰبٍ (۴۹) جَنّٰتِ عَدْنٍ مُّفَتَّحَةً لَّهُمُ الْأَبْوَابُ (۵۰) مُتَّكِـئِيْنَ فِيْهَا يَدْعُوْنَ فِيْهَا بِفَاكِهَةٍ كَثِيْرَةٍ وَّشَرَابٍ (۵۱) وَعِنْدَهُمْ قٰصِرٰتُ الطَّرْفِ أَتْرَابٌ (۵۲) هٰذَا مَا تُوْعَدُوْنَ لِيَوْمِ الْحِسَابِ (۵۳) اِنَّ هٰذَا لَرِزْقُنَا مَا لَهٗ مِنْ نَّفَادٍ (۵۴)

"Und gedenke Ismaels, Elisas und Thu-l-Kifls; alle gehören sie zu den Besten. Dies ist eine Ermahnung; den Rechtschaffenen wird gewiß eine herrliche Stätte der Rückkehr zuteil sein: die Gärten von Eden, deren Tore für sie geöffnet sind. Dort werden sie zurückgelehnt ruhen; dort werden sie Früchte in Mengen und reichlich Trank haben. Und bei ihnen werden (Keusche) sein, die züchtig blicken, Gefährtinnen gleichen Alters. Dies ist, was euch für den Tag der Abrechnung verheißen wurde. Wahrlich, das ist Unsere Versorgung; nie wird sie sich erschöpfen."

(Qur'ān, Sād, 38:48-54)

وَتِلْكَ حُجَّتُنَا اٰتَيْنٰهَا اِبْرٰهِيْمَ عَلٰى قَوْمِهٖ نَرْفَعُ دَرَجٰتٍ مَّنْ نَّشَاۤءُ اِنَّ رَبَّكَ حَكِيْمٌ عَلِيْمٌ (۸۳) وَوَهَبْنَا لَهٗ اِسْحٰقَ وَيَعْقُوْبَ كُلًّا هَدَيْنَا وَنُوْحًا هَدَيْنَا مِنْ قَبْلُ وَمِنْ ذُرِّيَّتِهٖ دَاوٗدَ وَسُلَيْمٰنَ وَأَيُّوْبَ وَيُوْسُفَ وَمُوْسٰى وَ هٰرُوْنَ

Die Juden und die Araber

وَكَذَلِكَ نَجْزِى الْمُحْسِنِينَ ﴿٨٤﴾ وَزَكَرِيَّا وَيَحْيَىٰ وَعِيسَىٰ وَإِلْيَاسَ ۖ كُلٌّ مِّنَ الصَّالِحِينَ ﴿٨٥﴾ وَإِسْمَاعِيلَ وَالْيَسَعَ وَيُونُسَ وَلُوطًا ۚ وَكُلًّا فَضَّلْنَا عَلَى الْعَالَمِينَ ﴿٨٦﴾ وَمِنْ آبَائِهِمْ وَذُرِّيَّاتِهِمْ وَإِخْوَانِهِمْ ۖ وَاجْتَبَيْنَاهُمْ وَهَدَيْنَاهُمْ إِلَىٰ صِرَاطٍ مُّسْتَقِيمٍ ﴿٨٧﴾ ذَٰلِكَ هُدَى اللَّهِ يَهْدِى بِهِ مَنْ يَشَاءُ مِنْ عِبَادِهِ ۚ وَلَوْ أَشْرَكُوا لَحَبِطَ عَنْهُمْ مَّا كَانُوا يَعْمَلُونَ ﴿٨٨﴾ أُولَٰئِكَ الَّذِينَ آتَيْنَاهُمُ الْكِتَابَ وَالْحُكْمَ وَالنُّبُوَّةَ ۚ فَإِنْ يَكْفُرْ بِهَا هَٰؤُلَاءِ فَقَدْ وَكَّلْنَا بِهَا قَوْمًا لَّيْسُوا بِهَا بِكَافِرِينَ ﴿٨٩﴾ أُولَٰئِكَ الَّذِينَ هَدَى اللَّهُ ۖ فَبِهُدَاهُمُ اقْتَدِهْ ۗ قُلْ لَّا أَسْأَلُكُمْ عَلَيْهِ أَجْرًا ۖ إِنْ هُوَ إِلَّا ذِكْرَىٰ لِلْعَالَمِينَ ﴿٩٠﴾ وَمَا قَدَرُوا اللَّهَ حَقَّ قَدْرِهِ إِذْ قَالُوا مَا أَنْزَلَ اللَّهُ عَلَىٰ بَشَرٍ مِّنْ شَيْءٍ ۗ قُلْ مَنْ أَنْزَلَ الْكِتَابَ الَّذِى جَاءَ بِهِ مُوسَىٰ نُورًا وَهُدًى لِّلنَّاسِ ۖ تَجْعَلُونَهُ قَرَاطِيسَ تُبْدُونَهَا وَتُخْفُونَ كَثِيرًا ۖ وَعُلِّمْتُمْ مَّا لَمْ تَعْلَمُوا أَنْتُمْ وَلَا آبَاؤُكُمْ ۖ قُلِ اللَّهُ ۖ ثُمَّ ذَرْهُمْ فِى خَوْضِهِمْ يَلْعَبُونَ ﴿٩١﴾ وَهَٰذَا كِتَابٌ أَنْزَلْنَاهُ مُبَارَكٌ مُّصَدِّقُ الَّذِى بَيْنَ يَدَيْهِ وَلِتُنْذِرَ أُمَّ الْقُرَىٰ وَمَنْ حَوْلَهَا ۚ وَالَّذِينَ يُؤْمِنُونَ بِالْآخِرَةِ يُؤْمِنُونَ بِهِ ۖ وَهُمْ عَلَىٰ صَلَاتِهِمْ يُحَافِظُونَ ﴿٩٢﴾

„Das ist unser Beweismittel, das Wir Ibrāhīm gegen sein Volk gaben. Wir erhöhen, wen Wir wollen, um Rangstufen. Gewiss, dein Herr ist Allweise und Allwissend. Und Wir schenkten ihm Isḥāq und Yaʿqūb; jeden (von ihnen) haben Wir rechtgeleitet. Und (auch) Nūḥ haben Wir zuvor rechtgeleitet, und aus seiner Nachkommenschaft Dāwūd, Sulaimān, Ayyūb, Yūsuf, Mūsā und

Hārūn – so vergelten Wir (es) den Gutes Tuenden –; und Zakariyyā, Yaḥyā, ʿĪsā und Ilyās: jeder (von ihnen) gehört zu den Rechtschaffenen; und Ismāʿīl, Alyasaʿ, Yūnus und Lūṭ: jeden (von ihnen) haben Wir vor den (anderen) Weltenbewohnern bevorzugt; und (auch manche) von ihren (Vor)vätern, ihren Nachkommen und ihren Brüdern; Wir haben sie erwählt und zu einem geraden Weg geleitet. Das ist Allahs Rechtleitung. Er leitet damit recht, wen von Seinen Dienern Er will. Wenn sie (Ihm) aber (andere) beigesellt hätten, wäre für sie wahrlich hinfällig geworden, was sie zu tun pflegten. Das sind diejenigen, denen Wir die Schrift, das Urteil und das Prophetentum gegeben haben. Wenn aber diese es verleugnen, so haben Wir damit schon (andere) Leute betraut, die dem gegenüber nicht ungläubig sind. Das sind diejenigen, die Allah rechtgeleitet hat. So nimm ihre Rechtleitung zum Vorbild! Sag: Ich verlange von euch keinen Lohn dafür. Es ist nur eine Ermahnung für die Weltenbewohner. Sie schätzen Allah nicht ein, wie es Ihm gebührt, wenn sie sagen: „Allah hat nichts auf ein menschliches Wesen (als Offenbarung) herabgesandt." Sag: Wer sandte (denn) die Schrift herab, die Mūsā als Licht und Rechtleitung für die Menschen brachte, die ihr zu (beschriebenen) Blättern macht, die ihr offen (vor)zeigt, während ihr vieles verbergt, und (sag: von wem) wurde euch gelehrt, was ihr nicht wusstet, weder ihr noch eure Väter? Sag: (Von) Allah. Sodann lasse sie mit ihren schweifenden Gesprächen ihr Spiel treiben. Und dies ist ein Buch, das Wir hinabgesandt haben, ein gesegnetes, das bestätigend, was vor ihm war, und damit du die Mutter der Städte und diejenigen rings umher (Wohnenden) warnst. Diejenigen, die an das Jenseits glauben, glauben (auch) daran, und sie halten ihr Gebet ein."

(Qurʾān, al-Anʿām, 6:83-92)

Die Rabbiner sollten sich vor dieser schrecklichen Warnung, die der Qurʾan übermittelt, in Acht nehmen, dies gilt für jeden, der Lügen gegen Allah erdichtet einschließlich Seiner Propheten und somit auch gegen Ismail und gegen die Ismaeliten (Arabern):

وَمَنْ اَظْلَمُ مِمَّنِ افْتَرٰى عَلَى اللّٰهِ كَذِبًا اَوْ قَالَ اُوْحِىَ اِلَىَّ وَلَمْ يُوْحَ اِلَيْهِ شَىْءٌ وَّمَنْ قَالَ سَاُنْزِلُ مِثْلَ مَا اَنْزَلَ اللّٰهُ وَلَوْ تَرٰى اِذِ الظّٰلِمُوْنَ فِىْ غَمَرَاتِ الْمَوْتِ وَالْمَلٰئِكَةُ بَاسِطُوْا اَيْدِيْهِمْ اَخْرِجُوْا اَنْفُسَكُمُ اَلْيَوْمَ تُجْزَوْنَ عَذَابَ الْهُوْنِ بِمَا كُنْتُمْ تَقُوْلُوْنَ عَلَى اللّٰهِ غَيْرَ الْحَقِّ وَكُنْتُمْ عَنْ اٰيٰتِهٖ تَسْتَكْبِرُوْنَ (٩٣)

"Und wer ist ungerechter, als wer gegen Allah eine Lüge ersinnt oder sagt: „Mir ist (Offenbarung) eingegeben worden", während ihm überhaupt nichts eingegeben worden ist, und wer sagt: „Ich werde hinabsenden, gleich dem, was Allah hinabgesandt hat"? Und wenn du sehen würdest, wie sich die Ungerechten in den Fluten des Todes befinden und die Engel ihre Hände ausstrecken: „Gebt eure Seelen heraus! Heute wird euch mit der schmählichen Strafe vergolten, dass ihr stets über Allah die Unwahrheit gesagt habt und euch gegenüber Seinen Zeichen hochmütig zu verhalten pflegtet".

(Qur'ān, al-An'am, 6:93)

Die Rabbiner und ebenso all jene, deren Glauben auf solchen Fälschungen der Thora basiert, leben in einer irrealen Welt. Ihre Wahrnehmung der Realität ist falsch und verzerrt. Der verübte Schaden (durch die Fälschungen) erzeugte und besteht weiterhin in Form eines falschen Glaubens bzgl. Ismail (*alaihi as-Salam*). Zu keiner Zeit bot die Thora jemals irgendeinen Beweis für das Böse, das Fehlverhalten oder die Rebellion gegen Ismail an, die das harte Vorgehen dieser angeblichen göttlichen Verdammung erklären könnte. Vielmehr ist es so, dass die selbigen Ismaeliten, die der Rabbiner missachtend als "Schlangen" beschrieb, den Juden eine Unterkunft für 2000 Jahre boten. Sie bekamen Sicherheit für ihr Leben und für ihren Besitz und ihnen wurde die Freiheit gegeben als Juden zu Leben.

Jene, die die Erschaffung des Betrügerstaates Israel (ein säkularer, nationalistischer und hauptsächlich gottloser Staat), der auf Ungerechtigkeit und Unterdrückung basiert, unterstützten und weiterhin unterstützen, sind Menschen mit keinerlei spiritueller Erkenntnis. Dieselbe spirituelle Blindheit, die sie unfähig macht diesen Betrügerstaat zu erkennen, verleitete sie auch dazu Maria der Unzucht, Jesus als einen Bastard zu beschuldigen und seinen Anspruch der wahre Messias zu sein, für falsch zu erklären. Ebenso leitete diese Blindheit sie zur schändlichsten und bösesten Tat, die je in der Geschichte verzeichnet wurde, d.h., den Versuch Jesus *(alaihi as-Salam)* zu kreuzigen und alsdann damit zu prahlen ihn getötet zu haben. Diese spirituelle Blindheit führte sie dazu den letzten, zur gesamten Menschheit gesendeten Propheten, des Gottes von Arbraham, Muhammad *(sallallahu alaihi wa sallam)* abzulehnen. Sie leitete sie zur Ablehnung des Qur´ans, als das Wort Gottes. Ihre spirituelle Blindheit leitete sie immer wieder zu Taten, die den Zorn Allahs erregten. Ihr gegenwärtiges Verhalten bzgl. der Rassentrennung, der Finanzen und der Wirtschaft, ist offensichtlich als abscheulich zu bezeichnen.

Als sie vor langer Zeit Musa *(alaihi as-Salam)* kränkten und ihm verkündeten, er solle doch alleine mit seinem Herrn gehen und kämpfen (um das Heilige Land zu befreien), während sie dort bleiben würden wo sie waren, antwortete ihnen Allah (swt) auf ihr abscheuliches Verhalten, indem Er (swt) für sie das Heilige Land 40 Jahre als *Haram* (Verboten) erklärte und Er sie auf Erden in Zerstreuung Wandern ließ. Dann wandte sich Allah an Musa und sagte zu ihm: *„Trauer nicht wegen dieser sündhaften Menschen."* In diesen Worten befindet sich kein Platz für jegliche Sympathie. Selbst wenn die Welt den Qur´an nicht hätte, der auf die verfälschten Stellen in der göttlichen Thora aufmerksam macht, so hätte der spirituelle Durchblick den Anhängern der Thora und der Bibel genügt, um zu spüren, dass alle Aussagen wie jene, die Ismael betreffen, nicht wahr sein können.

Und so verdienten sie keinerlei Sympathie zu jener Zeit und aus demselben Grund verdienen sie auch heute keinerlei Sympathie. Ihre Zeit ist abgelaufen. Ihr Schicksal wurde besiegelt. Sie wurden durch die größte Täuschung getäuscht, die die Geschichte jemals bezeugte, getäuscht jene Länder zu verlassen, in welchen sie in relativem Frieden unter den arabischen Ismaeliten in Sicherheit lebten und religiöse Freiheit für 2000 Jahre genossen (Jemen, Marokko, Ägypten, Iran, Irak, Syrien, ect.). Sie wurden getäuscht in das Heilige Land zurückzukehren, um die Unterdrückung und die Ungerechtigkeit zu unterstützten. Bedrohlich wächst die Unterdrückung Tag für Tag. Es waren nicht die Muslime, die sie getäuscht haben. Ebenso luden sie auch nicht die Muslime zu einer Wiederkehr ein.

Derselbe Gott, der zweimal die Zerstörung des Tempels (Masjid), gebaut von Salomon, bestimmt hatte, wird selbst für die Zerstörung des Betrügerstaates Israel sorgen. An dem Tag, an dem sich dieses Ereignis zutragen wird und dies ist unvermeidbar, wird die größte göttliche Strafe, die je ein Volk im laufe der Geschichte zuteil wurde, vor ihren ängstlichen Augen eintreffen. Die Rabbiner sollten diese Warnung ernst nehmen!

Dieselbe verzerrte, irreführende Realität, die in der Aussage des Rabbiners deutlich zu erkennen ist, kommt auch bei den beiden Verhandlungspartnern zum Vorschein, die in eine vergebliche Verhandlung bzgl. der Zukunft Jerusalems und des Heiligen Landes verwickelt wurden, d.h., die PLO und der Staat Israel. In ihrem Fall zeigen beide jedoch völlige Unkenntnis oder Missachtung des Qur´ans und der Thora, als Quelle der Rechtleitung. Sie haben mehr für einander übrig, als einer von ihnen für den Islam oder für das Judentum. Beide gelten als säkulare nationalistische Bewegungen, welche die Religion ausnutzen. Der säkulare Nationalismus hat keinen Appetit auf die Suche nach der absoluten Wahrheit.

Ihren "wahren Gott", den sie anbeten ist der Gott, den sie selbst erschufen und immer wieder neu erschaffen. Ihre Werte richten sich nach ihren Gelüsten und Interessen, die ihren nationalen und säkularen Zielen entsprechen und in einer sich ständig verändernden Welt Anpassung finden.

Möglicherweise werden einige raffinierte Kompromisse bzgl. der palästinensischen Forderung auf Ost-Jerusalem als Hauptstadt ihres palästinensischen Staates, erreicht. Doch ob überhaupt und wenn dieser palästinensische Staat gegründet werden sollte, so wird er jedoch nur eine

Nachbildung des säkularen, nationalistischen, jüdischen Staates sein.

Das Heilige Land wird somit völlig zu einem Teil der neuen Weltordnung des *Shirks* erklärt, die aus der modernen westlichen Zivilisation entspringt. *Shirk* wird dann offenkundig begangen, wenn die Oberherrschaft dem Staat nicht mehr Allah (swt) gehört. *Shirk* wird begangen, wenn der Staat mit überlegener Autorität ausgestattet wird und wenn das Gesetzt des Staates, als das höchste gilt!

Die dreisteste Darstellung des *Shirks*, der wir je gegenüberstanden, war der Vorschlag den die US-Regierung zur Konfliktlösung zwischen der israelischen Regierung und der PLO vorstellte. Dabei handelt es sich um die Stelle an der die *Masjid* steht, die von Suleyman *(alaihi as-Salam)* errichtet wurde, bekannt unter den Muslimen als *al- Haram al Sharif* und bei den Juden als der Tempelberg. Der US Plan sah vor, dem Staat Israel die Oberherrschaft über die westliche Mauer (oder Klagemauer) zu geben. Die Juden kennen dies als Überbleibsel des ursprünglichen Tempels (Masjid), welcher vom Propheten Salomon *(alaihi as-Salam)* erbaut wurde. Andererseits würde der palästinensische Staat die Oberherrschaft über die *Masjid al-Aqsa* und der Omar Moschee (Felsendom) besitzen. Und der Gott Abrahams *(alaihi as-Salam)* müsste sich dann damit zufrieden geben, die Oberherrschaft über den Rest des *al- Haram al Sharif* zu besitzen. Der Teufel selbst muss wohl der Beratung beigewohnt haben, als dieser Vorschlag formuliert wurde.
Shirk wird ebenso dann begangen, wenn der Staat das für *Halal* (erlaubt) erklärt, was Allah (swt) *Haram* (verboten) gemacht hat und ebenso umgekehrt. Es ist so sicher wie

der Sonnenaufgang vom Osten her, dass der zukünftige palästinensische Staat, Lotterien und Glücksspiel erlauben und sogar vom Staat gesponserte Lotterien einführen wird. Er wird *Riba* legalisieren, d.h., die Verleihung von Geld gegen Zins. Er wird das Konsumieren des Alkohols legalisieren. Mit anderen Worten, der palästinensische Staat wird den *Shirk* in exakt gleicher Weise annehmen, so wie es die israelischen Juden und ebenso bereits die restliche Welt getan hat (inklusive der meisten in der muslimischen Welt). Ein palästinensischer Staat gegründet von der PLO, würde denselben Verfall erleben, den der heutige säkulare jüdische Staat an den Tag legt und ebenso die meisten Teile der restlichen Welt.

Muslime können und sollten kein Abkommen wie den neuesten Saudi-Plan unterstützen, der versucht den säkularen nationalistischen Staat Israel zu legitimieren und dessen fünfzigjährige Unterdrückung an den einheimischen Palästinensern akzeptiert, den christlichen so wie den muslimischen von ihnen. Noch sollten die Muslime die Gründung eines palästinensischen Staates akzeptieren, der nur eine Kopie des jüdischen Staates darstellen würde.

Ebenso versucht dieses Buch die Realität den Juden klar zu machen, die unkritisch ein säkulares, nationalistisches Israel als den repräsentativen glorreichen Staat akzeptieren, der von David (*alahi as-Salam*) und Salomon (*alaihi as-Salam*) gegründet wurde. Dieser israelische Staat ist ein Täuscher, der die Juden getäuscht hat. Dr. Isma´il Raji al-Faruqi, der palästinensische islamische Gelehrte, der ein offener und direkter Kritiker Israels war und der in der Dunkelheit ermordet wurde, beschrieb Israel als ein "kolonial Unternehmen", "konzipiert auf Sünde", "basierend auf veralteten Konzepten von nationalem Charakter und Missionen" und als ein "militärischer Unterdrücker von einheimischen Menschen"

Die einheimischen Araber, die aus ihren Häusern verjagt wurden oder vor dem Terror fliehen mussten, waren Menschen, die dem Gott Abrahams dienen und Ihn anbeten. Doch selbst als die Juden ihre Herrschafft über das Heilige Land erweitert hatten, verzichteten sie darauf die Flüchtlinge zurück in ihre Häuser und in ihre Heimat einzuladen. Bis zum heutigen Tag, mehr als über fünfzig Jahre später, weigert sich der jüdische Staat immer noch stur und trotzig den Geflüchteten die Erlaubnis zu erteilen, in ihre Häuser zurück zukehren, während er allerdings allen Juden eine ausgedehnte und offene Einladung bietet in das Heilige Land zu kommen, um dort zu residieren, egal wo auch immer sie sich auf der Welt befinden mögen. Dies ist kein rechtschaffenes Handeln. Vielmehr ist dies Satanisch!

Die Prophezeiungen des Propheten Muhammad *(sallallahu alaihi wa sallam)* deuten darauf hin, dass der zionistische Staat die *Banu Israil* letztendlich betrügen und sie exakt denselben Leuten zum Fraß vorwerfen wird, die unermüdlich von den Israelis mit größter Schamlosigkeit und der geschmacklosesten Unterdrückung unterdrückt wurden.

Yassir Arafat gehört ebenso zu den Blendern, die in keinster Weise die Palästinenser repräsentieren, deren Häuser enteignet wurden und unermüdlich von Israel, für mehr als fünfzig Jahre, unterdrückt wurden. Viele lebten mehr als fünfzig Jahre in Flüchtlingscamps im Libanon und anderswo. Arafat wird sie so betrügen, wie die Israelis bereits die Juden betrogen. Jene, die durch Arafat betrogen werden, werden letztendlich an der Spitze der muslimischen Armee sein, die dem jüdischen zionistischen Aufenthalt im Heiligen Land ein Ende bereiten und sie bestrafen werden, sobald der Staat Israel sie im Stich lassen wird. Diese muslimische Armee hat bereits ihre Kampfkraft im Südlibanon unter Beweis gestellt und die Israelis zum Rückzug aus dem Süden Libanons gezwungen, die dort effektiv die „Surrogat Christian Army" aus diesem Gebiet vertrieb (nachdem sie im Namen Israels gekämpft hatte), dies war ein Vorspiel auf das dramatischere Ereignis, welches noch kommen wird.

Die Rassenunterdrückung der Ismaeliten durch den säkularen israelischen Staat, wurde im bereits stark religiösen, politisch und wirtschaftlich unterdrückten Heiligen Land, dramatisch verschärft. Diese Unterdrückung befindet sich in stetigem Wachstum. In diesem Zusammenhang wird es für uns nun möglich, die ominöse Prophezeiung des Propheten Muhammad (*sallallahu alaihi wa sallam*) zu verstehen:

Ibn`Umar (*Radiallahu a´nhum*) berichtete: Der Prophet sagte: „Ihr werdet gegen die Juden solange kämpfen und sie töten, bis (sogar) der Stein sagt: „O Muslim, dieser ist ein Jude, so komm und töte ihn.""

(Sahih Muslim, Nr.5200)

JERUSALEM IM QUR'AN

Teil 1

Kapitel 12

Eine Qur'anische Erläuterung über die Rückkehr der Juden in das Heilige Land

وَقُلِ ٱلْحَمْدُ لِلَّهِ سَيُرِيكُمْ ءَايَٰتِهِۦ فَتَعْرِفُونَهَا ۚ وَمَا رَبُّكَ بِغَٰفِلٍ عَمَّا تَعْمَلُونَ (٩٣)

Und sprich: „Aller Preis gebührt Allah; Er wird euch Seine Zeichen zeigen, und ihr werdet sie erkennen." Und dein Herr ist nicht unachtsam dessen, was ihr tut.

(Qur'ān, al-Naml, 27:93)

Wir leben in einem Zeitalter, in welchem die Juden nach Jerusalem zurückgekehrt sind um Jerusalem zurückzufordern, nachdem sie durch einen göttlichen Befehl für fast 2000 Jahre im Exil lebten. Jerusalem floriert heute, übt Macht aus und beeinflusst damit die gesamte Region. Der Staat Israel sicherte sich vorteilhaft sogenannte "Friedensverträge" mit "Klienten"-Staaten wie Ägypten und Jordanien. Ebenso schloss Israel Abkommen mit der palästinensischen Freiheitsorganisation ab, die zunehmend ihren Widerstand gegen die Gründung eines jüdischen Staates verringerten. Selbst Saudi-Arabien trat insgeheim denselben israelischen Aktivitäten bei, bis zu ihrer dramatischen Offerte des "Saudi Plans", der die Anerkennung des jüdischen Staates beinhaltet.

Inzwischen ist die Stadt Medina zu einer Stadt aus "totem Wasser" zurückgekehrt, die keinen Einfluss auf irgendeine Region oder auf weltliche Entwicklungen hat. Ergänzend zu dieser Beleidigung und Verletzung gegen die Stadt Medina, erschien der Saudische Staat, der aus den Ruinen des Kalifates entstanden ist und als Klienten-Staat der Briten erschaffen wurde. Als die USA Großbritannien als den herrschenden Staat der Welt ablöste, wurde der Saudische Staat ein Klienten-Staat der USA. Saudi Arabien wurde von Anbeginn seiner Existenz ein abhängiger Staat, dessen Überleben erst von Großbritannien und dann von den USA abhing.

Die *Saudi-Wahabi* Allianz im saudischen Staat, hat seitdem treu ihren Status als Klienten-Staat bewahrt. Im Jahre 1916 nahm `Abd al-Aziz ibn Saud eine britische Offerte von 5000 Sterling Pfund pro Monat entgegen, damit im Gegenzug eine Allianz den Briten erlauben würde, ihr Ziel weiter zu verfolgen, welches darin bestand die Kontrolle über den *Hijaz* zu übernehmen und die islamisch-osmanische Herrschaft zu beenden.

Die *wahabitisch* religiöse Bewegung stand mit ihrer Stellung als Klienten-Staat dem christlichen und jüdischen Westen zu Diensten, da sie stets der Ansicht waren, dass die Christen und die Juden ihnen näher wären, als der Rest der muslimischen Welt.

Die Wahabies betrachteten die nicht-wahabitischen Muslime als Ungläubige, die sich des Shirks schuldig machten!

Auch der Staat Israel trat als Klienten-Staat des Westens in Erscheinung, jedoch ist der fundamentale Unterschied zwischen Israel und den Saudis der, dass der Staat Israel dazu bestimmt ist sich selbst aus der Position des Klienten-Staates zu befreien und als Supermacht zu erscheinen, welche Großbritannien und die USA als herrschenden Weltstaat ablösen wird. Wenn dies eintrifft, so wird der saudische Staat ein Klienten-Staat Israels werden.

Der Prophet (*sallallahu alaihi wa sallam*) prophezeite, dass dieser Tag kommen wird. Ebenso enthält die Prophezeiung ein unheilvolles Versprechen für Israel:

Berichtet von Mu´adh ibn Jabal: Der Prophet (*sallallahu alaihi wa sallam*) sagte: „Der aufblühende Status Jerusalems wird dann eintreffen, wenn *Yathrib* (Medina im modernen Saudi-Arabien) sich in Ruinen befindet (d.h., Medina hat keinen Status weder in politischer oder wirtschaftlicher Hinsicht) darauf folgt der Ausbruch des großen Krieges (Armaggedon), anschließend erfolgt die Eroberung Konstantinopels und nach der Eroberung von Konstantinopel, wird der *Dajjal* erscheinen." Er (der Prophet *sallallahu alaihi wa sallam*) strich über seinen Schenkel oder seine Schulter und sagte: „Dies ist wahrer als dass du hier bist und hier sitzt (gemeint Mu´adh ibn Jabal)."

(Sunan, Abu Daud)

Der heutige florierende Zustand Jerusalems, der über die gesamte Region dominiert, erfüllt im Wesentlichen die oben stehende Prophezeiung des Propheten Muhammad (*sallallahu alaihi wa sallam*). Schon längst trotzte Israel mit Erfolg dem Präsidenten der USA sowie auch dem Sicherheitsrat der UN, beide wurden durch israelisches Militär zum Rückzug aus der palästinensischen West- Bank aufgefordert. Dies geschah nachdem Israel eine Antwort durch eine palästinensische Welle bestehend aus menschlichen Bomben erhielt (die als Shuhada betrachtet werden sollten und nicht als "Selbstmordbomber" *wa Allah hu alem*). Dies wird zunehmend dann auftreten, wenn Israel den größten Krieg der je geführt wurde, startet. Dieser Krieg wird Israel eine dramatische Expansion des Territoriums ermöglichen. Die obere Prophezeiung des Propheten Muhammad (*sallallahu alaihi wa sallam*), wird dann klarer zu verstehen sein.

Der vorhersehbare Zusammenbruch der US-Wirtschaft und eine erfolgreiche israelische Abfuhr gegenüber der US-Anforderung, die von Israel verlangen wird, ihr durch Krieg erworbenes Territorium aufzugeben, wird zum Resultat der gesamten Erfüllung der Prophezeiung führen. Ähnlich verhält es sich mit dem ruinierten Status *Yathribs* (Medinas), der ebenso im Wesentlichen längst eingetroffen ist, in Form eines Klienten-Staates der gottlosen USA. Wenn Israel zur Supermacht der Erde und der saudische Staat ein Klienten-Staat Israels geworden ist, dann ist dies als Ergebnis der Prophezeiung zu verzeichnen. Die Schlussfolgerung, die wir aus der vorher genanten Überlieferung ziehen, ist, dass sie Muslime sich nun am Rande eines großen Krieges befinden, den Israel möglicherweise gemeinsam mit der kemalistischen Armee der Türkei beginnen wird. Der Prophet (*sallallahu alaihi wa sallam*) prophezeite diesen Krieg mit der Türkei, dessen Militär nun ein Werkzeug Israels geworden ist:

Eine Qur'anische Erläuterung über die Rückkehr der Juden in das Heilige Land

Berichtet von Abu Hurairah (r.h): Der Prophet sagte: „Die Stunde wird nicht kommen, bis ihr eine Nation bekämpft, die behaarte Schuhe trägt, und bis ihr die Türken bekämpft, die kleine Augen haben werden, rote Gesichter und flache Nasen; und ihre Gesichter werden wie flache Schilder sein. Und ihr werdet finden, dass die besten Leute jene sind, die die Verantwortungsnahme zum herrschen am meisten verabscheuen bis sie auserwählt werden die Führer zu sein. Und die Menschen sind von unterschiedlicher Natur: Die besten in der vorislamischen Periode sind auch die besten im Islam. Eine Zeit wird kommen, wo einige von euch es mehr lieben werden mich zu sehen, als ihre Familie und ihren Besitz verdoppelt zu sehen."

(Sahih, Bukhari)

Der Krieg könnte durch einen Angriff der Türkei auf Syrien beginnen, dieser würde sodann von Seiten Israels dazu genutzt werden, um einen größeren Brand in der Region auszulösen. Doch am Ende des Krieges, wird der Staat Israel als herrschender Weltstaat hervorgehen. Anschließend nach diesem Ereignis, wird der *Dajjal* an seinem Tag in Erscheinung treten, der wie unsere Tage sein wird, d.h., er wird in unserer Zeitdimension erscheinen und daher auch in unserer Welt zu sehen sein. Sicher ist, dass er in Jerusalem in Erscheinung treten wird und zwar als Herrscher des Staates Israel. Wenn der *Dajjal,* der falsche Messias, erscheint, so wird zu dieser Zeit der wahre Messias, der Sohn der Maria, zurückkehren. Er wird den *Dajjal* töten und daraufhin wird eine muslimische Armee den Staat Israel zerstören.

Der Qur'an prophezeit die Wiederkehr der Juden in das Heilige Land und erklärt ebenso die Auswirkung und die Bedeutung dieses Ereignisses.

Es gibt viele Qur´anische Verkündigungen, viele Prophezeiungen und Aussagen des Propheten Muhammad (*sallallahu alaihi wa sallam*), die sich mit dem Schicksal Jerusalems befassen. Der Leser sollte nun seine Aufmerksamkeit sorgfältig den zehn folgenden Aussagen widmen, die sich mit dem Schicksal Jerusalems befassen, da diese den Kern der Qur´anischen Sichtweise bilden, die sich auf das Schicksal Jerusalems beziehen.

Sowohl der *Qur´an* als auch die *Ahadithe* bestätigen, dass Jesus (*alaihi as-Salam*) eines Tages auf die Erde zurückkehren wird. Zum Zeitpunkt seiner Rückkehr, werden die Juden keine andere Alternative haben, außer, ihn als wahren Messias zu akzeptieren. Sie werden dann zerstört und werden mit dem Wissen sterben, dass die "Wahrheit", an die sie sich zu klammern pflegten, tatsächlich "falsch" war, während jedoch die Botschaft des Messias Jesus (*alaihi as-Salam*) und des Propheten Muhammad (*sallallahu alaihi wa sallam*), welche sie ablehnten, doch die "Wahrheit" war, mit der sie von ihrem Herrn kamen. Somit sterben sie mit der Gewissheit, dass sie in das Höllenfeuer eingehen werden.

Nachdem sie prahlten Jesus gekreuzigt zu haben, verwies sie Allah (swt) aus dem Heiligen Land. Dann offenbarte der Qur´an das Schicksal Jerusalems und der Juden wie folgt:

> - Eine häppchenweise Verstreuung der Juden in Einzelteile über die gesamte Erde.
> - Den Juden wurde die Wiederkehr in das Heilige Land und dessen rückeroberung verboten.

- Die Möglichkeit für die Juden die Vergebung Allahs zu erlangen, sollten sie an den Propheten glauben, der "*Ummi*" sein wird (analphabet und nichtjüdisch).

- Der göttliche Befehl in der "Endzeit" (die letzte Phase des letzten Zeitalters), der die Juden ins Heilige Land zurückbeförderte.

- Gog und Magogg sind für die Wiederkehr der Juden in das Heilige Land verantwortlich

- Eine Warnung an die Juden, dass eine göttliche Bestrafung wiederholt werden kann.

- Eine Warnung über die schlimmste Strafe, die es je für die Juden gegeben hat.

- Die spirituelle Blindheit der Juden, wenn die Zeit für die finale Strafe gekommen ist.

- Der Körper des Pharaos (der zu Zeiten Musas *alaihi as-Salam* lebte) wird geborgen und dieses Ereignis wird somit darauf hindeuten, dass den Juden das gleiche Schicksal blüht, wie dem Pharao (bedeutet: sie sterben in der gleicher Weise durch einen göttlichen Eingriff)

- Die Juden werden bei der Wiederkehr von Jesus (*alaihi as-Salam*) keine andere Alternative haben, außer, an ihn zu glauben, doch dann wird es zu spät sein, um sich vor der schrecklichen Strafe der Hölle zu retten.

1. Eine häppchenweise Verstreuung der Juden in Einzelteile über die gesamte Erde.

Als Allah (swt) die Juden aus dem Heiligen Land verwiesen hatte, nachdem sie den Messias ablehnten und versuchten ihn zu töten, machte Er (swt) eine Verkündigung, die offenbarte, dass die neue Verstreuung anders sein wird, als die Vorherige. Vorher in Babylonien, blieben die Juden als homogene Gemeinde, die sich in ein und derselben geographischen Lage befand:

$$وَقَطَّعْنَٰهُمْ فِى ٱلْأَرْضِ أُمَمًا (١٦٨)$$

Und Wir zerteilten sie auf der Erde in Gemeinschaften.

(Qur'ān, al-'Araf, 7:168)

Diese Verkündigung des Qur'ans ging auf spektakuläre Art in Erfüllung, als vor über 2000 Jahren die Juden auf der ganzen Erde verstreut wurden.

Während dieser Zeitperiode lebten sie im Jemen, Marokko, Irak, Iran, Ägypten, Jordanien, Libyen, Äthiopien, Arabien, Syrien, Türkei, etc. Die eigenartige jüdische Zerstreuung, die für rund 2000 Jahre anhielt, sollte als Zeichen des göttlichen Ärgers und der göttlichen Strafe dienen und viele Juden erkannten dies auch als solche.

2. Den Juden wurde die Wiederkehr in das Heilige Land und dessen rückeroberung verboten.

Nachdem Allah die Juden verbannt hatte, setzte Allah ein Sperrverbot auf, damit sie nicht in das Land zurückkehren können. (Sie können zwar als Touristen zu Besuch kommen, doch nicht um das Land zurückzuerlangen.) Dieses Sperrverbot wurde zu einer geschichtlichen Tatsache und blieb für alle bis um die 2000 Jahre lang erkennbar Gültig. Dies gilt als dramatische Darstellung und Bestätigung dessen, was der Qur'an in der *Surah al-Anbiyah* verkündet:

وَ حَرَٰمٌ عَلَىٰ قَرْيَةٍ اَهْلَكْنَٰهَا اَنَّهُمْ لَا يَرْجِعُوْنَ (٩٥)

Und verboten ist es für (die Bewohner) jener Stadt, die Wir vernichteten, dass sie zurückkehren (um diese Stadt zurückzuerlangen).

(Qur'an, al-Anbiyāh, 21:95)

Wie vorher schon demonstriert wurde, bezieht sich die erwähnte Stadt in 21:95 auf Jerusalem. Diese göttliche Sperre, die den Juden auferlegt wurde, verbot ihnen die Rückkehr nach Jerusalem (und ins Heilige Land), um es zurückzuerlangen und diente ebenso als Ausdruck des göttlichen Ärgers und der göttlichen Strafe für die Juden. Ebenso vermittelte ihnen dies, dass sie nicht länger die "Auserwählten" seien.

3. **Die Möglichkeit für die Juden die Vergebung Allahs zu erlangen, sollten sie an den Propheten glauben, der "Ummi" sein wird (analphabet und nichtjüdisch).**

Sogar nachdem Allah (swt) die Juden aus dem Heiligen Land verbannt und ihre Rückkehr zur Wiedererlangung Jerusalems mit einer Sperre versehen hatte, in Folge ihres Versuchs den Messias (unter so vielen anderen Sünden) zu kreuzigen, verkündet uns der Qur´an, dass trotzdem noch die Möglichkeit für sie bestehen bleibt, die Vergebung Allahs zu erlangen:

$$عَسٰى رَبُّكُمْ اَنْ يَرْحَمَكُمْ ۚ (٨)$$

„*Vielleicht erbarmt euer Herr Sich eurer.*"

(Qur'ān, Banū Isrāīl, 17:8)

Allah setzte für sie eine bestimmte Zeitspanne, in der Er (swt) bereit war ihnen zu vergeben, sollten sie sich auf ihrem Lebensweg bessern, nach Seiner Vergebung streben und zur Religion von Abraham (*alaihi as-Salam*) zurückkehren. Doch es gab nur eine Tür, durch die sie diese Vergebung hätten erlangen können. Der Qur'an adressiert diejenigen unter den *Banu Israil*, die bereits die Thora und das Evangelium erhalten haben und informiert sie über den Pfad der Vergebung, wie folgt:

$$اَلَّذِينَ يَتَّبِعُونَ الرَّسُولَ النَّبِىَّ الْاُمِّىَّ الَّذِى يَجِدُونَهُ مَكْتُوبًا عِنْدَهُمْ فِى التَّوْرٰاةِ وَالْاِنْجِيلِ يَأْمُرُهُمْ$$

بِٱلْمَعْرُوفِ وَيَنْهَىٰهُمْ عَنِ ٱلْمُنكَرِ وَيُحِلُّ لَهُمُ ٱلطَّيِّبَٰتِ وَيُحَرِّمُ عَلَيْهِمُ ٱلْخَبَٰٓئِثَ وَيَضَعُ عَنْهُمْ إِصْرَهُمْ وَٱلْأَغْلَٰلَ ٱلَّتِى كَانَتْ عَلَيْهِمْ ۚ فَٱلَّذِينَ ءَامَنُوا۟ بِهِۦ وَعَزَّرُوهُ وَنَصَرُوهُ وَٱتَّبَعُوا۟ ٱلنُّورَ ٱلَّذِىٓ أُنزِلَ مَعَهُۥٓ ۙ أُو۟لَٰٓئِكَ هُمُ ٱلْمُفْلِحُونَ (١٥٧)

„Die dem Gesandten, dem schriftunkundigen Propheten folgen, den sie bei sich in der Thora und im Evangelium aufgeschrieben finden. Er gebietet ihnen das Rechte und verbietet ihnen das Verwerfliche, er erlaubt ihnen die guten Dinge und verbietet ihnen die schlechten, und er nimmt ihnen ihre Bürde und die Fesseln ab, die auf ihnen lagen. Diejenigen nun, die an ihn glauben, ihm beistehen, ihm helfen und dem Licht (dem Qur'an), das mit ihm herabgesandt worden ist folgen, das sind diejenigen, denen es wohl ergeht."

(Qur'ān, al-'Araf, 7:157)

Indem sie dies akzeptieren, daran glauben und dem letzten Propheten Muhammad (*sallallahu alaihi wa Salam*) folgen, kann die Vergebung erlangt werden.

Es gibt eine Anzahl von Zeichen, durch die erkannt werden wird, dass die Zeitfrist, die den *Banu Israil* gegeben wurde, nun abgelaufen ist. Unter diesen Zeichen befinden sich das Erscheinen des Dajjals und das Erscheinen von Gog und Magogg auf der Erde. **Beides dieser Ereignisse traten zu Lebenszeiten des Propheten Muhammad** (*sallallahu alaihi wa sallam*) auf, nachdem er 17 Monate in Medina unter den Juden gelebt hatte. Zu dieser Zeit wurde es deutlich, dass die Juden ihn als Propheten abgelehnt hatten, den Qur´an als das Wort Allahs nicht akzeptierten und sich verschworen haben den Islam zu zerstören. In diesem geschichtlichen Moment, sandte Allah (swt) die Offenbarung des Gebetsrichtungswechsels herab, die Qibla (Gebetsrichtung) war nicht länger Jerusalem, sondern wechselte in Richtung *Mekkah* zur *Ka´aba*. Dieser Gebetsrichtungswechsel deutete darauf hin, dass das einzige offene Fenster, durch welches die Juden die göttliche Vergebung und Barmherzigkeit erlangen konnten, nun letztendlich geschlossen war (dies zählt für sie als Gemeinde, die jüdische *Ummah* wird nie mehr das auserwählte Volk sein, dies wurde einem anderen Volk gegeben, nämlich den Muslimen, jedoch kann sicherlich ein Jude als einzelnes Individuum Muslim werden und somit Allahs Vergebung erlangen). Das letzte Zeitalter hatte nun begonnen und die unabwendbare Strafe für die Juden konnte nicht mehr verhindert werden.

Obwohl das letzte Zeitalter begonnen hatte und die Tür zur göttlichen Barmherzigkeit geschlossen worden war, haben die Juden immer noch eine zu erfüllende Wartefrist, die bis zur Erscheinung ihrer finalen Bestrafung ablaufen muss. Während dieser Zeitperiode, bevor die finale Bestrafung stattfindet, werden die Juden tatsächlich unter den Muslimen solche finden, bei denen sie einen Zufluchtsort haben:

ضُرِبَتْ عَلَيْهِمُ الذِّلَّةُ أَيْنَ مَا ثُقِفُوا إِلَّا بِحَبْلٍ مِّنَ اللهِ وَحَبْلٍ مِّنَ النَّاسِ وَبَاءُوا بِغَضَبٍ مِّنَ اللهِ وَضُرِبَتْ عَلَيْهِمُ الْمَسْكَنَةُ ۚ ذَٰلِكَ بِأَنَّهُمْ كَانُوا يَكْفُرُونَ بِآيَاتِ اللهِ وَيَقْتُلُونَ

Eine Qur'anische Erläuterung über die Rückkehr der Juden in das Heilige Land

ٱلۡأَنۢبِيَآءَ بِغَيۡرِ حَقٍّ ۚ ذَٰلِكَ بِمَا عَصَوا وَّكَانُوا يَعۡتَدُونَ (١١٢)

„*Auferlegt ist ihnen Erniedrigung, wo immer sie angetroffen werden —, außer sie wären in Sicherheit (auf Grund) ihrer Verbindung mit Allah oder mit den Menschen —, und sie haben sich Zorn von Allah zugezogen, und Elend ist ihnen auferlegt. Dies, weil sie stets Allahs Zeichen verleugneten und die Propheten zu Unrecht töteten, weil sie sich widersetzten und stets übertraten.*"

(Qur'ān, Āle 'Imrān, 3: 112)

Die Zeit für den finalen "Countdown" der Strafe, wird von Zeichen Allahs begleitet, die vorausgehen, unter diesen Zeichen ist eines der sichtbar schlimmsten, die Bergung des Pharaonenkörpers, der ertrunken ist und die Israeliten, die ihm Folge leisteten als sie Musa (*alaihi as-Salam*) durch das Meer verfolgten, mit der Absicht ihn und die Gläubigen zu töten. Unglücklicherweise, zum Nachteil der Juden, wurde dieser Körper des Pharaos (Ramses 11) schon längst geborgen, somit ist es nun zu spät für sie, um zu bereuen und um die Wahrheit zu akzeptieren, die vom Gott Abrahams im Qur'an offenbart wurde und zu glauben, dass der Prophet Muhammad (*sallallahu alaihi wa sallam*), der

letzter aller Propheten ist. Als zu spät erweist sich ebenso die Tatsache, dass die größte der göttlichen Strafe nicht mehr abgewendet werden kann:

$$\text{هَلْ يَنْظُرُونَ إِلَّا أَنْ تَأْتِيَهُمُ الْمَلَائِكَةُ أَوْ يَأْتِيَ رَبُّكَ أَوْ يَأْتِيَ بَعْضُ آيَاتِ رَبِّكَ ۗ يَوْمَ يَأْتِي بَعْضُ آيَاتِ رَبِّكَ لَا يَنْفَعُ نَفْسًا إِيمَانُهَا لَمْ تَكُنْ آمَنَتْ مِنْ قَبْلُ أَوْ كَسَبَتْ فِي إِيمَانِهَا خَيْرًا ۗ قُلِ انْتَظِرُوا إِنَّا مُنْتَظِرُونَ (١٥٨)}$$

„Worauf warten sie denn, wenn nicht, dass Engel zu ihnen kommen oder dass dein Herr kommt oder einige von deines Herrn Zeichen kommen? Am Tag, an dem einige von deines Herrn Zeichen eintreffen, soll der Glaube an sie niemandem nützen, der nicht vorher geglaubt oder in seinem Glauben Gutes gewirkt hat. Sprich: „Wartet nur; auch wir warten."

(Qur'ān, al-An'ām, 6:158)

4. Der göttliche Befehl in der "Endzeit" (die letzte Phase des letzten Zeitalters), der die Juden ins Heilige Land zurückbeförderte.

Der Qur'an erklärt uns weiter, dass Allah, der Erhabene, selbst die Juden in der "Endzeit" in das Heilige Land zurück bringen wird. Die Juden werden somit dadurch getäuscht und sie werden glauben, dass ihre erfolgreiche Rückkehr in das Heilige Land eine Bestätigung dafür darstellt, dass ihre Inanspruchnahme auf die absolute Wahrheit nun eingetroffen ist. Die folgende Prophezeiung aus dem Qur'an zeigt uns das längst Eingetroffene, die spektakuläre Gründung des Betrügerstaates Israel:

$$\text{وَقُلْنَا مِنْ بَعْدِهِ لِبَنِي إِسْرَائِيلَ اسْكُنُوا الْأَرْضَ فَإِذَا جَاءَ وَعْدُ الْآخِرَةِ جِئْنَا بِكُمْ لَفِيفًا ۗ (١٠٤)}$$

„Und nach ihm sprachen Wir zu den Kindern Israels: «Wohnt in dem (heiligen) Land;(unter der Bedingung, das ihr gläubig gegenüber Allah seid und rechtschaffen handelt) und (wisst), wenn die Zeit der zweiten Verheißung kommt (d.h., zur Endzeit), dann werden Wir euch hinzubringen als eine Schar (zurück in das heilige Land), gesammelt (d.h., aus den verschiedenen Völkern, aus der Verschiedenartigkeit mit der ihr gesammelt wurdet und für lange Jahre im Exil in der jüdischen Verstreuung bliebt)."

(Qur'ān, Banū Isrāīl, 17:104)

Diese Prophezeiung aus dem Qur'an beweist, dass das letzte Zeitalter eine Rückkehr der Juden in das Heilige Land erleben wird, indem die Verschiedenartigkeit zu sehen sein wird. Mit dem Ausdruck *lafīf* bezeichnet man eine Menschenmasse, unter denen nicht alle gleich sind. Dies stellt eine exakte Beschreibung der heutigen jüdischen Gesellschaft dar. Es ist eine "bunte Menge" von Juden, die aus vielen verschiedenen Teilen der Erde stammen, sie sprechen verschiedene Sprachen, mit verschiedenen Akzenten, sie tragen verschiedene Kleidung, essen verschiedenes Essen, praktizieren verschiedenartigen Gottesdienst, in verschiedenen Synagogen, etc. Doch der erstaunliche größte Unterschied besteht in der Rasse, an diesem Punkt erfüllt sich die Qur'anische Prophezeiung in einer verhängnisvollen Art. Das moderne Israel umfasst eine breite Massenanzahl von Juden, die reine Europäer sind, mit blauen Augen und blondem Haar. Es entstehen genetische Beweise die aufzeigen, dass europäische Juden (d.h. Aschkenasen) genetisch anders sind, als alle anderen Menschen auf der Erde. Die Rassenhomogenität eines Volkes, welches von Abrahams Sohn Isak *(alaihi as-Salam)* und von Jakob (*alaihi as-Salam*) abstammt, sind nun verdampft.

Wie lautet die Bedeutung dieser erfüllten Prophezeiung des Qur´ans, bzgl. der Rückkehr der Juden in das Heilige Land, im letzten Zeitalter unserer Erde?

5. Gog und Magogg sind für die Wiederkehr der Juden in das Heilige Land verantwortlich

Es gibt mindestens drei Verse im Qur´an, die deutlich in Richtung göttliche Strafe zeigen, die für die Juden bestimmt ist, nachdem sie in das Heilige Land zurückgebracht wurden. Das Problem für diejenigen, die sich dem Qur'ān nur mit "einem Auge" annähern, ist, dass das Verständnis um die Realität der Dinge, insbesondere betreffend der des Letzten Zeitalters, nicht begriffen werden können, außer, wenn interne "spirituelle Sicht" (d.h., das innere Auge) die "externe Sicht" ergänzt. Hier sind zwei der drei Verse:

وَحَرَامٌ عَلَىٰ قَرْيَةٍ أَهْلَكْنَاهَا أَنَّهُمْ لَا يَرْجِعُونَ (٩٥) حَتَّىٰ إِذَا فُتِحَتْ يَأْجُوجُ وَمَأْجُوجُ وَهُم مِّن كُلِّ حَدَبٍ يَنسِلُونَ (٩٦)

„*Und es ist ein unwiderruflicher Bann für eine Stadt(Jerusalem), (d.h., die Leute dieser Stadt), die Wir zerstörten, dass sie nicht wiederkehren sollen (in diese Stadt), bis dann, wenn Gog und Magogg freigelassen werden und sie von allen Höhen herbeieilen (oder in jede Richtung ausschwärmen).*"

(Qur'ān, al-Anbiyah, 21-95-6)

Während die Identität dieser "Stadt" nicht explizit angegeben wurde, so wurde doch klar, dass es sich um keine andere Stadt handeln kann, außer Jerusalem. Es gibt eine indirekte Qur´anische Identifikation dieser Stadt, die wie folgt lautet:

Die Rabbiner aus Medina antworteten dem Aufruf der Quraisch, die nach einem Mittel suchten, durch das sie bestimmen konnten, ob Muhammad *(sallallahu alaihi wa sallam)* in der Tat ein wahrer Prophet sei oder nicht. Ihre Antwort lautete, sie sollen dem Propheten Muhammad *(sallallahu alaihi wa sallam)* drei Fragen stellen, die nur ein wahrer Prophet beantworten könnte. Allah offenbarte alle drei Antworten im Qur´an bzgl. ihrer Fragen.

Die Antworten zu den ersten zwei Fragen, d.h. die jungen Männer die in eine Höhle flohen und dem "großartigen Reisenden" *(Dhul-Qarnain)*, der an die zwei Enden der Erde reiste, wurden von Allah in der *Surah al-Kahf* positioniert (Siehe Sure 18:9-26 und 18:83-98). Doch die Antwort bzgl. der Seele *(ruh)*, wurde in die *Surah Banu Israil* gesetzt (17:85).

Die Bedeutung dieser seltsam erscheinenden Anordnung dient als Grundregel der Interpretation, welche die zwei

Suren aus dem Qur´an zu einem Paar verbindet. *Dr.Israr Ahmad*, der ehrenwerte Gelehrte des Qur´ans, legte eine Fülle an Beweisen vor, die diese Paarung der beiden Suren miteinander bestätigt. Und somit müssen wir uns der *Surah*

Bani Israil zuwenden, um die Identität der jungen Männer in der Höhle, die Identität *Dhul Qarnains*, die von *Y´ajuj wa M´ajuj* und die Identität der *Qaryah* (Stadt) ausfindig zu machen. Wenn wir dies tun, so stellen wir folgendes fest, dass die *Surah* sich einzig und allein mit keiner anderen Stadt, außer Jerusalem befasst.

Andererseits bezeichnen die *Ahadithe* des Propheten Muhammad *(sallalahu 'alaihi wa salam)*, direkt die Identität der Stadt. Nicht nur, dass Jerusalem in den *Ahadith*, die in Bezug zu *Y'ajūj* und *M'ajūj* stehen, bei ihrem Namen gennant wird, sondern viel mehr wird auch keine andere Stadt erwähnt, die von Allah, dem Erhabenen, zerstört wurde. Der folgende *Hadith*, der das Ereignis der Rückkehr von Jesus *('alaihi As-Salam)* beschreibt und erzählt, würde vollkommen ausreichen, um die Verbindung zwischen *Y'ajūj* und *M'ajūj* und dem Heiligen Land (bzw. Jerusalem als zerstörte Stadt) herzustellen und zu identifizieren:

Es berichtete al-Nawwas ibn Sam´an: „...und während dies geschieht, wird Allah ´Îsâ offenbaren: „Wahrlich ich habe von meinen Gottesdienern solche hervorgebracht, die unbesiegbar sind, so führe meine Diener zum Berg Sinai (Tûr)." Und Allah sendet Gog und Magogg (Ya'jûj wa Ma'jûj) und sie eilen hin von jeder Erhöhung und die Ersten ihrer Truppen werden sich auf den See von Tabariyya (Galiläa) stürzen und von seinem Wasser trinken und die letzten von ihnen werden sagen:
„Hier gab es früher einmal Wasser." Und Allahs Prophet ´Îsâ – Friede sei mit ihm – und seine Gefährten werden belagert werden, bis jedem von ihnen ein Kuhkopf lieber wäre, als einem von euch heute einhundert Dirham wert sind..."

(Sahih Muslim)

Der See von Galiläa befindet sich im Heiligen Land. Zweitens, der Berg *Tur*, der im *Hadith* erwähnt wird, ist ein

Berg in Jerusalem. Dies wird in einer anderen Version desselben *Hadiths* erwähnt unter derselben Quelle und derselben Kette an Berichterstattern:

Gog und Magogg werden voranschreiten, bis sie den Berg *al-Khamr* erreichen, dies ist ein Berg von *Bait al-Maqdis* (d.h., Jerusalem) und sie werden sagen: „Wir töteten die, die auf der Erde sind. Lasst uns nun die töten, die im Himmel sind." Dann werden sie ihre Pfeile Richtung Himmel schießen und die Pfeile werden blutverschmiert zu ihnen zurückkehren.

(Sahih Muslim)

Wir befinden uns nun in einer Lage, die uns das Verständnis zuteil kommen lässt, welches uns erlaubt, die Rückkehr der Juden in das Heilige Land am Ende der Zeit, als ein offenbartes Zeichen im Qur'an zu erkennen, welches nicht nur das herauskommen von Gog und Magogg bestätigt, sondern ebenfalls, dass sie nun die Welt mit einer unzerstörbaren Power regieren. Gog und Magogg sind nun Agenten des weltumfassenden *Fasads* (d.h., Korruption, Unheilstifter, unmoralisch handeln, betrügen, täuschen, perversionen ausüben, etc. siehe *Suratul-Khaf*, 18:94). Wenn Gog und Magogg ein Volk erfasst, so werden sie dieses ins Höllenfeuer leiten.

Der *Hadith* offenbart, dass die Globalisierung im Zeitalter von Gog und Magogg ihren Höhepunkt dann erreichen wird, wenn und indem 999 von 1000 in das Höllenfeuer eingehen werden:

Berichtet von Abu Said al Khudri: Der Prophet sagte: „Am Tage der Auferstehung wird Allah sprechen: O Adam! Adam wird erwidern: Labbaik unser Herr und Sa'daik (Hier bin ich zu Deinen Diensten unser Herr). Dann wird ein lauter Ruf sagen: Allah befiehlt dir unter deiner Nachkommenschaft eine Anzahl für das Höllenfeuer zu nehmen. Adam wird sagen: O Herr! Wie viele sind sie die in das Höllenfeuer gehen? Allah wird sagen: Nimm von jeden Tausend, 999 heraus. In diesem Moment, wird jede Schwangere Frau das fallen lassen was sie trägt (Fehlgeburt) und Kinder werden graue Haare bekommen. *„An dem Tag, da ihr es seht, wird jede Stillende (aus Entsetzen) übersehen, was sie (soeben) stillt, und jede Schwangere wird mit dem niederkommen, was sie trägt. Und du siehst die Menschen trunken, obwohl sie nicht betrunken sind; aber die Strafe Allahs ist streng.“* (Quran, 22:2) Als der Prophet dies erwähnte, bekamen die Leute Angst, sodass ihre Gesichter sich änderten (in ihrer Farbe) woraufhin der Prophet sagte: Von Gog und Magogg werden 999 (aus der Menschenmenge) herausgenommen und einer von euch. Ihr Muslime (verglichen mit der großen Anzahl anderer Menschen) werdet wie ein schwarzes Haar auf dem Fell eines weißen Ochsen sein oder ein weißes Haar auf dem Fell eines schwarzen Ochsen und ich hoffe, dass ihr ein viertel der Paradiesbewohner sein werdet. Daraufhin sagten wir: Allah hu Akbar! Dann sagte er: Ich hoffe ihr seid ein drittel der Paradiesbewohner. Wir sagten wieder: Allah hu Akbar! Dann sagte er: Ich hoffe, dass ihr (eure Anzahl) die Hälfte der Paradiesbewohner seid. So sagten wir: "Allah hu Akbar".

(Sahih Bukhari)

Die jüdische Rückkehr nach Jerusalem und die Wiederherstellung des Staates Israels, wurden durch Gog und Magogg und durch den falschen Messias (*Dajjal*) ermöglicht. Somit stellt dies die größtmöglichste Gefahr dar, denen die Juden in ihrer gesamten Geschichte je ausgesetzt wurden. In der Tat, ihr Schicksal ist nun besiegelt, doch sie sind darüber völlig ahnungslos. Nur duch die Annäherung an den Qur´an und durch die Akzeptanz desselbigen, als göttliche Offenbarung des Gottes von Abraham und die Akzeptanz der Lehren des Propheten Muhammad (*sallallahu alaihi wa sallam*), dem letzten Propheten, hätten den Juden die Möglichkeit eröffnet die Realität, der sie nun ausgesetzt sind zu erkennen und zu verstehen. Die in diesem Buch angegeben

Referenzen des Qur'ans und der *Hadithe*, sollen dazu dienen den Juden ein Verständnis dieser Realität zu bieten.

6. Eine Warnung an die Juden, dass eine göttliche Bestrafung wiederholt werden kann.

Der Qur'an warnte die Juden, sollten sie zu ihrem bösartigen Verhalten zurückkehren, so würde auch Allah, der Überlegene, mit Seiner Strafe zurückkehren. Das erste Mal bestrafte sie Allah (swt) durch eine babylonische Armee. Dann bestrafte Er sie durch eine römische Armee. Wenn nun die Zeit für die letzte Bestrafung eintrifft, so wird diese Strafe von einer muslimischen Armee vollstreckt werden:

عَسَى رَبُّكُمْ اَنْ يَرْحَمَكُمْ ۚ وَاِنْ عُدْتُمْ عُدْنَا وَجَعَلْنَا جَهَنَّمَ لِلْكَافِرِينَ حَصِيرًا (٨)

„*Vielleicht erbarmt euer Herr Sich eurer; doch wenn ihr (dazu) zurückkehrt (zu dem sündhaften Verhalten), kehren (auch) Wir zurück (mit Unserer Strafe). Und Wir haben die Hölle für die Ungläubigen zum Gefängnis gemacht.*"

(*Qur'ān, Banū Isrāīl, 17:8*)

7. Eine Warnung über die schlimmste Strafe, die es je für die Juden gegeben hat.

Der Qur´an teilt uns eine klare und deutliche Warnung mit, die sich an die Juden richtet, so wie sie klarer nicht zum Ausdruck gebracht werden könnte. Er sagt, dass sie eines Tages der Realität gegenübergestellt werden, welcher sie nun ins Gesicht blicken, d.h., Gog und Magogg und der *Dajjal*, der falsche Messias, werden in die Welt entsandt.

Die Juden weigerten sich an den Qur'ān, als das offenbarte Wort des Gottes Abrahams zu glauben und an Muhammad (*sallalahu 'alaihi wa salam*), als den letzten Propheten. In Folge dessen sind sie nicht in der Lage die Realität zu erkennen:

$$\text{وَاِذْ تَاَذَّنَ رَبُّكَ لَيَبْعَثَنَّ عَلَيْهِمْ اِلٰى يَوْمِ الْقِيٰمَةِ مَنْ يَّسُوْمُهُمْ سُوْٓءَ الْعَذَابِۗ اِنَّ رَبَّكَ لَسَرِيْعُ الْعِقَابِۖ وَاِنَّهٗ لَغَفُوْرٌ رَّحِيْمٌ (١٦٧)}$$

„*Und als dein Herr ankündigte, Er werde ganz gewiss gegen sie (die Juden) bis zum Tag der Auferstehung jemanden schicken, der ihnen eine böse Qual auferlegt. Dein Herr ist fürwahr schnell im Bestrafen, aber Er ist auch wahrlich Allvergebend und Barmherzig.*"

(*Qur'ān, al-'Araf, 7:167*)

Das Gesetz Allahs besagt, dass diese Bestrafung angemessen sein muss und gleichwertig in Bezug auf das verübte Verbrechen. Und weil die Juden nun mal das schlimmste aller Verbrechen begangen haben, in dem sie versuchten Jesus (*alihi as-Salam*) zu kreuzigen und die Thora änderten usw., werden sie den Preis dafür bezahlen müssen, indem sie die schlimmste Bestrafung aller Zeiten erhalten. Dieses Strafmaß wird sogar noch vor dem Eintreffen des Jüngsten Tages an ihnen vollzogen werden. In der Tat, diese Strafe begann, als der letzte Prophet (Muhammad) in die Welt kam und von ihnen abgelehnt wurde. Eine Serie dramatischer Ereignisse wird auftreten, die letztendlich in der schlimmsten Strafe ihren Höhepunkt erreicht. Allah wird jene erwecken, deren Funktion es sein wird, als Hauptakteure in diesem Drama zu agieren: Gog und Magogg und der *Dajjal*, der falsche Messias.

8. Die spirituelle Blindheit der Juden, wenn die Zeit für die finale Strafe gekommen ist.

Allah, der Allerhöchste, hat Selbst sichergestellt, dass weder die Juden noch die restlichen Wahrheitsleugner (jene, die die Wahrheit erkannten und sie ablehnten) auf der Welt, in der Lage sein werden, die Realität ihres eigenen Zustandes zu begreifen:

سَأَصْرِفُ عَنْ آيَاتِيَ الَّذِينَ يَتَكَبَّرُونَ فِي الْأَرْضِ بِغَيْرِ الْحَقِّ ۚ وَإِن يَرَوْا كُلَّ آيَةٍ لَّا يُؤْمِنُوا بِهَا ۚ وَإِن يَرَوْا سَبِيلَ الرُّشْدِ لَا يَتَّخِذُوهُ سَبِيلًا ۚ وَإِن يَرَوْا سَبِيلَ الْغَيِّ يَتَّخِذُوهُ سَبِيلًا ۚ ذَٰلِكَ بِأَنَّهُمْ كَذَّبُوا بِآيَاتِنَا وَكَانُوا عَنْهَا غَافِلِينَ (١٤٦)

„Ich werde von meinen Zeichen diejenigen abwenden, die auf der Erde ohne Recht hochmütig sind. Wenn sie auch jedes Zeichen sehen,

glauben sie nicht daran. Und wenn sie den Weg der Besonnenheit (Rechtschaffenheit) sehen, nehmen sie ihn sich nicht zum Weg. Wenn sie aber den Weg der Verirrung sehen, nehmen sie ihn sich zum Weg. Dies, weil sie Unsere Zeichen für Lüge erklären und ihnen gegenüber unachtsam sind."

(Qur'ān, al-'Arāf, 7:146)

Der Hauptakteur in diesem genialen Drama des letzten Zeitalters - der die gesamte Menschheit (mit Ausnahme der Gläubigen) in einen Zustand geistiger Blindheit verwandelt - ist kein anderer, als der falsche Messias höchstpersönlich, der *Dajjal*. Es ist wichtig anzumerken, dass das wichtigste Equipment, mit dem Allah den *Dajjal* ausgestattet hat (um seine Mission zu vollenden), das "Einauge" ist. Der *Dajjal* ist blind auf seinem rechten Auge, dies weist darauf hin, dass er intern an spiritueller Blindheit leidet. All jene, die durch ihn getäuscht werden, werden ebenfalls spirituell erblinden und werden daher nicht in der Lage sein zu sehen und die Zeichen Allahs im letzten Zeitalter zu erkennen. Dieser Zustand wird so lange anhalten bis Jesus, der Sohn der Maria, auf die Erde zurückkehrt.

9. Der Körper des Pharaos (der zu Zeiten Musas *alaihi as-Salam* lebte) wird geborgen und dieses Ereignis wird somit darauf hindeuten, dass den Juden das gleiche Schicksal blüht, wie dem Pharao (bedeutet: sie sterben in der gleicher Weise durch einen göttlichen Eingriff)

Der Qur´an liefert uns ein weiteres Zeichen, durch welches der scharfsinnige Beobachter erkennen kann und um aufzuzeigen, dass der finale "Countdown" für die *Banu Israil* im letzten Zeitalter nun eingetroffen ist und dass die schlimmste aller Strafen Allahs nun über sie kommen wird. Dieses göttliche Zeichen, war die Bergung des Körpers des Pharaos, der ertrunken war, als er versuchte das Meer zu durchqueren um Moses (*alaihi as-Salam*) zu verfolgen. Allah (swt) spaltete das Meer, um die *Banu Israil* zu retten. Nachdem sie das Meer in Sicherheit überquert hatten, brachte Allah (swt) die geteilten Meereswände wieder in ihre ursprüngliche Form zurück und der Pharao und seine Armee waren somit zerstört. Der Qur´an bezieht sich auf dieses Ereignis wie folgt:

وَإِذْ فَرَقْنَا بِكُمُ ٱلْبَحْرَ فَأَنجَيْنَٰكُمْ وَأَغْرَقْنَآ ءَالَ فِرْعَوْنَ وَأَنتُمْ تَنظُرُونَ (٥٠)

„*Und (gedenket der Zeit) da Wir das Meer teilten für euch und euch erretteten und das Volk Pharaos vor eurem Angesicht ertränkten.*"

(*Qur'ān, al-Baqarah, 2:50*)

Die *Banu Israil* wussten damals nicht und erkennen es bis heute nicht, dass sie selbst eines Tages zerstört werden, so wie der Pharao zerstört wurde, in selbiger Manier - sollten sie versuchen Allah zu betrügen und bestimmte Sünden begehen. Wie starb der Pharao?

Der nette Leser wird erstaunt sein, wenn er den Bericht des Qur'ans über den Tod des Pharaos ließt:

وَجَاوَزْنَا بِبَنِىٓ اِسْرَآءِيلَ الْبَحْرَ فَاَتْبَعَهُمْ فِرْعَوْنُ وَجُنُودُهُ بَغْيًا وَعَدْوًا ۖ حَتّٰىٓ اِذَآ اَدْرَكَهُ الْغَرَقُ قَالَ اٰمَنْتُ اَنَّهُ لَآ اِلٰهَ اِلَّا الَّذِىٓ اٰمَنَتْ بِهِ بَنُوٓا اِسْرَآءِيلَ وَاَنَا۠ مِنَ الْمُسْلِمِينَ (٩٠) آٰلْـٰٔنَ وَقَدْ عَصَيْتَ قَبْلُ وَكُنْتَ مِنَ الْمُفْسِدِينَ (٩١) فَالْيَوْمَ نُنَجِّيكَ بِبَدَنِكَ لِتَكُونَ لِمَنْ خَلْفَكَ اٰيَةً ۚ وَاِنَّ كَثِيرًا مِّنَ النَّاسِ عَنْ اٰيَاتِنَا لَغَافِلُونَ (٩٢)

Und Wir ließen die Kinder Isrā'īls das Meer durchschreiten. Da verfolgten sie Fir'aun und seine Heerscharen in Auflehnung und Übertretung, bis dass, als er vom Ertrinken erfasst wurde, er sagte: „Ich glaube (sehe jetzt), dass es keinen Gott gibt außer dem, an den die Kinder Isrā'īls glauben. Und ich gehöre (nun) zu den (Allah) Ergebenen (Muslimen)." (Ich sagte zu ihm): Aber jetzt erst? Wo du dich doch zuvor widersetztest und zu den Unheilstiftern (Unterdrücker) gehörtest? Heute wollen Wir dich mit deinem Leib erretten (dein Körper erhalten), damit du (bzw. dein Körper, wenn er geborgen wird) für diejenigen, die nach dir kommen, ein Zeichen seiest." Und viele von den Menschen sind gegenüber Unseren Zeichen wahrlich unachtsam?

(Qur'ān, Yunus, 10:90-2)

*Eine Qur´anische Erläuterung über die Rückkehr der
Juden in das Heilige Land*

$$\text{فَلَمَّا آسَفُونَا انْتَقَمْنَا مِنْهُمْ فَاَغْرَقْنٰهُمْ اَجْمَعِيْنَ (٥٥)}$$
$$\text{فَجَعَلْنٰهُمْ سَلَفًا وَّمَثَلًا لِّلْاٰخِرِيْنَ (٥٦)}$$

Als sie fortfuhren Uns herauszufordern, übten Wir an ihnen Vergeltung, und so ließen Wir sie allesamt ertrinken. Wir machten sie zu Vorgängern und zu einem Beispiel für die späteren (Geschlechter).

(Qur´ān, al-Zukhruf, 43:55-6)

Und so äußert der Qur´an die erstaunliche Prophezeiung, dass der Körper des Pharaos eines Tages entdeckt und geborgen werden wird und dass, wenn er entdeckt wird, dies ein äußerst unheilvolles göttliches Zeichen darstellen wird. Erstaunlicherweise wurde der Körper dieses Pharaos knapp vor dem Ende des letzten Jahrhunderts entdeckt. Für die Juden war dieser Fund mehr als nur ein unheilvolles Zeichen, denn die zionistische Bewegung wurde in etwa selbiger Zeit, parallel zur Entdeckung des Pharaonenkörpers, gegründet. Es ist klar, dass der *Dajjal*, der falsche Messias, der Hauptdrahtzieher im Hintergrund, bzgl. der Gründung der zionistischen Bewegung war.

Somit ist das Zeitalter von Gog und Magogg ebenso das Zeitalter des Dajjals.

Die Implikation des obigen ist, dass die Juden nun vom *Dajjal*, dem falschen Messias und von Gog und Magogg auf einen Weg geführt werden, auf dem sie die schlimmste Bestrafung erleben werden, die je gegen sie gerichtet wurde und die ihren Höhepunkt mit der göttlich angeordneten Zerstörung erreichen wird. Sie werden demselben Ende entgegen bilcken, wie einst der Pharao. Wie wird dieses Ende sein? Die Entdeckung des Pharaonenkörpers markierte ein Zeichen von großer Tragweite - von Allah dem Höchsten - so dass die Welt nun Zeuge des größten Dramas sein wird, wie es vorher kein vergleichbares in der menschlichen Historie gegeben hat. Die Zeit ist nun besonders für die Juden abgelaufen und für die gesamte Menschheit im Allgemeinen. Jene, die pflegten wie der Pharao zu leben, werden nun sterben, so wie der Pharao zu sterben pflegte.

Es ist wahrlich ein verhängnisvolles Zeichen des spirituellen Debakels, welches die muslimische Welt überfallen hat, indem die islamische Gelehrsamkeit nicht in der Lage war, diesem erstaunlichen Ereignis (d.h. die Bergung des Pharaonenkörpers) keine andere Bedeutung beizumessen, als nur zu Verkünden, dass eine Qur'anische Prophezeiung erfüllt worden ist.

10. Die Juden werden bei der Wiederkehr von Jesus (*alaihi as-Salam*) keine andere Alternative haben, außer, an ihn zu glauben, doch dann wird es zu spät sein, um sich vor der schrecklichen Strafe der Hölle zu retten.

Nachdem der *Qur'an* das Ereignis schilderte, in welchem die Juden versuchten Jesus *(alaihi as-Salam)* zu kreuzigen und dann auch noch damit prahlten, dies geschafft haben, offenbarte Allah, der Erhabene, eine der bedrohlichsten Warnungen. Die Juden, die Jesus ablehnten und ihn nicht als Messias akzeptierten (und Christen die ihm als Gottheit dienen), wurden darüber informiert, dass sie an ihn glauben werden müssen und dies, bevor er den Tod kostet, d.h., nachdem er zurückkehrt ist und bevor er stirbt. Somit werden die Juden an ihn (als Messias) glauben müssen und die Christen werden damit aufhören müssen ihm so zu dienen, wie man nur dem Einen Gott dient und ihn somit als Propheten Gottes anerkennen:

وَإِنْ مِّنْ اَهْلِ الْكِتٰبِ اِلَّا لَيُؤْمِنَنَّ بِهٖ قَبْلَ مَوْتِهٖ ۚ وَيَوْمَ الْقِيٰمَةِ يَكُونُ عَلَيْهِمْ شَهِيْدًا ۚ (١٥٩)

„*Es gibt keinen unter den Leuten der Schrift, der nicht noch vor dessen Tod ganz gewiss an ihn glauben wird. Und am Tag der Auferstehung wird er über sie Zeuge sein.*"

(*Qur'ān, al-Nisā, 4:159*)

Der oben zitierte Vers deutet darauf hin, dass wenn Jesus (*alaihi as-Salam*) zurückgekehrt ist, die Juden ihn somit nicht nur erkennen und ihren Glauben an ihn bezeugen werden, dass er der Messias ist, sondern ebenso durch logische Schlussfolgerung, Muhammad (*sallallahu alaihi wa sallam*) als den letzten Propheten des Gottes von Abraham und den Qur´an als letzte göttliche Botschaft anerkennen. Doch dieses "last-minute" Glaubensbekenntnis Seitens der Juden, wird keinerlei Nutzen für sie haben, so wie das " last-minute" Glaubensbekenntnis des Pharaos für ihn keinerlei Nutzen mehr brachte (er wurde trotzdem für das Höllenfeuer verurteilt). Dies ist die bedrohende Botschaft an die Juden, die durch die Entdeckung des Pharaonenkörpers zustande kam! Eine weitere Schlussfolgerung, die ausschlaggebend für das richtige Verständnis in der Deutung des historischen Prozesses ist, in welchem sich die Welt im Moment des finalen

Höhepunkts hinbewegen wird, ist, dass die Juden wie auch die Wahrheitsleugner, bis zum letzten Moment vor dem Eintreffen des großartigen Höhepunkts, absolut davon überzeugt bleiben werden, dass sie sich auf dem Pfad des Erfolges befinden. Und so ist das göttlich gestaltete Porträt der Wahrheit (d.h. der Islam), in der Welt des letzten Zeitalters, ein solches, welches extern gesehen ansteigend darauf hindeutet, dass der Islam gescheitert ist. Dies ist genau die Beschreibung unserer heutigen Welt.

JERUSALEM IM QUR'AN

Teil 1
Kapitel 13
Der Qur'an und das Schicksal Jerusalems

عَسَىٰ رَبُّكُمْ أَن يَرْحَمَكُمْ ۚ وَإِنْ عُدتُّمْ عُدْنَا ۘ وَجَعَلْنَا جَهَنَّمَ لِلْكَافِرِينَ حَصِيرًا (٨)

„"...doch wenn ihr (zu eurem früheren Zustande, dem verstoßen der Bedingungen bzgl. dem Vermächtnis für das Heilige Land) zurückkehrt, so wollen (auch) Wir zurückkehren (zu Unserer Strafmaßnahme d.h., ihr werdet immer und immer wieder vertrieben werden)..."

(Qur'ān, Banū Isrāīl, 17:8)

Der Prophet Muhammad *(sallallahu alaihi wa sallam)* sagte: „Unter euch wird sich das Prophetentum fortsetzen, solange wie es Allah will, dann wird Allah es zurückziehen, wenn Er will (die 23 Jahre des Propheten). Danach folgt das Kalifat nach dem Muster des Propheten, solange es Allah will. (In einen anderen Hadith sagt er genau 30 Jahre). Dann wird Er es aufheben (die Zeit der rechtgeleiteten Kalifen). Dann wird eine beißende Monarchie (Königtum/Sultanat) kommen, die wieder solange bleiben wird wie Allah es will (Emewieten, Abbasieten, Selcuken, Memliken, Andalusien, Kordoba, Osmanisches Reich). Anschließend wird eine brutale Regierung (-zeit) gegründet, die solange herrschen wird, wie Allah es will und die Er nach Seinem Belieben wieder abschaffen wird (die Zeit nach der Zerstörung des Kalifats in Istanbul 1342 nach der

Hidschra, am 3. März 1924 durch Kemal Atatürk). Dann kommt wieder das Kalifat nach dem Muster des Propheten." Darauf schwieg der Gesandte Allahs Mohammed (Friede und Segen auf ihn).

(Musnad, Ahmad bin Hanbal)

Nachdem Allah (swt) die Juden ein zweites Mal durch eine Ausweisung aus dem Heiligen Land bestraft hatte, verkündete Er Seine Absicht mit ihnen in gleicher Manier zu verfahren, sollten sie weiter das Heilige Land durch Verstöße der göttlichen Bedingungen entweihen, die auf dem Glauben und auf rechtschaffenes Handeln basieren:

عَسَىٰ رَبُّكُمْ اَنْ يَرْحَمَكُمْ وَاِنْ عُدْتُمْ عُدْنَا وَجَعَلْنَا جَهَنَّمَ لِلْكَافِرِينَ حَصِيرًا (٨)

„....doch wenn ihr (zu eurem früheren Zustande, dem verstoßen der Bedingungen bzgl. dem Vermächtnis für das heilige Land) zurückkehrt, so wollen (auch) Wir zurückkehren (zu Unserer Strafmaßnahme d.h., ihr werdet immer und immer wieder vertrieben werden)..."

(Qur'ān, Banū Israīl, 17:8)

Das Schicksal Jerusalems ist deutlich in der Warnung des Qur'ans im Vers 17:8 niedergeschrieben worden. Unabhängig gegenüber den ausgehandelten Vereinbarungen, die im "Camp David" oder anderswo, zwischen den säkularen nationalistischen Vertretern der palästinensischen Bevölkerung und dem säkularen europäischen Judentum getroffen wurden, die sich anmaßen Repräsentanten der Israeliten vom Stammbaum Abrahams, der *Banu Israil*, zu sein, ist das Schicksal Jerusalems deutlich im Kontext der Gottlosigkeit, des

Verfalls und der Unterdrückung, die nun das Heilige Land verschmutzt, erkennbar. Das außergewöhnlichste ist der Zustand der gottlosigkeit und der Verzicht auf eine religiöse Lebensweise. Ein kürzlich veröffentlichter Beitrag der "Jerusalem Post", hat folgendes zu sagen: *„Für zu viele Israelis ist das Judentum etwas Altmodisches geworden, etwas Primitives und ein irrelevantes System, das für Macht und Finanzausstattung konkurriert und ebenso eine Quelle der Verlegenheit darstellt, für eine intellektuell orientierte moderne Gesellschaft."*

(Jerusalem Post, September 12, 2000).

Unter den göttlichen "Zeichen", die dem Propheten Muhammad (*sallallahu alaihi wa sallam*) während seiner wundersamen Reise nach Jerusalem gezeigt und offenbart wurden, befindet sich das Schicksal Jerusalems. Es ist nicht überraschend, so scheint es zumindest, dass diese Angelegenheit die Aufmerksamkeit von Daniel Pipes erregt hat. Er und viele andere Juden auch scheinen die Steine der *Intifada*, die schon längst begonnen haben, im Heiligen Land zu sprechen, nicht zu hören.

Der Qur'an hat für Jerusalem ein deutliches Schicksal festgelegt, durch das die Muslime die Wiederaufnahme ihrer Herrschaft über Jerusalem erleben werden, die kurz nachdem Tod des Propheten (*sallallahu alaihi wa sallam*) begann und ununterbrochen für einige hundert Jahre fortgesetzt wurde. Als die euro-christlichen Kreuzzügler Jerusalem eroberten, wurde ihnen eine kurze Regierungszeit von acht Jahren gewährt, bevor das Schicksal Jerusalems sich weiter durchsetzte. Eine muslimische Armee besiegte die Kreuzzügler und die Herrschaft der Muslime über dem Heiligen Land, wurde somit wiederhergestellt. Erneut wurde das Gesetz der Muslime für einige hundert Jahre ununterbrochen fortgesetzt, bis durch den göttlichen Plan, die Juden in das Heilige Land zurückgebracht wurden. Es ist unwahrscheinlich, dass das gegenwärtige jüdische Gesetz mehr als acht Jahre andauern wird und Allah weiß am besten. Eine muslimische Armee wird dann die Juden besiegen und das muslimische Gesetz wird wiederhergestellt werden. Allah verkündet im Qur´an:

وَعَدَ اللَّهُ الَّذِينَ آمَنُوا مِنكُمْ وَ عَمِلُوا الصَّلِحَتِ لَيَسْتَخْلِفَنَّهُمْ فِى الْأَرْضِ كَمَا اسْتَخْلَفَ الَّذِينَ مِن قَبْلِهِمْ ۝ وَلَيُمَكِّنَنَّ لَهُمْ دِينَهُمُ الَّذِى ارْتَضَى لَهُمْ وَلَيُبَدِّلَنَّهُم مِّن بَعْدِ خَوْفِهِمْ أَمْنًا ۚ يَعْبُدُونَنِى لَا يُشْرِكُونَ بِى شَيْئًا ۚ وَمَن كَفَرَ بَعْدَ ذَ لِكَ فَأُولَئِكَ هُمُ الْفَسِقُونَ (٥٥)

„Verheißen hat Allah denen unter euch, die glauben und gute Werke tun, dass Er sie gewisslich zu Nachfolgern auf Erden machen wird, wie Er jene (gemeint die Juden), die vor ihnen waren, zu Nachfolgern machte; und dass Er gewisslich für sie ihre Religion befestigen wird (im Heiligen Land), die Er für sie auserwählt hat; und dass Er gewisslich ihren (Stand), nach ihrer Furcht, in Frieden und Sicherheit verwandeln wird: Sie werden Mich verehren, (und) sie werden Mir nichts zur Seite stellen. Wer aber hernach undankbar ist, das werden die Empörer sein."

(Qur´ān, al-Nūr, 24:55)

Als der Qur´an sich auf den Zustand der Furcht bezog, in welchem die Gläubigen leben, so muss dieser Zustand sich mit Sicherheit auf die gegenwärtige, erstaunliche, israelische Unterdrückung beziehen, die wir im Heiligen Land erleben. Ebenso verdeutlicht der Vers des Qur'ans, dass es nur jene Muslime sein werden, die zukünftig das Heilige Landes erben, die Allah alleine dienen und die keinen *Shirk* begehen. Die PLO ist somit kein Teil dieser Gemeinschaft, die Allah, dem Allerhöchsten, treu bleiben.

Dieses Qur'anische Versprechen wurde ebenfalls vom Propheten (*sallallahu alaihi wa sallam*) im folgenden *Hadith* bestätigt:

Abu Huraira berichtete, dass der Prophet (sallallahu alaihi wa sallam) sagte:

„Schwarze Banner werden von Khorasan kommen (die Gegend die nun Afghanistan umschließt, Pakistan, und ein Teil Irans und Zentralasien). Keine Macht wird sie aufhalten können, bis sie schließlich Eela (Baitul Maqdis / Jerusalem) erreichen, wo sie ihre Banner errichten werden.

(Sunan Tirmidhi)

Ebenfalls liefert uns der Qur'an die moralische Rechtfertigung für den "bewaffneten Kampf" (*Jihad*), der die Eroberung Jerusalems mit sich bringen wird. Der Gott Abrahams selbst verkündete, dass Er die Kriegsführung zum Zwecke der Bekämpfung der Unterdrücker autorisiert hat, jene Unterdrücker, die die Menschen gewaltsam aus ihren Häusern und aus ihrem Land vertrieben und dies aus keinem anderen Grund, außer, weil sie Muslime sind:

أُذِنَ لِلَّذِينَ يُقَاتَلُونَ بِأَنَّهُمْ ظُلِمُوا ۚ وَإِنَّ اللَّهَ عَلَىٰ نَصْرِهِمْ لَقَدِيرٌ (٣٩) الَّذِينَ أُخْرِجُوا مِنْ دِيَارِهِمْ بِغَيْرِ حَقٍّ إِلَّا

أَنْ يَقُولُوا رَبُّنَا اللَّهُ ۗ وَلَوْلَا دَفْعُ اللَّهِ النَّاسَ بَعْضَهُم بِبَعْضٍ لَّهُدِّمَتْ صَوَامِعُ وَبِيَعٌ وَصَلَوَاتٌ وَمَسَاجِدُ يُذْكَرُ فِيهَا اسْمُ اللَّهِ كَثِيرًا ۗ وَلَيَنصُرَنَّ اللَّهُ مَن يَنصُرُهُ ۗ إِنَّ اللَّهَ لَقَوِيٌّ عَزِيزٌ (٤٠)

„Erlaubnis (sich zu verteidigen) ist denen gegeben, die bekämpft werden, weil ihnen Unrecht geschah – und Allah hat fürwahr die Macht, ihnen zu helfen. Jenen, die schuldlos aus ihren Häusern vertrieben wurden, nur weil sie sprachen: „Unser Herr ist Allah."

(Qur'ān, al-Hajj, 22:39-40)

Es ist das Schicksal Jerusalems, dass eine muslimische Armee den Staat Israel zerstören wird und der Messias (Jesus, der Sohn der Maria) wird von Jerusalem aus als gerechter Herrscher über die Menschheit herrschen. Jesus, der Messias *(alaihi as-Salam)*, wird die Welt vom islamischen Staat aus regieren, der zu seiner Zeit, an Stelle des Betrügerstaates", dem zionistisch jüdischen Staat von Israel, gegründet werden wird.

Zum Schicksal Jerusalems gehört auch, dass der jüdische Staat Israel zunächst zum `Herrschenden Staat` der Welt erhoben werden muss, bevor das oben Beschriebene auftreten kann. Israel wird dann für einen Zeitraum von *einem Tag, der wie eine Woche sein wird*, über die Welt herrschen. Am Ende dieser Zeitperiode wird dann der falsche Messias höchstpersönlich, *an seinem Tag, der wie unsere Tage sein wird*, erscheinen. Zu dieser Zeit wird der See von *Galiläa* ausgetrocknet sein. Der *Dajjal* wird die Welt von Jerusalem aus regieren und somit seine Mission erfüllen, die Vortäuschung des wahren Messias. Nachdem der *Dajjal* in Person erschienen ist, wird *Imamul-Mahdi* erscheinen. Der Prophet (*sallallahu alaihi wa sallam*) sprach über dieses Ereignis im folgenden *Hadith*:

Der Prophet Muhammad (sallallahu alaihi wa sallam) sagte: „Unter euch wird sich das Prophetentum fortsetzen solange wie es Allah will, dann wird Allah es zurückziehen, wenn Er will (die 23 Jahre des Propheten). Danach folgt das Kalifat auf dem Muster des Propheten solange es Allah will. (In einen anderen Hadith sagt er genau 30 Jahre). Dann wird Er es aufheben (die Zeit der rechtleitenden Kalifen). Dann wird eine beißende Monarchie (Königtum/Sultanat) kommen, die wieder solange bleiben wird wie Allah es will (Emewieten, Abbasieten, Selcuken, Memliken, Andalusien, Kordoba, Osmanisches Reich). Anschließend wird eine brutale Regierung (-zeit) gegründet, die solange herrschen wird, wie Allah es will und die Er nach Seinem Belieben wieder abschaffen wird (die Zeit nach der Zerstörung des Kalifats in Istanbul 1342 nach der Hidschra, am 3 März 1924 durch Kamal Atatürk). Dann kommt wieder das Kalifat nach dem Muster des Propheten."
Darauf schwieg der Gesandte Allahs Muhammad (Friede und Segen auf ihn).

(Musnad, Ahmed bin Hanbal)

Der Dajjal wird den Imam in Damaskus attackieren und Jesus, der wahre Messias, wird dann herabkommen und den Dajjal, den falschen Messias, töten. Nachdem der Dajjal getötet wurde, so werden zu dieser Zeit die letzten vom Volke Y´ajuj wa M´ajuj freigesetzt werden und sie werden am Fluss von Galiläa vorbeigehen, während sie dabei verkünden: "hier gab es einmal Wasser". Y´ajuj und M´ajuj werden Jesus in Richtung eines Berges in Jerusalem verfolgen und Allah wird Jesus den Befehl erteilen den Berg zu erklimmen. Y´ajuj und M´ajuj werden dann damit prahlen, jene getötet zu haben, die auf Erden sind und werden sich nun in Richtung Himmel wenden, um jene zu töten, die im Himmel sind. Sie schießen ihre Pfeile in Richtung Himmel und Allah wird es erlauben, dass sie zu ihnen blutverschmiert zurückkehren. Jesus, der Messias, wird dann zu Allah beten, um die Zerstörung von Y´ajuj und M´ajuj herbeizuführen und so wird Allah sie durch Insekten vernichten, die sie auf ihre Nacken attackieren werden."

Wenn *Y´ajuj* und *M´ajuj* zerstört worden sind, wird ihre dominante "Weltordnung" bröckeln und die moderne Welt der Wissenschaft und der technologischen Wunder wird zusammenbrechen. Dieses Buch kündigt an, dass dieses Ereignis nicht weiter entfernt ist, als fünfzig Jahre. Zu dieser Zeit wird die muslimische Armee aus *Khorasan* erscheinen und wird den Juden auf einer Höhe des Schlachtfeldes gegenüberstehen. Der Prophet (*sallallahu alaihi wa sallam*) verkündete in einem *Hadith*, der sowohl im *Bukhari* als auch im *Sahih Muslim* steht, dass die Muslime dann die Juden bekämpfen werden. Hier sind seine Worte:

Der Prophet(s.a.s.) sagte, dass die Stunde nicht kommen wird, bis die Muslime die Juden bekämpfen und umbringen; bis der Jude sich hinter dem Stein und Baum versteckt und der Stein und der Baum sagen wird: „Oh, du Muslim, oh, du Diener Allahs, dies ist ein Jude, der sich hinter mir versteckt, komm und bring ihn um!" Bis auf Gargat dieser ist von den Bäumen der Juden.

(Abu Huraira, Sahih Muslim)

Es handelt sich in der Tat um eine simple Angelegenheit, jene islamischen Gelehrte auszuschließen, die nicht in der Lage sind die wahre Rechtleitung in diesem Zeitalter zu bieten. Es sind jene Gelehrte, die niemals oder fast nie in der Öffentlichkeit den oben erwähnten *Hadith* zitieren.

Das Schicksal Jerusalems ist eines, das den Muslimen die größte Zuversicht und Hoffnung bieten soll, denn die Wahrheit wird gegen die Falschheit und gegen die Unterdrückung siegreich sein.

JERUSALEM IM QUR'AN

Teil 2

Kapitel 1

Das Heilige Land und der politische Shirk des Staates Israel

وَءَاتَيْنَا مُوسَى ٱلْكِتَٰبَ وَجَعَلْنَٰهُ هُدًى لِّبَنِىٓ إِسْرَٰٓءِيلَ أَلَّا تَتَّخِذُوا۟ مِن دُونِى وَكِيلًا ۚ (٢)

„Wir gaben Moses die Schrift und machten sie zu einer Führung für die Kinder Israels (und befahle „Nehmt keinen zum Hüter (höchste Autorität) außer Mir."

(Qur'ān, Banu Israīl, 17:2)

(Shirk ist der Gottesdienst, der gegenüber einem anderen außer dem Gott von Abraham (a.s) verrichtet wird. Jedes, Verderbnis (z.B. durch falsche Absichten) im Gottesdienst zu diesem Einen Gott ist ebenso Shirk. Kufr ist die Ablehnung der Wahrheit.)

Israel ist ein moderner säkularer Staat, der sich im Heiligen Land befindet. Ihr System basiert auf politischem Säkularismus. Wie lautet die religiöse gesetzmäßige Erlaubnis eines solchen modernen säkularen Staates, wenn er in Übereinstimmung mit der Religion Abrahams richten möchte? Läuft solch ein säkularer Staat, der im Heiligen Land gegründet wurde, eher konform mit den göttlich aufgesetzten Konditionen, die eine Erbschaft des Heiligen Landes ermöglichen oder handelt der jüdische Staat gegen diese göttlichen Bedingungen?

Die heutige Weltordnung

Es ist äußerst befremdlich, dass eine Welt, die noch so viele großartige nichteuropäische Zivilisationen umfasst, heutzutage keiner dieser Zivilisationen die Herrschaft über ihr eigenes Territorium besitzt. Überall auf Welt heute unterwirft sich die Menschheit dem Gesetz der europäischen Zivilisation und wurde in das europäische Modell des säkularen Staates eingespannt. Das europäische System des säkularen Staates wurde schließlich von einer neuartigen internationalen politischen Institution produziert, welche (Anfangs) die "League of Nations" genannt wurde, später wurde diese dann zu den "United Nations" (die vereinigten Staaten). In diesem Namen selbst "United Nations", wurde das Ziel der neuen Weltordnung verankert, hergestellt durch Europa, um die Welt unter die europäische politische Beeinflussung zu vereinen, damit dieses Europa letztendlich die Welt regieren kann. Zu der Zeit, als dieses Buch verfasst wurde, stand Europa nah am Rande dieses Ziels und vervollständigte erfolgreich diese politische Strategie.

Europäische Zivilisationen schienen völlig hilflos sich selbst aus den Handschellen des säkularen Europas zu befreien. Jedoch die ultimative Auswirkung dieser europäischen Bemühung fand ihren Höhepunkt, als die Juden in das Heilige Land zurückgekehrt sind und ihnen die Macht zur Verfügung gestellt wurde, so dass sie die Welt von Jerusalem aus regieren können. *Arnold Toynbee*, der renommierte britische Historiker, antwortete auf dieses einmalige Phänomen mit der Sichtweise, dass alle vorherigen Zivilisationen (vorherigen, d.h., bis zur modernen westlichen Zivilisation) entweder "tot" oder "dem Tode geweiht" sind und dass es unvermeidbar ist, dass die westliche Zivilisation das gleiche Schicksal erleiden wird, welches alle vorherigen Zivilisation ereilte (Toynbee: Civilization on Trial, Ox Univ. Press, London, 1957: p.38). Das europäische Ziel war äußerst deutlich, dennoch so geheimnisvoll und unheilverheißend zugleich, das Ziel einer europäischen Herrschaftsetablierung über die gesamte Erde.

Der Qur´an (*Surah al-Anbiyah, 21:96*) verkündet äußerst klar und deutlich, dass wenn Gog und Magogg von Allah (swt) in die Welt entsendet werden, *"sie von allen Höhen herbeieilen"*. In Folge dessen wird ein Volk, welches aus einer "Stadt" verbannt wurde, das Allah, der Erhabene, zerstört hatte und welchem es verboten wurde in diese zurückzukehren, nun zurückkehren und versuchen diese Stadt zurückzuerlangen. Dieses Buch sagt, dass diese Stadt Jerusalem ist!

Wenn Gog und Magogg nun von allen Höhen herbeieilen, wird es für den Rest der Menschheit unmöglich sein sich ihnen zu widersetzen, dies, aufgrund der göttlichen Verkündung:

„Wahrlich Ich habe von Meinen Dienern solche hervorgebracht, die unbesiegbar sind, so führe meine Diener zum Berg Sinai (Tûr). Und Allah sendet ‚Gog und Magogg (Ya'jûj wa Ma'jûj) und sie eilen hin von jeder Erhöhung."

(Sahih Muslim)

Klar ist, aus dem obigen *Hadith*, dass die europäische Zivilisation (nach der Ankunft des Propheten Muhammad *sallallahu alaihi wa sallam*), die Zivilisation von Gog und Magogg ist. Ebenso erläutert dieses Buch das Phänomen des *Dajjals*. Er zählt, neben Gog und Magogg, zu den großen Zeichen des letzten Zeitalters. Weil seine Aufgabe darin besteht die Rolle des Messias vorzutäuschen, der von Jerusalem aus die Welt regieren muss, erfodert dies, logischerweise, dass auch er die Welt von Jerusalem aus regieren muss. Dieses Buch ermittelte den ersten Standort des *Dajjals*, von welchem er seine Mission begonnen hat, dies war die Insel Großbritanniens. Somit war das endgültige Ziel Europas nicht nur die Rückkehr der Juden in das Heilige Land zu ermöglichen, sondern ihnen auch die Weltherrschaft zu übergeben, so dass sie die Welt von Jerusalem aus regieren können!

Die Entstehungsgeschichte des modernen säkularen Staates

Der moderne säkulare Staat trat in Erscheinung, nachdem die euro-christliche Zivilisation auf mysteriöse Art und Weise von innen heraus attackiert und bedrohlich Unterworfen wurde und somit eine revolutionäre Veränderung hervorbrachte, eine Zivilisation, die augenscheinlich auf christlichem Glauben basierte, wurde nun in einen säkularen Staat verwandelt und das Judentum wurde in eine unaufhaltsame, machtvolle, essentiell gottlose, erstaunliche, irreführende, entsetzliche und dekadente Zivilisation verwandelt. Dies zählte zu den einmaligen und bedeutungsvollsten Ereignissen, die je in der europäischen Geschichte auftraten.

Die gottlosigkeit der modernen europäischen Zivilisation, war deutlich am Einstieg in den Materialismus zu erkennen, der den logisch abgeleiteten Höhepunkt einer neu angenommenen "einäugigen" Lehre darstellte, die darauf bestand, dass das Wissen einzig und allein nur aus einer Quelle zu entnehmen wäre, die aus externen Beobachtungen (d.h. nur das Sichtbare) und aus experimentellem (die wissenschaftlichen Erkenntnisse) zu stande kommt. Das andere "Auge", das "innere intuitive spirituell durchdringende Auge" (*Basira*), wurde als Mittel der Wissensaneignung abgelehnt.

Der moderne säkulare Staat erschien durch die Auswirkung dieser neuen europäischen angewandten Gottlosigkeit, bzgl. philosophischer und politischer Lehre.

Während der säkulare Staat schon vorher in der Geschichte erschienen war, trat jedoch das weltumfassende Phänomen, in welchem die gesamte Menschheit unter einer neuen säkularen Weltordnung vereint wurde, nur in unserem Zeitalter auf. Das moderne Zeitalter erschien in Folge dieser europäischen Revolution, die die gesamte Menschheit in eine gottlose, säkulare Umklammerung vereinte und fuhr dann damit fort, sie in eine einzige, globale, gottlose und säkulare Welt zu verwandeln.

Gibt es nun irgendetwas, was diesen Zustand erklären könnte? Unsere Behauptung lautet, dass nur der Qur´an diesen Zustand erklären kann!

Die gottlose, europäische Revolution, zählt sogar zur Gattung der mysteriöseren Phänomene, weil sie von einer wissenschaftlichen und technologischen Revolution begleitet wurde, die das gottlose Europa mit einer Macht bestückte, die unsichtbar zu sein scheint und somit Europa zu mehr Glanz verhalf, der sie wiederum unwiderstehlich machte. Die Dampfmaschine, die Züge, die motorisierten Autos, mechanisierte Panzer für die Kriegsführung, Schiffe, angetrieben durch Dampf und Öl, Flugzeuge, etc. Diese Dinge veränderten die Art des Reisens und der Kriegsführung, wie sie die Welt zuvor kannte, sie änderten die Art zu Leben. Die Elektrizität änderte das Leben der Menschen. Telefone und Telegraphen schafften eine unverzügliche Art der Kommunikation über weite Strecken und dies wiederum, veränderte das Leben der Menschen. Und eine feministische Revolution gab der Frau die Freiheit in der Gesellschaft, in eine männliche funktionale Rolle zu schlüpfen, trotz der funktionalen Unterschiede, welche Allah zwischen Mann und Frau bestimmte (*Qur'an, al-Lail, 92:4*). Dies galt als Befreiung der Frau!

Dies bewirkte die bedeutsamste und bedrohlichste Veränderung der menschlichen Lebensweise. Das neue Europa richtete einen andauernden Angriff auf die Menschheit, indem sie reizvoll an dem Instinkt der Gier und der Wollust kratzten. Eine sexuelle Revolution versprach den Sex – selbstverständlich und künstlich zu machen – leicht und frei erhältlich, wie der Sonnenschein.

Die Eheschließung wurde mehr und mehr als etwas Überflüssiges betrachtet und die Leute sollten frei wählen können, auch ohne Ehe zusammenzuleben und trotzdem als solche angesehen zu werden, die ein respektables Leben führen.

Die Homosexualität und das Lesbentum wurden als sexuelle Alternative verteidigt und wurden somit im volkstümlichen Bewusstsein akzeptiert, so dass sogar ein homosexueller, lesbischer Priester oder schwuler Rabbi, durchaus in Erscheinung treten könnte und weiterhin als solcher in seiner Rolle agieren dürfe. In der Tat, sogar die Welt der "Homosexualität" wurde säkularisiert, um die gesellschaftliche angebrachte Abscheu zu unnatürlichem sexuellen Verkehr abzuschaffen. Der unnatürliche Sex wurde durch das Wort "gay" ersetzt. Eine unerwartete, öffentliche Akzeptanz des Tausches unschuldiger Begriffe.

Eine Verbraucherrevolution gab der Menschheit einen nicht zu stillenden Appetit zur Aneignung von mehr und mehr neuen Verbrauchsgütern, die das Auge blenden.

Das neue gottlose Europa fuhr fort seine Macht zur Eroberung der restlichen Welt zu nutzen, um sie dann zu kolonialisieren, damit ihr "Glanz" dafür benutzt werden kann, die gesamte Menschheit zur Lebensweise des gottlosen Europas zu führen, indem sie ihm nachahmen und eine neue Verbraucherkultur annehmen.

Die gottlose, europäische Revolution erlebte ihren politischen Wendepunkt in der amerikanischen, bolschewik und französischen Revolution im Jahre 1776, 1787-1800 und im Jahre 1917. Der wirtschaftliche Wendepunkt ereignete sich durch das Erscheinen des Wucherwirtschaftssystems, welches auf Zinshandel basiert. Dieses System wurde voll und ganz durch die Protestanten-Revolution errungen. Der kulturelle Wendepunkt ereignete sich durch das Erscheinen der feministischen Revolution, die sich für die Befreiung der Frauen einsetzte. Doch keine dieser Revolutionen wären je möglich gewesen, ohne die Begleitung der wissenschaftlichen und technologischen Revolution.

Der *Shirk* und der *Kufur* des modernen säkularen Staates

Am Ende jener euro-christlichen Revolution, die sich zuvor an Grundlagen hielt, die mit dem Eingottglauben verbunden waren, in der sie Seine absolute Souveränität und Oberherrschaft anerkannten (*durch die Theorie des göttlichen Verwaltungsrechts, indem Gott repäsentativ auf Erden durch die Institution der römischen Kirche vertreten wird*), akzeptierten sie nun den Gott Abrahams (*alaihi as-Salam*)

nicht länger als den Souveränen, noch akzeptierten sie Seine Autorität und Sein Gesetz, als das Höchste. Der "moderne säkulare Staat" wurde nun als "überlegene Macht" anerkannt und das ist *Shirk*!
Der Staat hat somit die Autorität, das für *Halal* zu erklären (d.h. das Legale und Erlaubte festzulegen), was Allah für *Haram* (illegal und verboten) erklärte, das ist *Shirk*!

Shirk ist eine sehr große Sünde. In der Tat, es ist die größte aller Sünden. Es handelt sich um die eine Sünde, die der Gott Abrahams, der Erhabene, nicht verzeihen wird, so verkündet Er im Qur´an:

إِنَّ اللّهَ لَا يَغْفِرُ أَنْ يُشْرَكَ بِهِ وَيَغْفِرُ مَا دُونَ ذَٰلِكَ لِمَنْ يَشَاءُ ۚ وَمَنْ يُشْرِكْ بِاللَّهِ فَقَدِ افْتَرَىٰ إِثْمًا عَظِيمًا (٤٨)

„Wahrlich, Allah wird es nicht vergeben, dass Ihm Götter zur Seite gestellt werden; doch vergibt Er das, was geringer ist als dies, wem Er will. Und wer Allah Götter zur Seite stellt, der hat wahrhaftig eine gewaltige Sünde ersonnen."

(Qur´an, al-Nisa, 4:48)

Wer auch immer *Shirk* begeht und in diesem Zustand stirbt, der kann nie das Paradies betreten:

لَقَدْ كَفَرَ الَّذِينَ قَالُوا إِنَّ اللَّهَ هُوَ الْمَسِيحُ ابْنُ مَرْيَمَ ۖ وَقَالَ الْمَسِيحُ يَا بَنِي إِسْرَائِيلَ اعْبُدُوا اللَّهَ رَبِّي وَرَبَّكُمْ ۖ إِنَّهُ مَنْ يُشْرِكْ بِاللَّهِ فَقَدْ حَرَّمَ اللَّهُ عَلَيْهِ الْجَنَّةَ وَمَأْوَاهُ النَّارُ ۖ وَمَا لِلظَّالِمِينَ مِنْ أَنْصَارٍ (٧٢)

„Fürwahr, ungläubig sind, die da sagen: «Allah ist kein anderer denn der Messias, Sohn der Maria», während der Messias doch (selbst) gesagt hat: «O ihr Kinder Israels, betet Allah an, meinen Herrn und euren Herrn.» Wer Allah Götter zur Seite stellt, dem hat Allah den Himmel verwehrt, und das Feuer wird seine Wohnstatt sein. Und die Frevler sollen keine Helfer finden."

(Qur´an, al-Maidah, 5:72)

Der Götzendienst ist die offenkundigste Art des *Shirks*. Diese Form des *Shirks*, ist größtenteils aus der heutigen Welt verschwunden.

Doch es gibt andere Arten des *Shirks*, die ebenfalls im Qur´an beschrieben werden. Der Pharao z.B sagte zu Moses (*alaihi as-Salam*): „Ich bin euer höchster Herr" und er sagte den Anführern seines Volkes: „*O ihr Anführer! Ich kenne keinen anderen Gott für euch als Mich selbst...*" Dies war *Shirk*! Der Götzendienst gegenüber dem Pharao, der Seitens der ägyptischen Bevölkerung praktiziert wurde, forderte von ihnen, dass sie sich der Autorität des Pharaos unterwerfen und seine Macht und sein Wort in Ägypten, als das höchste Gesetz betrachten. Auch dies ist *Shirk*!

Der Qur´an ermahnt im wiederholten Male jene, die gleich dem Pharao, den *Hukum* etablieren (d.h., ein System des Gesetzes und der Gerechtigkeit, basierend auf "anderen" Gesetzmäßigkeiten als auf Allahs Wort oder "gegen" Allahs Autorität zu handeln). Dennoch, wenn die göttliche Rechtleitung ein Volk erreicht (solche wie Juden, Christen oder Muslime) und sie diese Rechtleitung akzeptieren, dann ist die Situation ganz anders. Wenn solch ein Volk (der Schrift) die Möglichkeit bekommt ihre Herrschaft über ein Gebiet zu etablieren und sie dabei scheitern das Gesetz und die Autorität, basierend auf den von Gott offenbarten Gesetzen einzuführen, so sind es diese, die der Qur´an eindeutig ermahnt und sie des *Kufurs* (Unglaube), des *Dhulums* (Ungerechtigkeit) und des *Fisq* beschuldigt (Bösartigkeit und gewaltiges Sündigen):

إِنَّا أَنْزَلْنَا التَّوْرَاةَ فِيهَا هُدًى وَنُورٌ يَحْكُمُ بِهَا النَّبِيُّونَ الَّذِينَ أَسْلَمُوا لِلَّذِينَ هَادُوا وَ الرَّبَّانِيُّونَ وَالْأَحْبَارُ بِمَا اسْتُحْفِظُوا مِنْ كِتَابِ اللَّهِ وَكَانُوا عَلَيْهِ شُهَدَاءَ فَلَا تَخْشَوُا النَّاسَ وَاخْشَوْنِ وَلَا تَشْتَرُوا بِآيَاتِي ثَمَنًا قَلِيلًا وَمَنْ لَمْ يَحْكُمْ بِمَا أَنْزَلَ اللَّهُ فَأُولَئِكَ هُمُ الْكَافِرُونَ (٤٤) وَكَتَبْنَا عَلَيْهِمْ فِيهَا أَنَّ النَّفْسَ بِالنَّفْسِ وَالْعَيْنَ بِالْعَيْنِ وَالْأَنْفَ بِالْأَنْفِ وَالْأُذُنَ بِالْأُذُنِ وَالسِّنَّ بِالسِّنِّ وَالْجُرُوحَ قِصَاصٌ فَمَنْ تَصَدَّقَ بِهِ فَهُوَ كَفَّارَةٌ لَهُ وَمَنْ لَمْ يَحْكُمْ بِمَا أَنْزَلَ اللَّهُ فَأُولَئِكَ هُمُ الظَّالِمُونَ (٤٥) وَقَفَّيْنَا عَلَى آثَارِهِمْ بِعِيسَى ابْنِ مَرْيَمَ مُصَدِّقًا لِمَا بَيْنَ يَدَيْهِ مِنَ التَّوْرَاةِ وَآتَيْنَاهُ الْإِنْجِيلَ فِيهِ هُدًى وَنُورٌ وَّ مُصَدِّقًا لِمَا بَيْنَ يَدَيْهِ مِنَ التَّوْرَاةِ وَهُدًى وَمَوْعِظَةً لِلْمُتَّقِينَ (٤٦) وَلْيَحْكُمْ أَهْلُ الْإِنْجِيلِ بِمَا أَنْزَلَ اللَّهُ فِيهِ وَمَنْ لَمْ يَحْكُمْ بِمَا أَنْزَلَ اللَّهُ فَأُولَئِكَ هُمُ الْفَاسِقُونَ (٤٧)

„*Wir hatten die Thora hinabgesandt, in der Führung und Licht war. Damit haben die Propheten, die gehorsam waren, den Juden Recht gesprochen, und so auch die Wissenden und die Gelehrten; denn ihnen wurde aufgetragen, das Buch Allahs zu bewahren, und sie waren seine Hüter. Darum fürchtet nicht die Menschen, sondern fürchtet Mich; und geht nicht Meine Zeichen hin um geringen Preis."*

Wer nicht nach dem richtet, was Allah hinabgesandt hat – das sind die Ungläubigen. Wir hatten ihnen darin vorgeschrieben: Leben um Leben, Auge um Auge, Nase um Nase, Ohr um Ohr und Zahn um Zahn, und für (andere) Verletzungen billige Vergeltung. Wer aber darauf Verzicht tut, dem soll das eine Sühne sein; und wer nicht nach dem richtet, was Allah hinabgesandt hat – das sind die Ungerechten."

„Wir ließen Jesus, den Sohn der Maria, in ihren Spuren folgen, zur Erfüllung dessen, was schon vor ihm in der Thora war; und Wir gaben ihm das Evangelium, worin Führung und Licht war, zur Erfüllung dessen, was schon vor ihm in der Thora war, eine Führung und Ermahnung für die Gottesfürchtigen. Es soll das Volk des Evangeliums richten nach dem, was Allah darin offenbart hat; wer nicht nach dem richtet, was Allah hinabgesandt hat – das sind die Empörer."

(Qur'an, al-Maidah, 5:44-47)

Weil die Aussage des Pharaos und sein Auftreten im Lande Ägyptens Handlungen des *Shirks* waren, lernen wir daraus, dass dieselben Aussagen, die vom modernen säkularen Staat stammen, ebenso den Handlungen des *Shirks* angehören! Weil der Gott Abrahams *(alaihi as-Salam)* verkündete: *„...wer nicht nach dem richtet, was Allah hinabgesandt hat – das sind die Ungläubigen"* und der moderne säkulare Staat genau dies tut, lautet die Bedeutung somit, dass Juden, Christen, Muslime etc., die das säkulare Staatssystem etablierten, nachdem sie das göttliche Gesetz durch die Thora, Psalm, Evangelium und den Qur'an erhalten haben, sich des *Kuffurs*, *Fisq* und *Dhulum* schuldig gemacht haben! Wenn ein Jude, ein Christ oder ein Muslim, an einer internationalen Wahl in einem modernen säkularen Staat wählen geht, genügt dies als Bestätigung, dass der Wähler, die von ihm gewählte Partei als fähig betrachtet, über ihn zu herrschen.

Und wenn diese Partei als Regierung *Shirk*, *Kufur* und *Fisq* begeht oder beging, dann lautet die Bedeutung dessen wie folgt, der Jude, Christ oder Muslim, würde somit seiner Partei und seiner Regierung in den *Shirk*, *Kufur*, *Dhulum* und in den *Fisq* folgen! Ebenso verurteilt der Qur'an die Handlung als *Shirk*, die das zu *Halal* erkläret, was auch immer Allah für *Haram* erklärt hat (und umgekehrt). Somit kam die Offenbarung vom Gott Abrahams (*alaihi as-Salam*) herab, in welcher Er die Juden und die Christen denunziert, sich solcher Sünden schuldig gemacht zu haben:

اِتَّخَذُوٓا۟ اَحْبَارَهُمْ وَرُهْبَانَهُمْ اَرْبَابًا مِّنْ دُونِ اللّٰهِ وَالْمَسِيحَ ابْنَ مَرْيَمَ ۚ وَمَآ اُمِرُوٓا۟ اِلَّا لِيَعْبُدُوٓا۟ اِلٰهًا وَّاحِدًا ۚ لَآ اِلٰهَ اِلَّا هُوَ ۚ سُبْحٰنَهُ عَمَّا يُشْرِكُونَ (٣١)

„*Sie haben sich ihre Schriftgelehrten und Mönche zu Herren genommen neben Allah und den Messias, den Sohn der Maria. Und doch war ihnen geboten, allein den Einigen Gott anzubeten. Es ist kein Gott außer Ihm. Allzu heilig ist Er für das, was sie (Ihm) zur Seite stellen!*"

(Qur'an, al-Tauba, 9:31)

Als dieser Vers des Qur'ans offenbart wurde, kam ein Mann zum Gesandten Allahs *(sallalluhu alaihi wa sallam)* und reklamierte, dass Juden und Christen nicht ihren Pristern, Mönchen und Rabbinern dienen würden. Er fragte: „Wie kann der Gott Abrahams sie dann beschuldigen so etwas begangen zu haben?" Der Prophet *(sallallahu alaihi wa sallam)* antwortete rhetorisch: „Erlaubten sie ihnen nicht das, was Allah verboten hatte?" Dann fragte er: „Folgten die Leute (Juden und Christen) ihnen nicht in diesen *(Shirk)*?" Dies war ihr *Shirk*! Unter den verbotenen Dingen, die als *Halal* klassifiziert wurden, befanden sich das Glücksspiel, die Lotterie, der Konsum und der Verkauf des Alkohols und die *Riba* (Zinshandel).

Als die Juden in dieser Art handelten, wurden sie von David *(alaihi as-Salam)* und Jesus *(alaihi as-Salam)* verflucht:

لُعِنَ الَّذِينَ كَفَرُوا مِنْ بَنِي إِسْرَآءِيلَ عَلَىٰ لِسَانِ دَاوُۥدَ وَعِيسَى ابْنِ مَرْيَمَ ۚ ذَٰلِكَ بِمَا عَصَوا وَّكَانُوا يَعْتَدُونَ (٧٨) كَانُوا لَا يَتَنَاهَوْنَ عَن مُّنكَرٍ فَعَلُوهُ ۚ لَبِئْسَ مَا كَانُوا يَفْعَلُونَ (٧٩)

„Die unter den Kindern Israels, die nicht glaubten, wurden verflucht durch die Zunge Davids und Jesus', des Sohnes der Maria. Dies, weil sie ungehorsam waren und zu freveln pflegten. Sie hinderten einander nicht an den Missetaten, die sie begingen. Übel fürwahr war das, was sie zu tun pflegten."

(Qur'an, al-Maidah, 5:78-79)

Wer auch immer durch einen Fluch eines Propheten belastet wurde und stirbt, der hat keine Chance irgendeinen Ausweg aus den brennenden Flammen des Höllenfeuers zu finden!

In der Tat, dies ist die höchste Form von Heuchelei für jene Menschen, die behaupten, dass sie dem Gott Abrahams dienen und gleichzeitig jedoch damit fortfahren, das zu legalisieren, was Er ihnen verboten hat und das zu verbieten, was Er ihnen erlaubt hat:

ٱلْمُنَٰفِقُونَ وَٱلْمُنَٰفِقَٰتُ بَعْضُهُم مِّنۢ بَعْضٍ ۚ يَأْمُرُونَ بِٱلْمُنكَرِ وَيَنْهَوْنَ عَنِ ٱلْمَعْرُوفِ وَيَقْبِضُونَ أَيْدِيَهُمْ ۚ نَسُوا۟ ٱللَّهَ فَنَسِيَهُمْ ۗ إِنَّ ٱلْمُنَٰفِقِينَ هُمُ ٱلْفَٰسِقُونَ (٦٧)

„Die Heuchler und die Heuchlerinnen, sie halten zusammen. Sie gebieten das Böse und verbieten das Gute, und ihre Hände bleiben geschlossen. Sie haben Allah vergessen, so hat Er sie vergessen. Wahrlich, die Heuchler, das sind die Ungehorsamen."

(Qur'an, al-Tauba, 9:67)

Wenn es einer Handlung des *Shirks* entspricht, dass Priester und Rabbiner, das für *Halal* erklären, was Allah für *Haram* erklärt hat, so ist es ebenfalls eine Handlung des *Shirks*, wenn eine Regierung in gleicher Weise vorgeht. Und wenn sie den Fluch der Propheten zu jener Zeit ernteten, so gilt dieser Fluch in gleicher Weise für die heutige Zeit!

Nun, der Ansatz zur üblichen Vorgehensweise, um diesen Fachbereich zu untersuchen lautet, die "Pro" und "Kontra" Punkte abzuwiegen, die für eine Teilnahme des Gläubigen an politischen Wahlen des modernen säkularen Staates dafür oder dagegen sprechen.
Die Verteidiger des säkularen Staates bohren eloquent in die Ohren der Zuhörer, Vorzüge, die dafür sprechen. Einige argumentieren:

„Wenn wir uns nicht an politischen Wahlen beteiligen, so werden wir keine politischen Vertreter für uns haben – niemand der für unsere Rechte einsteht." In einem seriöseren Level des Lehrens, kam ein anderes Argument auf: „Die Teilnahme an politischen Wahlen stellt eine Notwendigkeit dar, um irgendeine Anstrengung, die Erfolg verspricht, in Richtung Änderung des politischen gottlosen Systems zu lenken."

Die Angelegenheit des *Shirks* wird in einer Art der Täuschung vermittelt: „Wir werden an Wahlen teilnehmen, aber werden dies auf der Grundlage eines öffentlichen, zu vertretenden Standpunktes tun, welcher lautet, dass wir die säkulare Satzung und den säkularen Staat nicht akzeptieren. Die Austrittsklausel wird uns vor dem *Shirk* bewahren."

Unsere Antwort darauf lautet, dass die Teilnahme an politischen Wahlen in einem säkularen Staat bedeutet, dass man *de facto* den Charakter dieses säkularen Staates akzeptiert. Der säkulare Staat äußert dieselbe Aussage, die auch der Pharao zu Zeiten Moses (*alaihi as-Salam*) äußerte. Diese Aussage lautet: Der Staat ist souverän. Seine Autorität ist überlegen. Sein Gesetz ist überlegen.

Das ist *Shirk*! Wenn Leute in einem säkularen Staat wählen, akzeptieren sie damit die Aussagen und Behauptungen dieses Staates, souverän und überlegen zu sein. Sie akzeptieren seinen Anspruch auf überlegene Autorität und akzeptieren sein Gesetz, als überlegenes Gesetz.

Wenn Gläubige in solchen Wahlen wählen gehen, so können sie aus dem *Shirk* nicht entkommen. Zweitens, wenn Gläubige sich an Wahlen beteiligen, so müssen sie eine Partei wählen. Wenn diese Partei als Regierung verkündet, dass das, was der Gott Abrahams für erlaubt erklärt hat, verboten ist oder die Einführung solcher Gesetze unterstützt, so hat diese Regierung *Shirk* begangen. Heutzutage haben wir auf der ganzen Erde Regierungen und Parlamente, die schon längst nahezu alles für *Halal* erklärt haben, was Allah für *Haram* erklärt hat. Wenn die Gläubigen nun ihre Stimmzettel für solche politischen Parteien und Regierungen einwerfen, so haben sie längst *Shirk* über *Shirk* begannen, solche Stimmzettel implizieren die Akzeptanz jener Leute und sie implizieren, dass sie als fähig betrachten werden, über sie zu herrschen. Somit folgen die Gläubigen ihnen in den *Shirk*, *Kufur*, *Dhulum* und *Fisq*!

Drittens, dieses Verfahren stellt einen Verstoß und das Verlassen der *Sunnah* des geehrten Propheten des Islams dar.

Politische Parteien und Regierungen auf der ganzen Erde sind umgeben von denen, die verächtlich darauf bestehen, das für *Halal* zu erklären, was Allah (swt) für *Haram* erklärt hat.

Wenn ein Volk verächtlich im *Haram* verharrt, so wird es einen schrecklichen Preis dafür bezahlen müssen. Es ist klar wie das Tageslicht, dass die moderne säkulare Welt bereits im Begriff ist, exakt diesen Preis zu zahlen. Was ist dieser Preis?

فَلَمَّا عَتَوْا عَن مَّا نُهُوا عَنْهُ قُلْنَا لَهُمْ كُونُوا قِرَدَةً خَٰسِئِينَ (١٦٦)

Als sie trotzig bei dem verharrten, was ihnen verboten war, da sprachen Wir zu ihnen: „Werdet denn verächtliche Affen!"

(Qur´an, al-Araf, 7:166)

Dies bedeutet, dass sie nun wie Affen leben werden, unfähig sich in Zurückhaltung zu üben gegenüber ihrem massiven Appetit und ihren Vorlieben, die sie in der "Endzeit" dazu antreiben werden, sexuellen Verkehr in der Öffentlichkeit auszuüben, so wie die Esel.

Der moderne säkulare Staat legalisierte den Geldverleih auf Zinsbasis (*Riba*). Eine stetig wachsende Anzahl moderner säkularer Staaten haben längst das Glücksspiel, den Konsum von Alkohol, Schweinefleisch und die Benutzung des Papiergeldes legalisiert, welches ständig an Wert verliert. Abtreibung, Homosexualität, Ehebruch und Unzucht gehören ebenfalls zu den Merkmalen eines säkularen modernen Staates.

Heutzutage erkennen die meisten modernen säkularen Staaten auf der Erde, Allahs Gesetz nicht mehr an, z.B., dass ein Sohn, das doppelte als die Tochter erben muss. Sie erklären solch ein Gesetz als diskriminierend gegenüber Frauen und etablieren ihre eigenen Gesetze, die, wie sie behaupten, gerechter sind als Allahs Gesetz. Ihr Gesetz ist in der Tat kein Gesetz.

Ein Mann kann seinen gesamten Besitz einem Dummkopf hinterlassen und nichts für seine Frau und seine Kinder! Der moderne säkulare Staat hat es für verboten erklärt, dass ein Mann mehr als eine Frau gleichzeitig heiraten darf, weil sie behaupten, dies wäre eine Art von Diskriminierung gegenüber der Frau. Vielmehr erklärten sie es als verpflichtend, dass ein Mann nicht mehr als eine Frau gleichzeitig haben darf und so behaupten sie, dass sie die Ungerechtigkeit, die im Gesetz Allahs verankert ist, abschafften. Diese Alternative bewirkte eine sexuelle Revolution, die die Ehe als Spott in sich darstellte! Eine Frau muss sich nicht länger an Pflichten halten, legal oder moralisch ihrem Ehemann gegenüber Gehorsam sein, weil dies wiederum eine Diskriminierung der Gleichheit von Mann und Frau darstellen würde. Die Sonne ist noch nie über einer seltsameren Erde aufgegangen, als die gegenwärtige, eine unermüdlich gottlose und erstaunlich glanzvolle moderne Eurowelt und dies ist sicherlich ein unheilverkündendes Zeichen! Die bezeichnende Charaktereigenschaft der Religion Abrahams (*alaihi as-Salam*) lautet, dass es in ihr keinen Platz für *Kufur* (Unglaube) und für *Shirk* (Ablehnung der Dienerschaft gegenüber dem Einen Wahren Gott) gibt. Dennoch basiert das säkulare politische System der neuen essentiell gottlosen euro-christlichen Zivilisation - bekannt als die moderne westliche

Zivilisation - auf *Shirk* und *Kufur*. Die UNO wurde auf *Shirk* gegründet. Die UN Satzung besagt, dass Allah nich *al-Akbar* ist, Artikel 24 und 25 der Satzung verkündet, dass der Sicherheitsrat die absolute Autorität in allen weltlichen Angelegenheiten bzgl. des internationalen Friedens und der Sicherheit besitzt. Die Autorität des Sicherheitsrates wurde höher gestellt, als die Autorität Allahs und Seines Gesandten (*sallallahu alaihi wa sallam*). Das ist *Shirk*!

Wie erklären wir dann, dass die *Banu Israil* einen modernen säkularen Staat im Heiligen Land akzeptieren? Und wie erklären wir, dass Muslime auf der ganzen Erde den modernen säkularen Staat, als rechtsgültigen Ersatz des Kalifats akzeptieren?

Dies ist wohl der richtige Moment für uns, um zu erklären was das Kalifat ist und um es somit mit dem modernen säkularen Staat zu vergleichen. Die Ignoranz, die auf der Erde heutzutage herrscht, ist in so einem Ausmaß präsent, dass selbst Muslime völlig ahnungslos auf diesem Thema sind.

Das Kalifat und der moderne säkulare Staat

Das islamische Kalifat stellt ein Staatskonzept dar, welches ein politisches System hervorbringt, das Allah (swt) als den Souveränen, als die höchste Autorität und Sein Gesetz als das Höchste akzeptiert. Dieser Staat erklärt das für *Haram*, was auch *Haram* ist und als *Halal*, was auch *Halal* ist (bezogen auf den Qur'an und die *Sunnah*). Das Kalifat erschien in Folge dieser göttlichen Gebote, die den

Gehorsam gegenüber Allah und seinem Gesandten forden und gegenüber jenen, die die Befehlsgewalt unter den Muslimen haben.

$$\text{يَٰٓأَيُّهَا ٱلَّذِينَ ءَامَنُوٓا۟ أَطِيعُوا۟ ٱللَّهَ وَأَطِيعُوا۟ ٱلرَّسُولَ وَأُو۟لِى ٱلْأَمْرِ مِنكُمْ ۖ فَإِن تَنَٰزَعْتُمْ فِى شَىْءٍ فَرُدُّوهُ إِلَى ٱللَّهِ وَٱلرَّسُولِ إِن كُنتُمْ تُؤْمِنُونَ بِٱللَّهِ وَٱلْيَوْمِ ٱلْءَاخِرِ ۚ ذَٰلِكَ خَيْرٌ وَأَحْسَنُ تَأْوِيلًا (٥٩)}$$

„O die ihr glaubt, gehorcht Allah und gehorcht dem Gesandten und denen, die Befehlsgewalt unter euch haben."

(Qur'an, Al-Nisa, 4:59)

Der Islam verzichtete auf die Anerkennung der gespaltenen Treue – dass jemand gleichzeitig die höchste Loyalität gegenüber dem Staat haben kann und dennoch Allah gegenüber die angemessene Treue entgegenbringt. Die beiden Welten (die Welt der Religion und der Politik) wurden nicht voneinander getrennt, weil der Qur'an klar deklariert: *„Er ist der Erste und der Letzte, der Sichtbare und der Verborgene, und Er ist der Wisser aller Dinge."* (Qur'an, al-Hadit, 57:3).

Die höchste Loyalität gebührt Allah und nicht dem Staat, weil der Qur'an deutlich verkündet:

$$\text{قُلْ إِنَّ صَلَاتِى وَنُسُكِى وَ مَحْيَاىَ وَمَمَاتِى لِلَّهِ رَبِّ ٱلْعَٰلَمِينَ (١٦٢)}$$

Sprich: „Mein Gebet und mein Opfer und mein Leben und mein Tod gehören Allah, dem Herrn der Welten."

(Qur´an, al-An´am, 6:162)

Europa zerstörte dieses islamische Staats- und Politikmodell, als das osmanische Kalifat ins Visier genommen und letztendlich zerstört wurde. Europa sicherte sich weiter ab, damit das Islamische Kalifat nimmer mehr errichtet werden könne. Sie taten dies, als sie bei der Kreation des säkularen saudischen Staates im *Hijaz* assistierten und dann damit fortfuhren dem Staat ihren Schutz zu garantieren, um dessen Überleben sicherzustellen. Das Kalifat könnte aus zwei Gründen niemals wiederhergestellt werden. Erstens, das Saudi-Wahhabi Regime, welches die Kontrolle über die *Haramain* (den *Hijaz* und *Hajj*) besitzt, würde nie das Kalifat als System für sich beanspruchen. Zweitens, so lange sie die Kontrolle über die *Haramain* haben, kann niemand anderes das Kalifat beanspruchen!

Es gibt eine Anzahl von Gründen, die erklären, warum Europa den Islamischen Staat ins Visier nahm und zerstörte. Der erste Grund war, den Weg zur Befreiung der Juden und dessen Rückkehr ins Heilige Land zu ebnen und zu erleichtern. Der zweite war, den universalen Zugang zum *Shirk*, für das neue säkulare europäische Staatsmodell, zu ermöglichen. Als das Kalifat zerstört wurde, nahm der moderne säkulare Staat der Türkei; und der säkulare Staat von Saudi-Arabien, dessen Platz ein. Anschließend wurden indische Muslime exquisit dahingehend getäuscht, der säkularen Republik von Pakistan beizutreten.

Drittens, das Kalifat musste zerstört werden, weil es den Zugang zur Realisierung des ultimativen Ziels der neuen gottlosen europäischen Agenda versperrte. Dieses europäische Ziel bestand darin, den jüdischen Staat zu gründen und ihn zum herrschenden Staat der Welt zu pushen – welcher letztendlich von Jerusalem aus regieren soll.

Unser geliebter und geehrter Prophet Muhammad (*sallallahu alaihi wa sallam*) prophezeite uns, dass das Kalifat verschwinden wird. Er sagte im folgenden *Hadith*:

> "Wie wird euer Zustand sein, wenn der Sohn Marias zu euch herabsteigt und ein *Imam* (d.h., *Amirul M'uminin* oder Kalif) mit euch sein wird (d.h., er wird ein Muslim sein)?"
>
> (Sahih, Bukhāri)

Dieser Hadith offenbart drei Dinge:

Erstens, er informiert uns darüber, dass das Kalifat am Ende der Zeit präsent sein wird. Dies liegt in Übereinstimmung mit einem *Hadith* in dem es heißt, dass das Kalifat verschwinden wird, aber eines Tages wiederhergestellt werden wird. Zweitens, vor der Wiederherstellung des Kalifats, müssen die Muslime eine Zeitlang unter der Herrschaft derer leben, die keine Muslime sind. Dies ist exakt die Welt, inder wir heute leben. Drittens, die Wiederkehr des Kalifats wird ein Ereignis darstellen, welches sich zeitgleich mit der Wiederkehr des Jesus, dem Sohn der Maria, ereignen wird. Und weil wir ja wissen, dass Jesus (*alaihi as-Salam*) bei seiner Wiederkehr die Welt als gerechter Herrscher von Jerusalem aus regieren und Allahs Gesetz vollstrecken wird, deutet dies darauf hin, dass der moderne säkulare Staat Israel, durch einen authentischen Islamischen Staat ersetzt werden wird und somit frei vom *Shirk* des säkularen Israels sein wird.

Jene, die unnachgiebig den Status der säkularen islamischen Nationenstaaten verteidigen, sollten einmal innehalten, um über die Prophezeiungen des Propheten (*sallallahu alaihi wa sallam*), welche sich auf die Wiederherstellung des Kalifats beziehen, zu reflektieren.

Verdienste des modernen säkularen Staates

Der säkulare Staat hätte unter den Euro-Juden, den Euro-Christen und vor allem unter den Muslimen keine Akzeptanz erlangen können, wenn er nicht seinen *Kufur* und seinen *Shirk* mit bestimmten offensichtlichen Verdiensten getarnt hätte. Der moderne säkulare Staat erschien in Europa, als Antwort auf die dominante und unterdrückende euro-christliche Theokratie und um der, "zu seiner Zeit", mächtigen euro-christlichen Kirche die Stirn zu bieten. Er (der säkulare moderne Staat) forderte die Kirchen heraus, als er eine frische und neue aufregende evangelische Lehre verkündete, intellektuell völlig unbeschränkt und mit religiösem Frieden und Menschenrechte für jedermann und sich vor allem für eine religiöse Toleranz auszusprechen. Ebenso schaffte er die politischen Konditionen, die eine friedliche Koexistenz unter den verschiedenen Religionen, innerhalb desselben

Territoriums, bewahren. Er schaffte somit ein Ende der blutigen religiösen Kriegsführungen, die Europa für viele Jahrhunderte geplagt hatten. Ebenso hatte er sich geschickt durch Bestechungen den Weg in die Bäuche und in die Herzen der Menschen geebnet und durch seine erfinderische Kreativität.

Er entdeckte oder entwickelte das, was am meisten von der Menschheit freudig, ungeachtet von religiösem Glauben, als eine unverzichtbare Notwendigkeit der modernen Lebensweise angenommen wurde. Wann immer jemand die Modernität für sich annahm, mit all ihren wundersamen Erfindungen, so nahm er ebenso die säkulare Lebensweise an. Dies war keine große Leistung!

Die Realität des modernen säkularen Staats

Diese offensichtlichen Verdienste des säkularen Staates, führten nicht zur Änderung der Grundsätze bzgl. des *Shirks* und des *Kufurs*. In der Tat, der moderne säkulare Staat begann langsam seine versteckte wahre Agenda des Konkurrenzkampfes zu enthüllen, als er mit einem unermüdlichen Krieg gegen die religiösen Lebensweisen begann, so wurden in der Tat die Religionen langsam zu einer Rückzugskraft in der neuen säkularen hauptsächlich gottlosen Welt.

Die Demokratie des modernen säkularen Staates stellte sich als eine mit Zucker übergossene Pille heraus, die gefüllt mit Gift war. Die "politische" Demokratie arbeitete in einer solchen Weise, wie man eben ein auf *Riba* basierendes Wucherwirtschaftssystem ernährt, nämlich, durch Unterdrückung und Ausbeutung der Massen.

Wirtschaftliche Unterdrückung wurde oft ergänzt durch rassistische und ethnische Unterdrückung. Die verarmten Massen könnten nie wieder die reale politische Macht der Reichen räuberischen Eliten zurückgewinnen und daher würden sie auch nie wieder die Macht besitzen, mit der sie der wirtschaftlichen Unterdrückung ein Ende setzen könnten. Das neue Prinzip der modernen säkularen Gesellschaft war, dass der Reiche die Erde erben wird. Dies ist exakt das, was passiert ist.

Das neue Europa fuhr fort von seiner unglaublichen Militärmacht und seiner genialen Fähigkeit zu täuschen Gebrauch zu machen, um so zu dominieren und um der nichteuropäischen Menschheit das Gehirn zu waschen. Die neue gottlose politische Philosophie, mit ihrem gottlosen Konzept eines souveränen Staates, ihrem ausbeuterischem Wirtschaftssystem und ihrer verdorbenen Kultur, umschloss letztendlich den gesamten Rest der Welt. Dies war keine große Leistung!

Die westlichen Kolonialregeln wurden nun dem Rest der Menschheit, inklusive den Muslimen, auferlegt. Durch diese Mittel wurde das neue gottlose politische System, basierend auf *Kufur* und *Shirk*, auf täuschende und raffinierte Weise eingeführt.

Somit wurde die unheilverkündende Prophezeiung des Propheten Muhammad (*sallallahu alaihi wa sallam*) erfüllt!

Er prophezeite, dass seine Gemeinschaft (die Muslime) die Juden und die Christen, in solch einem Ausmaß imitieren werden, dass wenn sie sogar in ein Eidechsenloch kriechen würden, die Muslime ihnen dahin folgen! (D.h., jeden möglichen Unsinn zu kopieren und imitieren)

Das Ergebnis der ganzen Sache war, dass Juden, Christen und Muslime in eine kollektive Versuchung der Versuchungen (*Fitnah*) eintraten und sich auf miserable Weise den Befehlen des Gottes von Abraham (*alaihi as-Salam*) widersetzten, als Er verkündete:

$$\text{اِتَّبِعُوا مَا أُنْزِلَ اِلَيْكُم مِّن رَّبِّكُم وَلَا تَتَّبِعُوا مِن دُونِهِ أَوْلِيَاءَ ۗ قَلِيلًا مَّا تَذَكَّرُونَ (٣)}$$

„*Folgt dem, was zu euch herabgesandt ward von eurem Herrn, und folgt keinen andern Beschützern außer Ihm. Wie wenig seid ihr (dessen) eingedenk!*"

(Qur'an, al-Araf, 7:3)

Der neue moderne säkulare Staat entwickelte ein politisches Wahlsystem, um Parlamente und Regierungen zu bilden und manchmal auch, um Richter zu wählen. Die Bürger des säkularen Staates, unabhängig ihrer religiösen Zugehörigkeit, wählten in demokratischen Wahlen. Sie wurden gezwungen sich einer Autorität zu unterwerfen und ihr gehorsam zu sein. Wenn Wahlen eine Regierung hervorbringen würden, die von Götzen anbetenden Hindus dominiert werden würde, welche öffentlich feindlich gegen jene gesonnen sind, die dem Gott Abrahams (*alaihi as-Salam*) dienen oder eine Regierung hervorrufen würden, die alles für erlaubt erklärt, was Allah für verboten erklärte, so würden die Prinzipien der demokratischen Wahlen erfordern, dass Juden, Christen, Muslime etc., die zu den Bürgern des säkularen Staates gehören, diese Regierung als ihre rechtmäßige Regierung anerkennen, sich ihrer Autorität unterwerfen und ihr gehorchen.

Es gibt nichts in den offenbarten Schriften (Thora, Evangelium, Qur'an) oder in der *Sunnah* (die Taten und Aussprüche) der Propheten, was dazu benutzt werden könnte, um die Teilnahme an solchen Wahlen für Juden, Christen, Muslime etc. zu rechtfertigen, an Wahlen, an denen frei für solch eine Regierung gestimmt wird und sie als rechtmäßig angesehen werden darf. Im Gegenteil, es gibt klare Urteile über solche Handlungsweisen!

Trotzdem konnte der angesehene muslimische Jurist, *Dr. Taha Jābir al-Alwāni*, eine Fatwa erstellen (die Meinung über die legalisierung eines religiösen Sachvehaltes) (diese wurde fröhlich von "einäugigen" Muslimen entgegengenommen), die besagt, dass es für die Muslime *Wājib* (Verpflichtend) ist, an den US Präsidentschaftswahlen vom November 2000 teilzunehmen. Die meisten von ihnen wählten George Bush und landeten mit dem Gesicht im Matsch. Hätten sie für seinen Rivalen gestimmt, Albert Gore, wäre die Situation nicht anders! Sie stimmten für Bush und weinen nun für die Muslime im Heiligen Land, die ansteigend vom jüdischen Staat Israel unterdrückt werden, dessen unermüdliche und erbarmungslose Unterdrückung fest unter der Leitung Bushs unterstützt wird! (Siehe Anhang 2: Eine muslimische Antwort auf den Angriff des 11. Septembers).

Eine Qur'anische Erläuterung des universalen *Shirks* eines modernen säkularen Staates

Unserer Ansicht nach kann und hat allein der Qur'an diesen bedeutungsvollen politischen Wechsel erläutert, der erst die euro-christliche und euro-jüdische Welt überkam und somit dann auch den Rest der Menschheit. Wie lautet diese Erläuterung?

Der Qur'an lehrte, dass der historische Prozess eines Tages sein Ende finden wird, wenn Allah (swt) bestimmt, dass der "letzte Tag" über die Menschheit und über die Welt kommen soll. Bevor dieser "letzte Tag" jedoch eintreffen kann, wird es ein "letztes Zeitalter" geben, welches mit zahllosen Zeichen Allahs gefüllt sein wird, die darauf hindeuten, dass es das "letzte Zeitalter" ist. Unter diesen Zeichen, die sich im "letzten Zeitalter" ereignen werden, ist u.a. die Entsendung des *Dajjals*, des falschen Messias – und Gog und Magogg. Wurden sie einmal in die Welt entsendet, so werden sie letztendlich zu den Hauptakteuren des historischen Prozesses und die führenden Köpfe des Orchesters sein, die die einzigartige und ominöse Transformation der Menschheit und der Welt anstimmen und einleiten werden.

Der Prophet (*sallallahu alaihi wa sallam*) verkündete, dass das Zeitalter des *Dajjals*, des falschen Messias (Antichrist), die allgemeine Existenz von *Riba* erleben wird. Ebenso wird es ein Zeitalter des *Kufurs* sein, weil der *Dajjal* das Wort `Kafir´ zwischen seinen Augen stehen haben wird.

Es wird ein Zeitalter des *Shirks*, weil der *Dajjal* die Rolle eines Gottes spielen und die Menschheit täuschen wird, so dass sie ihn sogar als solchen akzeptieren werden. Für diesen Schreiber ist es klarer als das Tageslicht, dass der *Dajjal* der führende Kopf ist, der hinter der Erschaffung des modernen hauptsächlich gottlosen säkularen Staates steckt und dazu zählt auch das politische Wahlsystem, welches ebenso auf seinem Mist gewachsen ist.

Die Argumentationsführung dieses Schreibers basiert auf dem Qur´an und den *Hadithen*, die ihn zu einer Schlussfolgerung führten, dass die Teilnahme an politischen Wahlen in einem modernen säkularen Staat, *Shirk* und *Kufr* beinhalten.

Die Sichtweise der Meinungsverschiedenheiten, die in diesem Buch beschrieben wurden, sollten die Gelehrten zu einer Antwort führen, die auf dem Qur´an und der *Sunnah* basiert. Sie sollten die speziellen Voraussetzungen preisgeben, die es dem Gläubigen *Halal* machen, an nationalen politischen Wahlen in einem säkularen Staat teilzunehmen.

Der gesegnete Prophet Muhammad (*sallallahu alaihi wa sallam*) sagte: Was *Halal* ist (erlaubt), ist klar und was *Haram* (verboten) ist, ist klar, verzichtet auf das Zweifelhafte.

Nun liegt es an den Gelehrten, die die Leitung für die Gläubigen sind, zu verkünden, ob es *Halal* ist an politischen Wahlen in einem säkularen Staat teilzunehmen. Um eine zufriedenstellende und positive Antwort zu vermitteln, müssen die Gelehrten zunächst veranschaulichen, dass es nicht *Haram* ist an Wahlen teilzunehmen und zweitens, dass es nicht unter den `zweifelhaften´ Dingen fällt, dies zu tun. Sie müssen ihre Antwort dabei auf den Fundamenten des Qur´ans und der authentischen *Sunnah* (*Hadith*) des Propheten Muhammad (*sallallahu alaihi wa sallam*) begründen.

Der säkulare Staat Israel im Heiligen Land

Nun ist es möglich für uns einige Schlussfolgerungen bzgl. der Legitimität des säkularen Staates Israels zu treffen, welcher im Heiligen Land wiederhergestellt wurde. Bestätigt die erfolgreiche Wiederherstellung des Staates Israels, welcher durch die zionistische Bewegung ins Leben

gerufen wurde, repräsentativ den jüdischen Anspruch zur Wahrheit (zur wahren Religion)?
War dies etwa ein Akt göttlicher Huld?

Der säkulare Staat Israel, so wie alle anderen säkularen Staaten, sind seit ihrer Erschaffung existierende Abscheulichkeiten, die gegründet auf *Shirk* dahintreiben!

Die Haupteigenschaft der Religion Abrahams (*alaihi as-Salam*) ist, dass sich in ihr kein *Shirk* befindet. Daher verstößt das säkulare Israel hauptsächlich gegen diese göttliche Voraussetzung, die Bestandteil der festen Konditionen für eine Erbschaft des Heiligen Landes ist. Somit kann dieser Staat im Heiligen Land nicht überleben. Er wird zerstört werden. Der Prophet Muhammad (*sallallahu alaihi wa sallam*) erklärte, dass eine muslimische Armee, die aus *Khorasan* in Erscheinung treten wird, den Staat Israel zerstören wird. Die Armee wird nach *Imam al-Mahdi* erscheinen und mit ihm wird das Islamische Kalifat wiederhergestellt.

Die Wiederherstellung des Islamischen Kalifats wird somit die Zerstörung Israels bewirken. Dies wird das dritte und letzte Ereignis dieser Art sein. Das erste Mal wurde eine babylonische Armee eingesetzt, um Israel zu zerstören. Das zweite Mal war es eine römische Armee. Nun, für das dritte und letzte Mal, wird es eine muslimische Armee sein.

Doch es gibt einige andere politische Gründe, die die Ablehnung der Behauptung rechtfertigen, dass die Wiederherstellung des Staates Israels im Heiligen Land, ein

Akt göttlicher Huld gewesen sei, der somit den Wahrheitsgehalt des Judentums bestätigte.

Erstens, dies stellt einen grundlegenden Widerspruch dar, dass ein gottloses modernes europäisches Volk, welches ein Leben in absoluter Dekadenz führt und andere unterdrückt, als Mittel der göttlichen Huld eingesetzt wird, die dann über die Juden kommt und durch die die Wahrheit bewiesen wird. Die `Mittel´ müssen mit dem zu erreichenden `Ziel´ übereinstimmen. Das Mittel kann nicht schlecht sein, um ein gutes Ziel zu erreichen. Zweitens, die Methode, durch die Israel wiederhergestellt wurde, beinhaltet die Vertreibung von Menschen aus dem Heiligen Land, die dem Gott Abrahams (*alaihi as-Salam*) dienen. Sie wurden aus keinem anderen Grund vertreiben, außer, dass sie keine Juden sind. Dies ist Unterdrückung. Zusätzlich ist seit der Erschaffung Israels, die Unterdrückung gegen Muslime sowie gegen Christen, welche im und um das Heilige Land leben, stetig angestiegen. Ein Akt göttlicher Huld ist mit solch einer Unterdrückung inkompatibel! Drittens, als Israel erschaffen wurde, war es deutlich erkennbar, dass es keinen Funken Respekt gegenüber den Heiligtümern im Bewusstsein jener gab, die den Staat erschufen. Die Gottlosigkeit, die Korruption, die sexuelle Unmoral und die Dekadenz Israels, unterscheidete sich in keinster Weise von der, der europäischen Zivilisation. Dies kann nicht als Akt eines göttlichen Konzepts der Huld akzeptiert werden. In der Tat, der säkulare Staat Israel brachte solch eine unvergleichliche Korruption und Dekadenz in das Heilige Land, dass nun selbst die sexuelle Sklaverei gedeiht. Dies ist das Gegenteil von Rechtschaffenheit. Es handelt sich in der Tat hier um eine heidnische Gesellschaft, die nun im Heiligen Land existent ist.

Ein heidnischer Staat im Heiligen Land

In der Tat, der jüdische Staat Israel ist ein heidnischer Staat, der den Sittenkodex und alle moralischen Eigenschaften des Heidentums aufweist. Jeder Jude, der überzeugt ist, dass das Ereignis der jüdischen Wiederkehr ins Heilige Land und die Wiederherstellung des Staates Israels den Fortschritt repräsentiert, der in Richtung Wiederkehr des goldenen Zeitalters steuert und den Beweis dafür darstellt, dass das Judentum die Wahrheit ist, der muss erschauern beim Anblick des folgenden Artikels der Zeitung `The Jerusalem Post´, welche die Lebensweise der Heiden, die im Heiligen Land am aufblühen ist, bestätigt.

„In Übereinstimmung der polizeilichen Statistiken, gibt es mehr als 200 Bordelle, 200 Sexclubs und eine ungewisse Zahl an Büros, die Callgirls durch das ganze Land liefern können. Yeal Dayan, Professor des Knesset Komitees für den Status der Frau, schätzt, dass jeden Monat über eine Millionen Besuche zu Prostituierten stattfinden, eine Vielfalt davon in den Schaufenstern oder zu den Straßenmädchen auf der Straße, die im höher klassifizierten Escort Service arbeiten. Allein 50 bis 60 Fitnessclubs werden in den wenigen Blocks um Tel Avivs alte Zentralbusstation betrieben, eine höhere Ansammlung ist in Haifa, Jerusalem, Netanya, Beersheba, Ashkelon, Ashdod und Eilat zu finden. In vielen Städten sind die schwarzen Seiten der Lokalzeitungen gefüllt mit Sex

Service Annoncen und auch mit dezenten ´Hilfe gesucht´ Anzeigen, die versuchen Frauen zum Handel anzuwerben."

(Jerusalem Post, 28. August 2000)

In der Tat, der Präsident selbst hat unwissentlich die Unterdrückung an dem hilflosen Volk Palästinas bestätigt, die dem jüdischen Staat die Stirn mit der *Intifada* bietet:

„Wenn sie nur ein Staubkorn an Logik besitzen, so werden die Palästinenser ihre Augen öffnen und realisieren, von wo dieser bösartige Pfad sie ergriffen hat, hunderte von Toten und tausende von Verletzten, obwohl wir Zurückhaltung ausübten, Armut und Entbehrung, schwere Arbeitslosigkeit, unumkehrbare Zerstörung der Wirtschaft und ein kollabierendes Verwaltungsnetzwerk und zusätzlich zu all dem, haben sie sich dennoch nicht politisch entwickelt."

(israelischer Präsident Katsav, Jerusalem Post, 16. Feb. 2001)

Der Präsident gab seine Verachtung gegenüber den Arabern in der Art preis, wie es die moderne gottlose Modernität gebietet:

„Sie sind unsere Nachbarn hier, doch es scheint als ob eine Entfernung von hunderten Metern zwischen uns liegt, sie sind Menschen, die nicht zu unserem Kontinent gehören, zu unserer Welt, tatsächlich gehören sie zu einer anderen Galaxie."

(Präsident Moshe Katsav, Jerusalem Post, 11. Mai 2001)

Dan Jacobson, ein Professor der Tel Aviv Universität, hat folgendes über die israelische Gerechtigkeit zu sagen:
52 Jahre lang wurden die arabischen Minderheiten schamlos diskriminiert. Andauernde Landesenteignung ist nur eine, der groben Gesichtszüge dieser Diskriminierung. Verweigerung von Arbeitsplätzen im Zivildienst, Hauptregierungsgesellschaften und Firmen in öffentlichen Besitz genommen, magere Ressourcen Zuteilung als Erziehungsmaßnahme und knappe Gesundheitsdienste im arabischen Sektor; die peinlich unverhältnismäßige Teilung des Staatsbudgets, ging an die arabischen Gemeinden, ein zusätzlicher Ausdruck der israelisch- arabischen Zweitklasseneinteilung.

Diese Fakten wurden von erfolgreichen Regierungen im wiederholten Male erkannt, doch nur wenige haben etwas unternommen, um das Problem und den Fluch der 5 Jahrzehnte zu lösen."

(Jerusalem Post, 3. April 2001)

Das vorherige bestätigt das, was wir als die Erfüllung der Qur'anischen Warnung bezeugen, welche lautet, dass die Hölle vor ihre Augen geführt werden wird:

قُلْ لَوْ أَنْتُمْ تَمْلِكُونَ خَزَائِنَ رَحْمَةِ رَبِّي إِذًا لَأَمْسَكْتُمْ خَشْيَةَ الْإِنْفَاقِ ۚ وَكَانَ الْإِنْسَانُ قَتُورًا (١٠٠) وَلَقَدْ آتَيْنَا مُوسَى تِسْعَ آيَاتٍ بَيِّنَاتٍ فَسْأَلْ بَنِي إِسْرَائِيلَ إِذْ جَاءَهُمْ فَقَالَ لَهُ فِرْعَوْنُ إِنِّي لَأَظُنُّكَ يَا مُوسَى مَسْحُورًا (١٠١)

„Und den Ungläubigen stellen Wir an jenem Tage Gahannam in deutlicher Weise vor Augen, ihnen, deren Augen vor Meiner Mahnung verhüllt waren und nicht einmal hören konnten."

(Qur'an, al-Kahf, 18:100-101)

Lasst uns eilen, um folgendes zu erkennen: Die neue Weltordnung, die folglich durch die Dominanz der modernen säkularen westlichen Zivilisation erschienen ist, ist nun eine Welt, in der Gottlosigkeit, Rassismus, wirtschaftliche und religiöse Unterdrückung, Unmoral und sexuelle Sklaverei die Menschheit in der ganzen Welt umklammert hat, inklusive der muslimischen Welt. Doch das Heilige Land ist ein besonderes Land.

Und der Qur'an betont dies energisch in seiner Verkündung, dass nur jene, die den Glauben an den Gott Abrahams (alaihi as-Salam) innehaben und rechtschaffen in ihrem Handeln sind, es erlaubt wird das Heilige Land zu erben (siehe 21:105). Weder das heutige Israel noch die säkulare palästinensische Befreiungsorganisation erscheinen im Entferntesten fähig, diese Konditionen zu erfüllen. Die oberen Argumente demonstrieren klar den unbestätigten politischen Anspruch Israels, auf die Legitimität der Erbberechtigung über die Herrschaft des Heiligen Landes. Dies sollte für einen Juden oder einen Christen nicht all zu schwer zu erkennen sein.

JERUSALEM IM QUR'AN

Teil 2

Kapitel 2

Das Heilige Land und Israels - auf *Riba* basierende Wirtschaft

فَبِظُلْمٍ مِّنَ الَّذِينَ هَادُوا حَرَّمْنَا عَلَيْهِمْ طَيِّبَٰتٍ أُحِلَّتْ لَهُمْ وَبِصَدِّهِمْ عَن سَبِيلِ اللَّهِ كَثِيرًا (١٦٠) وَأَخْذِهِمُ الرِّبَوٰا وَقَدْ نُهُوا عَنْهُ وَأَكْلِهِمْ أَمْوَالَ النَّاسِ بِالْبَاطِلِ ۚ وَأَعْتَدْنَا لِلْكَافِرِينَ مِنْهُمْ عَذَابًا أَلِيمًا (١٦١)

„Deshalb, wegen der Sünde der Juden, haben Wir ihnen reine Dinge verboten, die ihnen erlaubt waren, wie auch, weil sie viele abtrünnig machten von Allahs Weg, und weil sie Zins nahmen, obgleich es ihnen untersagt war, und weil sie das Gut der Leute widerrechtlich aufzehrten. Wir haben den Ungläubigen unter ihnen eine schmerzliche Strafe bereitet."

(Qur'ān, al-Nisā, 4:160-1)

Einführung

Israel ist ein moderner säkularer Staat, der sich im Heiligen Land befindet. So wie alle heutigen säkularen Staaten auf der Welt, basiert ihr Wirtschaftssystem auf *Riba*. *Riba* wird für gewöhnlich als Wucherzins übersetzt, d.h., Geldverleih auf Zinsbasis, unabhängig vom Zinssatz. Doch die Definition von *Riba* im Islam, beinhaltet ebenso Transaktionen, die auf Täuschung basieren und die dem Täuscher Profit oder einen Gewinn einbringen, den er nicht rechtmäßig erworben hat. Im deutschen Vokabular beschreibt man so eine Transaktion als "Abzocke". Wenn der Richtspruch sich auf die Religion Abrahams (*alaihi as-Salam*) beziehen würde, so würden wir folgendes fragen:

Wie lautet wohl die religiöse Legitimität eines israelischen Staates, der im Heiligen Land liegt und dessen Wirtschaft auf *Riba* basiert?

Läuft dieser konform mit oder gegen die göttlich gesetzten Richtlinien, die eine Voraussetzung der Erbschaft des Heiligen Landes bestimmen? Dieses Kapitel versucht diese Fragen zu beantworten.

Die heutige Weltwirtschaft

Eine Grundeigenschaft der heutigen weltweiten Wirtschaft ist, dass der Besitz nicht länger aus der Wirtschaft heraus durch zirkuliert. Vielmehr zirkuliert nun der Besitz nur unter den Reichen. Folglich sind die Reichen der Welt nun permanent reich und die Armen sind gefangen in permanenter Armut.

Zweitens, die Reichen werden immer reicher und saugen buchstäblich das Blut der Massen, während die Armen immer mehr in solch einem Elend versinken, der Anarchie, Gewalt, immenses Leid und die Zerstörung von Glauben und Werten bringt. Stellt euch die gesamte Menschheit an Bord eines Schiffes vor. Eine kleine Minderheit, die permanent reich ist und ständig reicher wird, sie reisen in der "First Class" in unbeschreiblichem Reichtum und Sicherheit. Sie haben permanent "First Class" Tickets. Die Reichen regieren das Schiff. Sie benutzen ihren Reichtum, um die Politik zu kontrollieren. Die Demokratie an Bord dieses Schiffes, wird zum Gesetz der Reichen, für die Reichen, welches sich auf Finanzprostitution beläuft. Doch die Reichen selbst regieren nicht direkt.

Vielmehr tun sie dies durch Stellvertreter und durch Täuschungen in Form der Unterstützung, so dass sie die Popularität der Politiker und der politischen Parteien erweitern, über die sie dann unsichtbare Kontrolle ausüben. Dies ist eine wahre Beschreibung der politischen Wirtschaft der heutigen Welt.

Es sind die europäischen Juden in Großbritannien und in den USA, die diese Methode der Machtaneignung und der Menschenkontrolle perfektionierten. Zu seinem Verdienst, war Henry Ford in der Lage, diese unheimliche Entwicklung in der Menschheitsgeschichte zu erkennen.

Die Meisten vom Rest der Menschheit sind in permanenter Armut gefangen und somit dazu verdammt unterhalb des Decks zu reisen, im Griff des ständig wachsenden Elends des Schiffes, der Armut, der Not, dem Kummer und dem

Leid. Sie sind dazu verdammt für einen Sklavenlohn zu arbeiten, so dass andere die süße des Lebens genießen können. Ebenso leben sie in ständig wachsender Unsicherheit, durch konstante Einbrüche, Gewalt, Schießereien, Morde und Vergewaltigungen von Frauen, die in Nachbarschaften leben, die voll mit Drogen und Drogendealern zu schaffen haben. Jene, die "First Class" reisen, haben den Zugang zu sauberem Trinkwasser und zu den besten medizinischen Heilungszentren, die man mit Geld kaufen kann. Die Unterdeckgesellschaft ist gezwungen verschmutztes Wasser, voll mit Bakterien zu trinken. Sie sind gezwungen Essen und Trinken zu konsumierten, welches mit Chemikalien und Hormonen behandelt wurde. Sie werden Krank, doch können nicht die Kosten für eine medizinische Behandlung aufbringen. Sie leben ein miserables Leben und sterben auf ebenso selbe miserable Art.

In der Tat, die Weltwirtschaft ist eine neue Art der kultivierten Form von Wirtschaftssklaverei. Doch sie agiert durch gewaltige Täuschung.

Als aller erstes, obwohl jene, die die Welt regieren, ein Evangelium des "freien und fairen Marktes" predigen, so tun sie doch gerade selbst diesen "freien und fairen Markt" schänden, in dem sie den Menschen legale Verpflichtungen auferlegen, in denen sie die Benutzung des gefälschten künstlichen Papiergeldes als geltendes Zahlungsmittel akzeptieren müssen. Und Papiergeld verliert ständig an Wert, ebenso wie die Armut ständig ansteigt und so steigern sie den Preis auf grundlegende Notwendigkeiten wie Essen etc. und die Mindestlohngesetzgebung auf dem Arbeitsmarkt. Sie tun dies, um die Möglichkeit eines

Aufstandes zu verhindern, in dem die armen, Hunger leidenden Massen aufstehen und sich gegen die Regierung und die räuberischen Eliten richten könnten. Ebenso tun sie dies, um die Möglichkeit abzuwenden, dass die Massen ihren Zustand der neuen Sklaverei erkennen.

Die Täuschung reicht weit über das eben geschilderte hinaus. Einige der Armen schauen auf jene "First Class" Reisende und sind davon überzeugt, dass solche Menschen und ihre Lebensweise das Paradies höchstpersönlich repräsentieren. Und sie sehnen sich danach, in dieses Paradies zu gelangen. Sie sind unfähig das System der Unterdrückung zu verstehen, wie es funktioniert und arbeitet. Andere unter den Armen, antworten auf die Wirtschaftsunterdrückung mit blinder Wut und handeln mit direkter Gewalt gegen jene, die einigen Reichtum und Befugnis besitzen. Die Armen glauben alle, dass sie in der Hölle leben und sie imitieren das Leben jener, die in der "First Class" reisen im Glauben, dass dies eine Kostprobe des Paradieses sei. Solch ein Schiff verdient es versenkt zu werden, mit all jenen, die an Bord sind!

Der kubanische Präsident, Fidel Castro, sowie Ivan Illich (Energie und Gerechtigkeit) beschreiben die Weltwirtschaft in ähnlicher Sprache:

„Noch nie zuvor hatte die Menschheit solch ein gewaltiges wissenschaftliches und technologisches Potential, solch eine ungewöhnliche Kapazität, Reichtümer und Wohlbefinden zu produzieren, doch auch nie zuvor war Ungleichheit und Ungerechtigkeit so tief auf der Erde verwurzelt."

Er antwortete auf diese wirtschaftliche Unterdrückung, indem er dies verkündete: „Ein weiteres Nürnberg (oder Reichstag) ist erforderlich, um die ungerechte Wirtschaftsordnung zu Richten."

(Text of his Presidetial Address, Summit Conference, Group of 77, Havana, September 2000)

Der Prophet Muhammad (*sallallahu alaihi wa sallam*), gab der Welt eine Wirtschaftsordnung, die frei von jeglicher Form der Wirtschaftsungerechtigkeit und der Unterdrückung war. Niemand arbeitete für den Lohn eines Sklaven. Die Besitztümer kreisten nicht nur unter den Reichen, sondern vielmehr, durch die gesamte Wirtschaft hindurch. Die Reichen waren nicht permanent reich und die Armen waren nicht permanent arm. Der Markt war ein freier und fairer Markt. Keiner konnte "ernten", ohne vorher zu "säen". Das Geld (Zahlungsmittel) hatte einen internen Wert und so konnte es durch die Banken und die räuberische Elite nicht manipuliert werden, um den Wert zu reduzieren. Folglich haben dieser Markt und diese Wirtschaft nie eine "Inflation" erfahren. Keine Preise waren festgesetzt, inklusive der Preise für die Arbeitskraft. Ein soziales Wohlergehen, wurde in Form von obligatorischen Abgabesteuern (*Zakat*) auf den Besitz errichtet, diese wurden dazu benutzt, um jenen, die keinen Besitz hatten, einen grundlegenden Notwendigkeitsstandard bieten zu können. Doch das Wertesystem der Gesellschaft forderte, dass Bemühungen unternommen werden von jenen, die in der Lage sind zu Arbeiten, um sich selbst von dem Spendenanspruch befreien zu können.

Der Prophet Muhammad (*sallallahu alaihi wa sallam*), war da Erfolgreich, wo jede Regierung auf der Welt heutzutage gescheitert ist. Er hatte Erfolg, weil er das göttliche Verbot von *Riba* (Wucherzins oder Geldanleihe mit Zinsen) durchsetzte und er die Einheit des Geldes beibehielt, indem er reales Geld benutzte (anstatt künstliches Geld, d.h., Papiergeld und Plastikgeld). Zusätzlich setzte er ein Strafgesetz durch, welches eine abschreckende Strafe für jene bereithielt, die sich des Diebstahls schuldig gemacht hatten. Doch die Welt lehnte ihn ab und die Muslime verließen sein *Sunnah*-Wirtschaftssystem.

Und so ist die Welt nun dazu verdammt, mit dem heutigen *Dhulum* (Unterdrückung) und dem *Fasad* zu leben, d.h., die Korruption und die Zerstörung des freien und fairen Marktes.

Die Wirtschaftsunterdrückung ist heute auf der gesamten Erde präsent und sie steigt stetig an – die Reichen werden immer reicher und die Armen werden immer ärmer. In den USA, z.B., ist das "schwarze" Amerika (Afroamerikaner) miserabel und permanent der Armut ausgesetzt, während das "weiße" Amerika permanent reich ist. Die US-Wirtschaft blendet die "nicht-weiße" Welt und die weißen Amerikaner hatten es noch nie besser. Doch in diesem Land zirkuliert das Geld nur unter den Reichen, während die Zahl der Armen, die in Obdachlosenheimen leben, stetig anwächst. Die "weiße" westliche Zivilisation will das wir glauben, dass ihr Wirtschaftsmodel das Fortgeschrittenste ist, welches die Menschheit, zu ihrem Glück, je erlebt hat! Und die "einäugigen", gehirngewaschenen Muslime, sind damit beschäftigt die Welt des Islams dazuzuführen, den Westen zu imitieren.

In der Tat dieses räuberische Amerika und der "weiße westliche Traum", sie wurden mit dem Blut der Massen auf der gesamten Erde gedüngt und mit den Reichtümern, die ständig abgeschöpft werden, von einer ahnungslosen ignoranten Menschheit. Unser vorhaben ist es, zu erklären wie dies gemacht wird!

Die "weiße" westliche Zivilisation, wie auch die "nichtweißen" arbeitenden Massen auf der ganzen Welt und in der Tat die nichteuropäischen Juden, können nur dann profitieren, wenn sie der hier vorgestellten Erläuterung ihre Aufmerksamkeit schenken und den Qur'an als das Wort Allahs akzeptieren und den Propheten Muhammad (*sallallahu alaihi wa sallam*) als Seinen Gesandten, bevor es zu spät ist! Unsere These besagt, dass dieselben Leute, die die politische Wandlung der europäischen Zivilisation gestalteten und durch Nachahmung (ihrer Lebensweise) den Rest der Welt in eine hauptsächlich gottlose verwandelten, auch dieselben Leute sind, die erfolgreich die nichteuropäischen Juden bei der Wiederherstellung des jüdisch-israelischen Staates unterstützten. Es handelt sich um jene Leute, die zunehmend, durch ihre böse Genialität, durch ihre Manipulation des betrügerischen internationalen Geldsystems, durch die auf *Riba* basierenden Banken und durch ihr weltweites Versicherungssystem, den gesamten Reichtum auf der Erde kontrollieren.

Mit ihrem eigenen "*Riba*-Spiel" haben sie sogar die traditionellen nichteuropäischen Juden überholt (d.h., die Leute, die versuchten Jesus *alaihi as-Salam* zu kreuzigen). Unserer Ansicht nach ist das böse Genie, der in alldem beschribenen zugange ist, dieser seltsame Europäer, der zuerst Jude wurde und dann fortfuhr das Judentum zu kentern.

Der noble Qur´an erklärt nicht nur die heutige Welt, in der wir leben, sondern auch die Wirtschaftsunterdrückung, die heutzutage zugange ist. Der Qur´an, der ein Buch der "Weisheit" ist (und dies beinhaltet auch wirtschaftliche Weisheit), hat Regeln aufgesetzt die sicherstellen, dass der Reichtum nicht nur unter den Reichen zirkuliert:

لِلرِّجَالِ نَصِيبٌ مِّمَّا تَرَكَ الْوَالِدَانِ وَالْأَقْرَبُونَ وَلِلنِّسَاءِ نَصِيبٌ مِّمَّا تَرَكَ الْوَالِدَانِ وَالْأَقْرَبُونَ مِمَّا قَلَّ مِنْهُ أَوْ كَثُرَ ۚ نَصِيبًا مَّفْرُوضًا (٧)

Was Allah Seinem Gesandten als Beute von den Bewohnern der Städte gegeben hat, das ist für Allah und für den Gesandten und für die nahen Verwandten und die Waisen und die Armen und den Wanderer, damit es nicht bloß bei den Reichen unter euch die Runde mache. Und was euch der Gesandte gibt, nehmt es: und was er euch untersagt, enthaltet euch dessen. Und fürchtet Allah; wahrlich, Allah ist streng im Strafen.

(Qur´an, al-Hashr, 59:7)

Die Muslime haben die Gesetze des Qur´ans vernachlässigt und folglich bezahlen sie nun den bitteren Preis für ihre Narrheit! Eine neue, komplexe und täuschende Sklavenwirtschaft kam auf sie herab, so wie auf den Rest der nichteuropäischen Menschheit. Die beschämende Ironie darin ist klar, wenn wir uns daran erinnern, dass es eines der grundlegenden Fundamente des Islams ist, die Welt von Unterdrückung zu befreien.

Was ist der Auslöser dieser globalen Wirtschaftsunterdrückung?

Es ist *Riba*! Eine räuberische, globale Elite, mitten in den von Juden kontrollierten Bankenzentren im Westen, doch ebenso präsent auf der gesamten Welt, sie saugen durchgehend den Besitz und das Blut der Menschheit und verarmen die arbeitenden Massen durch *Riba*! Der Unterdrücker kreierte, mit unübertrefflicher Täuschung, das politische, legislative, gerichtliche und legale System, die Medien etc., und sorgt dafür, dass sie alle ihre grundlegenden Funktionen erfüllen, die Erhaltung des unterdrückenden Wirtschaftssystems. Die Filmindustrie, das Fernsehen, das Internet, die moderne Musik, Designerkleidung, etc., dies alles wird dazu benutzt, um die Massen ins "Phantasieland" zu transportieren, so dass sie in einem Zustand von glückseliger Ignoranz bleiben, während *Riba* dazu benutzt wird, um sie zu versklaven und zu kontrollieren.

Das Endziel ihres führenden Kopfes, dem *Dajjal*, ist es, die gesamte Menschheit durch Armut und Verfall zu versklaven und durch Reichtum, welches in korrupter Art und Weise erzielt wurde, den Glauben an Allah und die religiöse Lebensweise zu zerschlagen, dies ist ein ultimativer Test.

Der bisherige Beweis, bestätigt längst, dass die meisten Muslime, die räuberischen Reichen sowie die miserablen Armen, an dieser Glaubensprüfung scheitern. Das zweite Ziel des *Dajjals* ist es, die Juden zu täuschen und sie zu ihrer ultimativen Strafe zu leiten. Eine objektive Begutachtung der modernen Welt und besoders des

Heiligen Landes, muss zu einer Schlussfolgerung führen, dass dieses Ziel bereits fast erreicht wurde. Der *Dajjal* ist auf dem besten Weg seine Mission, inder er den Juden die absolute Weltherrschaft übergibt, zu erfüllen. Wenn Israel der "herrschende Staat" wird und eine gewisse Zeitperiode vollendet, *an einem Tag, der wie eine Woche sein wird,* so wird der *Dajjal* selbst (in Person) erscheinen und die Welt von Jerusalem aus regieren. Er wird somit seine Mission (den wahren Messias zu verkörpern) vollenden.

Dies sollte ein Grund zu ernsthafter Sorge sein, wenn nicht sogar zur Furcht, dass eine Welt, die immernoch viele Zivilisationen umfasst, von denen einige mehrere tausend Jahre alt sind, nicht nur vom selben politischen System, welches auf *Shirk* basiert, umklammert werden soll, sondern auch in dieselbe säkulare Wirtschaft eintreten, die auf *Riba* basiert.

Die wirtschaftliche "Waffe" der *Riba,* ergänzt die politische "Waffe" des modernen säkularen Staates und der UNO, durch die der *Dajjal* erfolgreich seine Mission verfolgt, um politische und wirtschaftliche Kontrolle über die gesamte Erde zu übernehmen.

Unsere Vorhergehensweise lautet wie folgt, wir erklären zunächst die Wichtigkeit des Fachbereiches, um anschließend die Verse des Qur´ans zu erläutern, die sich mit dem Thema *Riba* beschäftigen und die *Ahadithe* des Propheten Muhammad (*sallallahu alaihi wa sallam*), in welchen die Qur´anische Rechtleitung eine konkrete Anwendungsmöglichkeit findet. Schließlich möchten wir versuchen die *Riba* zu erklären, die in der modernen

Wirtschaft am Werk ist. Nur nach dem dies getan wurde, werden wir versuchen die Gültigkeit des israelischen Staates im Heiligen Land zu überprüfen, ein Israel, dessen Wirtschaft auf *Riba* basiert.

Was ist Riba?

Riba ist Wucherzins. Wucherzins wird für gewöhnlich als Geldanleihe angesehen, die illegal hohe Zinssätze beinhaltet. Doch diese bewusste Verschleierung der Terminologie fand in Europa statt, um dem "Geldverleiher" (nun Bänker genannt) das zu erlauben, was die christliche Kirche und all ihre Ansichten bezüglich aller Formen des Zinses verboten hatte, diese Terminologie sollte dazu dienen, die Kirchengesetze zu umgehen.

Riba im Islam (sowie auch im mittelalterlichen Christentum) gilt als Kreditvergabe mit Zinsen, unabhängig der Höhe des Zinssatzes. Wenn ein Bänker einen Kredit mit Zinsen vergibt, dann steigt der Wert dieses Geldes mit der Zeit, unabhängig von jeglicher Arbeitskraft oder Aufwand und ohne jegliches Risiko seitens der Bank.
Diese Geldsteigerung wird durch Täuschung, durch Ausbeutung der Arbeitskraft, seines Besitzes und seiner Güter erziehlt. Allah sagt eindeutig im Qur´an:

$$\text{وَالْمُؤْتَفِكَةَ أَهْوَىٰ (٥٣)}$$

„...*Und dass der Mensch nichts empfangen soll, als was er erstrebt.*"

(Qur´an, al-Najm, 53:39)

Somit verwirft der Qur´an die Ansicht, dass das Geld über die Zeit ansteigt!

Eine Art und Weise, durch die diese Ausbeutung stattfindet, ist der folgliche Wertanstieg der Löhne, der Güter und der Besitztümer, im Laufe der Zeit, etwas, was Allah (swt) spezifisch in mehreren Versen des Qur´ans verbot. Der Prophet *Shu´aib* (dessen genauer Name aus der Bibel verschwand) warnte kontinuierlich sein Volk vor dem Frevel des wirtschaflichen Lebens:

وَإِلَىٰ مَدْيَنَ أَخَاهُمْ شُعَيْبًا ۗ قَالَ يَا قَوْمِ اعْبُدُوا اللَّهَ مَا لَكُم مِّنْ إِلَٰهٍ غَيْرُهُ ۖ قَدْ جَاءَتْكُم بَيِّنَةٌ مِّن رَّبِّكُمْ فَأَوْفُوا الْكَيْلَ وَالْمِيزَانَ وَلَا تَبْخَسُوا النَّاسَ أَشْيَاءَهُمْ وَلَا تُفْسِدُوا فِي الْأَرْضِ بَعْدَ إِصْلَاحِهَا ۚ ذَٰلِكُمْ خَيْرٌ لَّكُمْ إِن كُنتُم مُّؤْمِنِينَ ۝ (٨٥)

Und zu den Madyan (entsandten Wir) ihren Bruder Su`aib. Er sagte: "O mein Volk, dient Allah; ihr habt keinen anderen Gott außer Ihm. Ein deutliches Zeichen ist nunmehr von eurem Herrn zu euch gekommen. Darum gebt volles Maß und Gewicht und schmälert den Menschen ihre Dinge (ihre Arbeitskraft, Handel, Besitztümer etc.) nicht und stiftet nicht nach ihrer Ordnung Unheil auf Erden. Das ist besser für euch, wenn ihr gläubig seid."

(Qur'ān, al-'Araf, 7:85; Hud, 11:85; al-Shu'ara', 26:183; etc.)

Ebenso müssen Muslime verstehen, dass Riba zugange ist, wenn das Vermögen der Massen aufgesaugt wird, durch den Einsatz von legalem, betrügerischem, künstlichen Papiergeld.

Dieses Geld ersetzte das Geld, welches die *Sunnah* aller Propheten war, d.h., Gold und Silber und andere wertvolle Metalle. Künstliches Papiergeld, Plastik und elektronisches Geld, haben keinen internen Wert.

Vielmehr ist diesen Zahlungsmitteln der Wert zugewiesen worden und dann verlieren sie auch noch im Laufe der Zeit permanent an Wert, sowie sie für das System designt worden sind, ja, dies ist gewollt. Die Banken gehören zu den Hauptakteuren, die daran arbeiten, dass das Geld seinen Wert verliert und die Banken, wenn dies passiert, den größten Profit erziehlen. Wenn das Geld an Wert verliert, so sinkt der Wert aller Dinge.
Die Preise steigen und die Löhne verlieren an Wert. Die Arbeitskraft ist dann gefangen, um für einen Sklavenlohn zu arbeiten.

Die letzte Offenbarung des Qur'ans

In der letzten Offenbarung des Qur'ans entschloss Allah, der Allweise, Sich erneut einem Fachbereich zuzuwenden, der schon längst in früheren Offenbarungen behandelt wurde – im Qur'an, sowie auch in der Thora, im Psalmen und den Evangelien – nämlich, das Zinsverbot - *Riba*. Aus den *Hadithen* wissen wir, dass die letzte erhaltene Offenbarung, die unserem Propheten (*sallallahu alaihi wa sallam*) kurz bevor er starb herabgesandt wurde, die Passage in der *Surah al Baqara* war (2:279-281), die sich auf die Zinsen bezieht:

Umar ibn al-Chattab (r.h) sagte: „Die letzten offenbarten Verse waren die des *Ribas*, doch Allahs Gesandter wurde von uns genommen, ohne uns dies erläutert zu haben; so verlasst nicht nur den *Riba*, sondern auch den *Reebah* (d.h., was auch immer in den Gedanken Zweifelhaft ist bzgl. seiner Rechtmäßigkeit)."

(Sunan, Ibn Majah; Darimi)

Ibnu Abbas (r.h) sagte: „O die ihr glaubt, fürchtet Allah, und lasset den Rest des Zinses fahren, wenn ihr Gläubige seid. Tut ihr es aber nicht, dann erwartet Krieg von Allah und Seinem Gesandten; und wenn ihr bereut, dann bleibt euch euer Kapital; ihr sollt weder Unrecht tun, noch Unrecht leiden. Und wenn er (der Schuldner) in Schwierigkeit ist, dann gibt Aufschub bis zur Besserung der Verhältnisse. Erlasst ihr es aber als Guttat: das ist euch noch besser, wenn ihr es nur wüsstet."
Und fürchtet den Tag, an dem ihr zu Allah zurückkehren müsset; dann wird jeder den vollen Lohn erhalten nach seinem Verdienst; und es soll ihnen kein Unrecht geschehen. Ibn Abbas sagte: „Dies waren die letzten offenbarten Verse an den Propheten."

(Sahih, Bukhari)

Die letzte Offenbarung bestätigt die rückwirkende Vollstreckung der Gesetzgebung des *Riba*-Verbotes, in der *khutbah al-wida'a* (die Abschiedspredigt) von Arafat. Die letzte Offenbarung ist in diesem Abschnitt des Qur'ans zu finden. Hier die Abschiedsrede:

O ihr Diener Allahs, ich rate euch, Zuflucht bei Allah zu nehmen, seine Befehle zu befolgen, euch von Sünden zu reinigen und euch vor seinem Zorn zu schützen. Ich empfehle euch immer und immer wieder, ihm zu gehorchen. Ich beginne meine Worte mit dem, was gut und gesegnet ist; mit Seiner Erlaubnis und Unterstützung.

O ihr Menschen! Ich bin der einzige Gesandte Allahs, den Er damit beauftragt hat, Seine Befehle zu vermitteln, Seine göttlichen Entscheidungen auszuführen, das Land aufzubauen und die Weltordnung zu schaffen. Hört mir zu, ich werde euch einiges erklären. Ich weiß nicht, ob ich euch nach diesem Jahr hier jemals wieder treffen werde.

O ihr Menschen! Genauso wie in diesem Monat, dieser Stadt und an diesem heutigen Tag verdienen euer Blut, eure Seelen, euer Recht auf Leben, eure Besitztümer, euer Anstand, eure Würde, eure Ehre und eure körperliche Unversehrtheit Respekt und Schutz und sind unantastbar bis zu dem Tag, an dem ihr euren Herrn treffen werdet. Strafen, die aufgrund der vom Islam festgelegten Verantwortlichkeit vollstreckt werden, und welche auf gerechtfertigten Entscheidungen beruhen, sind eine Ausnahme.

Hört mir gut zu, sodass ihr mit Würde und Ehre weiterhin friedlich lebt. Seid auf keinen Fall ungerecht und unterdrückt niemanden. Seid kein Werkzeug des Zwangs, der Unterdrückung und der Folter. Gebt der Unterdrückung nicht nach. Akzeptiert keine Ungerechtigkeit. Habe ich mich deutlich ausdrücken können? Allah, sei auch Du mein Zeuge!

Meine Gefährten! Ihr werdet in die Gegenwart eures Herrn treten; Er wird euch über eure bewussten Taten zur Rechenschaft ziehen. Habe ich es klar und deutlich verkünden können? Allah, sei auch Du mein Zeuge!
O ihr Menschen, nehmt Zuflucht bei Allah, haltet euch fest an Seine Befehle und schützt euch vor Seinem Zorn. Händigt den Menschen keine unvollständigen Güter aus, vermindert nicht den Wert dieser

Güter, bezahlt nicht zu wenig, lästert nicht über ihre Güter, betreibt keinen unlauteren Wettbewerb und verursacht keinen Verlust der Rechte oder Güter der anderen, indem ihr diese täuscht, betrügt oder opportunistisch seid. Verursacht in eurem Land und auf Erden keine Konflikte, indem ihr Hoffnungslosigkeit verbreitet. Betreibt keine Lästereien.

Meine Gefährten! Wem etwas anvertraut wird, der soll das Anvertraute seinem Besitzer zurückgeben. Falls ihr etwas geschenkt bekommt, schenkt etwas zurück. Der Bürge ist wie ein Schuldner. Schulden müssen bezahlt werden. Kommt nicht zu mir, falls ihr Hilfe von euren Vorfahren und eurer Abstammung erwartet. Kommt aufgrund eurer bewussten Handlungen. Ich sage euch genau das, was ich allen Menschen sage.

Der Zinshandel der Zeit der Unwissenheit (Dschahiliya) ist abgeschafft worden. Allah hat befohlen, die ersten Zinsen, die abgeschafft werden sollen, seien diejenigen von Abbas b. Abdulmuttalib.

Nur das Grundkapital gehört euch. Weder ihr dürft ungerecht sein, noch darf man euch gegenüber ungerecht sein. Allah hat den Zinshandel strikt verboten. Der erste durch Verzweiflung zustande gekommene Zinshandel im Land und auf Erden, den ich aufheben werde, ist derjenige, den mein Onkel Abbas b. Abdulmuttalib bei seinem Handel einsetzte.

O ihr Menschen, wisst ihr, in welchen Monat, Tag und in welchem Land ihr seid? (Die Leute sagten: "An einem bemerkenswerten, besonderen Tag, der Respekt verdient, in einem unantastbaren Land und Monat.")

O ihr Menschen! Genauso wie in diesem Monat, in dieser Stadt und an diesem heutigen Tag verdienen euer Blut, eure Seelen, euer Recht auf Leben, eure Besitztümer, euer Anstand, eure Würde, eure Ehre und eure körperliche Unversehrtheit Respekt und Schutz und sind unantastbar bis zu dem Tag, an dem ihr euren Herrn treffen werdet. Strafen, die aufgrund der vom Islam festgelegten Verantwortlichkeit vollstreckt werden, und welche auf gerechtfertigten Entscheidungen beruhen, sind eine Ausnahme.

Meine Gefährten! Ich erkläre, dass alle Blut-, Wasser- und Güterfehden der Zeit der Dschahiliya bis zum Jüngsten Tag abgeschafft sind. Die Blutfehden der Zeit der Dschahiliya wurden bis zum Jüngsten Tag abgeschafft. Die Erste, die wir abschaffen, ist Amir (Iyas) b. Rabia b. al-Harith b. Abdulmuttalibs Blutfehde. Er war ein Kind, das beim Stamme Sad b. Lays, einer Amme gegeben wurde. Huzayl hat ihn getötet. Habe ich es klar und deutlich verkündet? (Die Leute sagten: "Selbstverständlich, hast du es verkündet.") -Allah, sei auch Du mein Zeuge! Diejenigen, die hier sind, sollen meine Worte an diejenigen, die nicht hier sind, weiterleiten. Außer dem Wächteramt (Hidschaba) und dem Amt für die Verpflegung der Pilger mit Wasser (Siqaya), wurden alle der Kaaba zugehörigen Ämter der Zeit der Dschahiliya aufgehoben.
Die Strafe für mutwilliges Töten ist Vergeltung. Mord, der dem mutwilligen Töten ähnelt, ist das Töten mit einem Stock oder Stein. Als Blutgeld dafür gelten hundert Kamele. Wer mehr verlangt, hat den Islam nicht angenommen und sehnt sich nach der Zeit der Dschahiliya.

Der größte Feind Allahs ist derjenige, der jemanden, der keine böse Absicht hat, grundlos tötet; und derjenige, der jemanden grundlos schlägt. Habe ich es klar und deutlich verkündet? Allah, sei auch Du mein Zeuge!

O ihr Menschen! Ich warne euch, jeder haftet nur für sein eigenes Verbrechen. Ein Vater ist nicht verantwortlich für die Schuld seines Kindes, ein Kind ist nicht verantwortlich für die Schuld seines Vaters.

O ihr Menschen! Satan hat die Hoffnung, hier in eurem Land von euch vergöttert zu werden, aufgegeben. Allerdings wird er es genießen, euch durch Verhalten, das ihr als unbedeutend betrachtet, gegeneinander aufzuhetzen; und ihr ihm dadurch gehorcht. Hütet euch vor dem Satan und seinem unmoralischen, teuflischen Zorn; vor den Intrigen und der Verführung durch ihm Ähnlichem, indem ihr euch eurer Religion hingebt und sie behütet.

O ihr Menschen, schwört nicht in Allahs Namen zur Bekräftigung einer Lüge. Allah wird diejenigen, die dies tun, entblößen.

O ihr Menschen! Die Zeit schreitet in dem geordneten System voran, das an dem Tag entstand, als Allah Himmel und Erde schuf. Die Anzahl der Monate ist zwölf. Vier von ihnen sind haram (heilige) Monate. Drei von diesen folgen aufeinander. Einer von ihnen ist einzeln. Es sind dies die Monate Dhu al-Qa'da, Dhu al-Hidschdscha, Muharram und der sich zwischen Dschumada al-Ahir und Schaban befindende Radschab, der vom Stamme Mudar benannt wurde. Gemäß der Aufzeichnung auf der verwahrten Tafel (Lawh Mahfuz), die Allah an dem Tag, an dem er Himmel und Erde erschuf, verfasste, beträgt die Anzahl der Monate zwölf. In vier von diesen zwölf Monaten ist es verboten, Krieg zu führen. Dieses Gesetz zu den heiligen Monaten ist das Gesetz der Religion, welche die Menschheit aufrecht und die menschlichen Werte und die Ordnung instand hält und welche die natürlichen, unveränderbaren Rechtsvorschriften der Zivilisation beinhaltet.

Quält euch selbst und die anderen nicht, indem ihr im Bezug auf diese Monate gegen Allahs Verbote handelt. So wie die Muschriq (Polytheisten), die Allah in Bezug auf seine Göttlichkeit, Autorität, Macht und Eigentum etwas gleichsetzen und beigesellen, gemeinsam gegen euch kämpfen, so kämpft auch ihr alle zusammen gegen sie.

Wisst, dass Allah an der Seite der Gläubigen und Frommen ist, die Zuflucht bei Ihm nehmen, sich von Sünden gereinigt haben, indem sie seine Befehle befolgen; die sich vor seinem Zorn hüten, mit einem Bewusstsein für Verantwortung und Pflichten leben und Anspruch auf ihre Rechte erheben; mit Charakter, und ihrer religiösen und sozialen Aufgaben bewusst sind. Das Verschiebung der heiligen Monate, in denen Gewaltlosigkeit zur Tradition geworden ist, das Hinzufügen eines Monats zu den zwölf Monaten und das Erstellen eines gefälschten Kalenders, also die Ablehnung von Allahs Befehl, den Er über die Jahre und Monate getroffen hat, ist nicht akzeptierbar. Sie halten die Kriege, die in dem durch Verschiebung und Veränderung hinzugefügten Monat stattfinden, in einem Jahr für halal (erlaubt) und legitim, und im nächsten für verboten. Sie wollen die Zahl, die Allah als haram (verboten, heilig) verkündet hat, fälschen und diese für halal und legitim erklären. Ihre bewussten, schlechten Handlungen wurden ihnen verschönert gezeigt. Allah wird denjenigen, die das gemeinsame Versprechen im Abkommen zwischen Herr und Glaubendem und ihren Glauben an Allah, dem Bewusstsein des Dienens, der Pflicht und der Verantwortlichkeit, in ihr Unterbewusstsein drängen und weiterhin Blasphemie betreiben und sich undankbar verhalten, niemals den rechten Weg zeigen oder ihnen Erfolg gönnen (at-Tauba, 9/36-37).

In einem Jahr hielten sie den Monat Safar für halal; in einem Jahr war Muharram ein verbotener Monat. Dies ist Nasi (dem Jahr hinzufügen). Allah, sei auch Du mein Zeuge!

O ihr Menschen! Eure Frauen haben gewisse Rechte über euch, und ihr habt gewisse Rechte über eure Frauen. Sie haben euch gegenüber (die Pflicht), nicht euer Bett entehren zu lassen, euch nicht gefällige Leute nicht ohne eure Erlaubnis in euer Haus zu nehmen, nicht schlecht zu sprechen und sich nicht schlecht zu benehmen und keine offenkundige Unmoral zu begehen. Wenn sie das tun, so hat Allah euch erlaubt, sich von ihrem Lager zu trennen und sie zu schlagen, aber nicht heftig: doch, wenn sie aufhören, erhalten sie ihren Unterhalt und ihre Kleidung wie üblich. Wünscht Gutes für eure Frauen, bemüht euch um sie. Sie sind nämlich eure Lebensgefährten und können nicht für sich selbst einstehen.

Allah hat sie euch anvertraut. Durch Allahs Befehl und Urteil wurden eure Beziehungen zu ihnen erlaubt (halal). Falls sie ihre Rechte wahren und zu ihren Verantwortungen stehen, habt ihr nicht das Recht sie zu misshandeln oder zu bestrafen. Falls ihr euch Sorgen um den Gehorsam eurer Frauen macht oder fürchtet, dass sie Gewalt ausüben werden, beratet sie und trennt eure Betten. Schlagt sie ohne Übertreibung. Sie haben das Recht darauf, dass ihr mit Lebensmittel und Kleidung großzügig seid und jede Art von Güte und Gunst zeigt. Im Bezug auf die Erfüllung der Rechte der Frauen, haltet euch fest an Allahs Befehle, hütet euch vor seinem Zorn, wünscht Gutes für sie und bemüht euch, ihre Bedingungen zu verbessern. Lasst eure Frauen die finanziellen Mittel des Hauses ohne eure Zustimmung nicht großzügig ausgeben. Versteht meine Worte gut, und erinnert euch an sie.

Habe ich es klar und deutlich verkündet? Allah, sei auch Du mein Zeuge!

O ihr Menschen! Ich empfehle euch, eure männlichen und weiblichen Sklaven, die ihr auf legitime Art und Weise besitzt und über die ihr legitime Rechte habt, mit denen ihr menschliche Beziehungen pflegt und die mit Arbeitsverträgen an euch gebunden sind, gut zu behandeln. Ich empfehle euch, ihnen die gleichen Speisen aufzustellen, die ihr esst, und sie gemäß eurer Kleidung einzukleiden. Falls sie etwas Unverzeihbares tun, bestraft sie gemäß dem gängigen Strafmaß. Foltert und bestraft sie nicht.

O ihr Menschen! Hört gut auf meine Worte und denkt gut nach. Wisst, dass Muslime aller Rassen Brüder sind. Alle Gläubigen sind Brüder. Kein Besitztum eines Bruders ist halal, solange dieser es nicht genehmigt. Lasst kein Unrecht, Trug oder Verrat zu.
Soll ich euch erklären, wer ein Muslim ist? Jemand, der anderen Muslimen keinen Schaden zufügt; weder durch seine Zunge noch durch seine Hand. Soll ich euch erklären, wer ein Gläubiger ist? Jemand, von dem man mit Bestimmtheit weiß, dass er weder dem Eigentum noch dem Leben von Menschen Schaden zufügt.
Soll ich euch erklären, wer ein Muhadschir ist? Jemand, der das Böse und die Sünde aufgegeben hat.

Soll ich euch sagen, wer ein Mudschahid ist? Jemand, der auf dem Weg des Gehorsams gegenüber Allah gegen sein Selbst ankämpft.
Wie die Unantastbarkeit des heutigen Tages ist es für einen Gläubigen haram (verboten), einen anderen Gläubigen zu schädigen. Verleumdung eines Gläubigen durch einen anderen ist auch haram. Es ist auch haram, wenn er seine Ehre und Würde beschädigt. Einen Gläubigen ins Gesicht zu schlagen ist für einen Gläubigen auch haram. Falls er ihn grob behandelt und verletzt, ist dies auch haram.

Habe ich es klar und deutlich verkündet? Allah, sei auch Du mein Zeuge!
O ihr Menschen! Die Erde gehört Allah und Seinem Gesandten. Es wurde mir befohlen, mit den Menschen zu ringen, bis sie "Es gibt,

keinen Gott außer Allah" sagen. Wenn sie das Kalima Al-Tawhid (Glaubensbekenntnis) aussprechen, gelten ihr Blut, ihr Leben und ihr Eigentum als gesichert. Strafen, die aufgrund der vom Islam festgelegten Verantwortlichkeit vollstreckt werden, und welche auf gerechtfertigten Entscheidungen beruhen, sind eine Ausnahme. Allah wird sie im Jenseits zur Rechenschaft ziehen. Seid nicht ungerecht, weder euch selbst gegenüber, noch gegeneinander.

O ihr Gläubigen, kehrt nach mir nicht zur Gotteslästerung zurück, werdet nicht zu Ungläubigen, die sich gegenseitig die Köpfe abschlagen. Ich habe euch das Buch Allahs, den Koran und die Sunna seines Gesandten hinterlassen, die deutliche religiöse, wissenschaftliche, administrative und politische Regeln beinhalten; die verhindern werden, dass ihr den rechten Weg verlasst, falls ihr euch an sie haltet. Handelt ihnen entsprechend. Außerdem hinterlasse ich meine Familie, die Ahl al-Bayt.

Habe ich es klar und deutlich verkündet? Allah, sei auch Du mein Zeuge!

O ihr Menschen! Ihr habt nur einen einzigen Herrn, nur einen einzigen Vater. Gemäß dem Islam sind alle Menschen gleich. Ihr seid alle Kinder Adams und Adam wurde aus Lehm erschaffen. Vor Allah sind die Wertvollsten unter euch diejenigen, die bei ihm Zuflucht nehmen, sich eng an seine Befehle halten, sich von Sünden reinigen und sich vor seinem Zorn hüten. Ein Araber ist nicht mehr wert als ein Nichtaraber, noch ist ein Nichtaraber mehr wert als ein Araber; weder ist ein Schwarzer mehr wert als ein Rothäutiger, noch ein Rothäutiger mehr als ein Schwarzer; das einzige Maß der Überlegenheit ist Takwa (Gottesfurcht, Frömmigkeit).

O ihr Menschen, Wir haben euch aus einem Einzigen als Mann und Frau erschaffen. Damit ihr einander kennenlernt; eure Geschäfte vorsorglich verwaltet; den internationalen, sich mit dem islamischen Regeln überdeckenden Bräuchen folget, euch gegenseitig helfet; Kultur- und Zivilisationsaustausch betreibet und euch gegenseitig Gutes empfehlen mögt, haben wir euch als verschiedene Stämme und Völker erschaffen. Die Wertvollsten unter euch vor Allah sind diejenigen, die bei ihm Zuflucht suchen, sich eng an seine Befehle halten, sich von Sünden reinigen, sich vor seinem Zorn hüten; mit Verantwortungsbewusstsein und dem Bewusstsein des Dienens, ihre Rechte und Freiheit wahrend, eine ausgeprägte Persönlichkeit aufweisen und ihrer religiösen und sozialen Verantwortungen bewusst sind. Allah weiß alles, er kennt alles Offensichtliche und Verborgene" (Al-Hudschurat, 49/13).

O ihr Menschen! Selbst wenn euch ein Abessinier mit abgeschnittenen Gliedmaßen als Herrscher gebracht wird, solange er die Gesetze vom Buche Allahs anwendet, hört auf ihn und gehorcht ihn.
Habe ich es klar und deutlich verkündet? Allah, sei auch Du mein Zeuge!

(Die Leute sagten: "Ja.")

Diejenigen die hier sind, sollen meine Worte an diejenigen, die nicht hier sind, weiterleiten.

O ihr Menschen! Hört mir gut zu! Die Aufrufe aller Propheten sind Vergangenheit, ihre Beauftragung ist beendet. Allein meine Einladung und meine Berufung bestehen weiter. Aufgrund der Bedürfnisse der Menschen in der Gegenwart meines Herrn wahre ich meine Einladung und meine Berufung bis zum Jüngsten Tag. Verglichen mit den Ummah (Gemeinden) der mir vorangegangenen Propheten werde ich auf eure große Anzahl stolz sein. Beschämt mich nicht. Hört gut zu! Während ich für ein Teil der Menschheit nichts werde machen können, werde ich andere wiederum retten. Ich werde "O Allah, meine Gefährten" sagen. "Du hast keine Ahnung, was sie im Namen der Religion alles erfunden haben" wird er antworten. Ich bin euer Vorläufer, der an den Paradiesbrunnen auf euch warten wird.

O ihr Menschen! Allah hat alle Rechte der Menschen, jeden Anteil eines Erben im Voraus festgesetzt. Für einen Erben kann man kein Testament machen. Das Testament kann nicht mehr als über ein Drittel des Vererbten festgesetzt sein. Das Kind gehört zum rechtlichen Ehepartner. Wer Unzucht betreibt, hat keine Rechte. Wer sich undankbar gegenüber seinem Beschützer, Vorgesetzten, Partner, Arbeitgeber oder Herrn zeigt, der lehnt den Koran ab, den Allah Mohammed gesandt hat. Möge derjenige, der behauptet, dass er von jemand anderem als seinem Vater abstammt oder einen anderen als seinen Herrn als Herrn annimmt, von Allah, seinen Engeln und der gesamten Menschheit verdammt sein.
Für einen solchen gibt es weder eine Aufhebung seiner Qual, noch kann er anstelle seiner Strafe Lösegeld zahlen.

O ihr Menschen! Vermeidet Übertreibung in der Religion. Jene, die vor euch kamen, haben entschieden aufgrund ihres Extremismus verloren. Lernt die Handlungen der Hadsch (Pilgerreise) von mir. Ich weiß nicht, ob ich in einem Jahr noch einmal den Hadsch vollziehen kann. Diejenigen, die hier sind, sollen meine Worte an diejenigen, die nicht hier sind, weiterleiten. Einige, die meine Ratschläge weitergeleitet bekommen, werden diese besser verstehen und bewahren können, als diejenigen, die sie hier hören; viele werden durch ihre Anwendung viel glücklicher sein.

O ihr Menschen! Möge Allah denjenigen Seine Gnade und Sein Mitgefühl schenken, die meine Worte hören und sie sich merken. Möge Allah sie erfreuen. Es gibt viele, die meine sinnvollen Wörter auswendig lernen, ohne sie zu verstehen. Sollen diejenigen, die meine tiefsinnigen Worte kennen, sie an Scharfsinnigere weiterleiten. Wisst, dass die Gläubigen, die über die folgenden drei Eigenschaften verfügen, dem Islam nie untreu sein und ihn aus ihren Herzen nie verdrängen werden:
- Diejenigen, die um Allahs willen, aufrichtig ihre religiösen Pflichten erfüllen,
-Diejenigen, die muslimischen Herrschern gegenüber aufrichtig sind und ihnen gehorchen,
- und diejenigen, die die Einheit und Integrität der islamischen Ummah behüten.
Alle Gläubigen sollten die Pflicht der Vermittlung des Islam und des Aufrufs zum Islam erfüllen, indem sie die künftigen Generationen und diejenigen, die nicht durch den Islam geehrt wurden (nicht als Muslime geboren wurden), zum Islam einladen.
Nach mir wird kein Prophet mehr beauftragt werden. Außer euch wird es keine andere Ummah mehr geben.
Erkennt euren Herrn als Gott; ergebt euch eurem Herrn als aufrichtige Muslime; dient eurem Herrn respektvoll und betet Ihn an. Gehorcht Seinem Gesetz; befolgt Seine Sittlichkeit und Seinen Anstand, betet ohne Unterlassung fünfmal am Tag. Zahlt Zakat zur Reinigung eures Gewissens und zur Segnung eures Vermögens und eurer sozialen Stellung. Fastet im Ramadan. Gehorcht euren Anführern, sodass ihr ins Paradies eures Herrn kommt.

O ihr Menschen! Morgen wird man euch über mich befragen. Was meint ihr? Habe ich meine Pflicht als Prophet erfüllt? Habe ich meine Arbeit getan?

(Die Menschen sagten: "Ja, wir schwören, dass du die Botschaft übermittelt, uns Ratschläge und Empfehlungen gegeben hast. Wir bezeugen es.")
- Sei Zeuge o Herr, sei Zeuge o Herr, sei Zeuge o Herr, sei Zeuge o Herr…
Ich begrüße euch und wünsche euch Frieden. Ich bitte dafür, dass Allah euch Gnade und Überfluss gewährt.

Warum entschloss Sich Allah, der Allweise, noch eine Offenbarung, kurz vor dem Tod des Propheten (*sallallahu alaihi wa sallam*), zu senden? Warum wählte Er einen Zeitpunkt, der, so wie es scheint, die letzte Möglichkeit darstellt, um diese Offenbarung herabzusenden? Warum tat Er dies, nachdem Er die Offenbarung herabsandte, inder Er ankündigt, dass Er Seine Religion und Seine Gnade an den Gläubigen vollendet hat? (siehe 5:3) Sicherlich muss es sehr wichtige Antworten auf all diesen Fragen geben. Es scheint uns so, dass solch eine letzte Offenbarung nur dann angemessen benutzt werden kann, um etwas zu wiederholen, das zum Kern der göttlichen Rechtleitung gehört. Zusätzlich könnte dies benutzt worden sein, um die Aufmerksamkeit auf den Teil der göttlichen Rechtleitung zu lenken, der die Gläubigen in ihrem Glauben am meisten verwundbar macht, durch einen Angriff, der in der Zukunft von den Feinden des Islams (die Mutter aller Angriffe) angewendet werden wird. Letztlich könnte diese Offenbarung auch zu Letzt gekommen sein, weil sie eine Stellung von absolut strategischer Wichtigkeit am Ende der Zeit einnimmt. Und Allah weiß am besten!

Der Prophet (*sallallahu alaihi wa sallam*) bestätigt die größte Gefahr im Zins - *Riba*

Es scheint so, dass unsere Meinung durch die Tatsache bestätigt wird, dass der Prophet Muhammad (*sallallahu alaihi wa sallam*) selbst in einem *Hadith* prophezeite, welcher von Abu Huraira überliefert wird, dass sich exakt solch ein *Riba*-Angriff ereignen wird. Es handelt sich offensichtlich um einen Angriff seitens der Feinde des Islams, doch er wird die gesamte Menschheit erreichen, inklusive der Anhängerschaft Muhammads (*sallallahu alaihi wa sallam*):

„Es wird eine Zeit kommen, sagte der Prophet, wo du nicht eine einzige Person findest, unter der gesamten Menschheit, die nicht *Riba* konsumieren wird. Und wenn jemand behauptet kein Riba zu konsumieren, dann wird ihn sicherlich mindestens der Dampf von *Riba* erreichen." (In einem anderen Text heißt es, „der Staub von *Riba* wird ihn erreichen.")

(Sunan Abu Daud)

Der Prophet (*sallallahu alaihi wa sallam*), macht somit unmissverständlich klar, dass die größte Gefahr für die Einheit der *Ummah* und für den *Iman* (Glauben) der Gläubigen, von der *Riba* ausgehen wird. Dies bestätigt sich durch die Warnung Allahs, des Allerhöchsten, indem Er offensichtlich den *Riba*-Vers für die letzte Offenbarung erwählte, als das letzte zu adressierende Thema an die Gläubigen.

Die Prophezeiung des Propheten (*sallallahu alaihi wa salllam*) bzgl. des allgemein vorherrschenden Zinses, hat sich in unserer Zeit bewahrheitet. In der Tat erfüllte sich dies in unserer Lebenszeit! Besonders erfüllte sich dies im Jahre 1924, während der Abschaffung des Osmanischen Kalifats.

Bis ins Jahr 1924 konnte die auf *Riba* basierende europäische Wirtschaft nicht den Erfolg verstreichen, die Wirtschaft und den Markt der muslimischen Welt zu durchdringen.

Doch Europa verführte erfolgreich den Vorsitz der Regierungen, die die Angelegenheiten der Muslime verwalteten. Sie verführten sie zu *Riba*.

Der osmanische Kalif, z.B., hatte sich von Europa beträchtliche Summen an Geld (auf Zinsbasis) geliehen. Seine finanziellen und wirtschaftlichen Probleme stiegen in solchem Ausmaß an, dass er gezwungen war sich das Geld zu leihen. In einem Akt der Verzweiflung, suchte er die Mitgliedschaft im säkularen europäischen System, um den Untergang seines Imperiums zu verhindern. Er erreichte dies, im Pariser Friedensabkommen im Jahre 1856.

Doch den Preis den er dafür zu zahlen hatte war, dass er sich der "europäisch-jüdischen" Finanzerpressung beugen musste, die von ihm verlangte, dass er die *Jizyah* und *Ahl al-Dhimmah* aus allen Territorien des Osmanischen Imperiums abschaffen musste. Dies stellte eine Gegenleistung und Erleichterung für die Schulden und die Rückzahlung der Zinsen dar. Indem er dies tat, betrog der Kalif, Allah, den Höchsten, der Selbst die *Jizyah*-Steuer im Qur'an einführte (*Surah al-Tauba, 9:29*). In der Tat wird die Jizyah nur dann abgeschafft werden, wenn Jesus *('alaihi as-Salām)* zurückkehrt:

Abu Huraira berichtete, das der Prophet *(sallalahu 'alaihi wa sallam)* sagte: „Zwischen ihm (Jesus) und mir gibt es keinen

Propheten. Er wird zur Erde hinabgesandt. Wenn ihr ihn seht, so werdet ihr ihn erkennen, ein Mann mittlerer Körpergröße und mit rötlichem Haar, er trägt zwei leuchtend gelbe Gewänder aus Safran und es sieht so aus als ob Wassertropfen von seinem Kopf fallen, obwohl er nicht nass sein wird. Er wird die Menschen auf Grund des Islams bekämpfen. Er wird das Kreuz brechen, das Schwein töten und die Jizyah abschaffen. Allah wird alle Religionen vernichten, außer, den Islam.

Er (Jesus) wird den Dajjal zerstören und wird auf Erden für vierzig Jahre leben, sodann wird er sterben. Die Muslime werden das Totengebet für ihn verrichten."

(Sunan Abū Daūd)

Der Erfolg der euro-jüdischen Bänker, die auf das Osmanische Kalifat zielten und ins Schwarze trafen, war eins der klassischen Beispiele des finanziellen Imperialismus, der durch die *Riba* ermöglicht wurde. Henry Kissinger war der Urheber derselben Strategie, die letztendlich zum Niedergang der sozialistischen sowjetischen Supermacht (USSR) in der modernen Zeit führte.

Dieses Ereignis hätte die Augen der *Ulama* des Islams öffnen sollen. Dies geschah jedoch nicht! Folglich wurde dieselbe Strategie vom Internationalen Währungsfond (IMF), der Weltbank und von vielen anderen angewandt.

Nicht nur die israelische Wirtschaft basiert auf *Riba*, sondern ebenso Israel selbst ist umfasst von Arafats PLO und anderen arabischen Regimen, die mit exakt derselben tödlichen Wirtschaft gewappnet sind, die ihr Ziel darauf reduzieren, dass sich die Armut im Elend und der wirtschaftlichen Sklaverei festsetzt.

Der Erfolg der europäisch-jüdischen Finanzerpressung und die damit verbundene Einführung einer säkularen europäischen Staatsvorlage, bestätigt den Beginn einer Zerlegung des Modells einer heiligen, öffentlichen Staatsordnung, die in der Welt des Islams (*Dar al-Islam*) üblich war.

In diesem säkularen Staatsmodell wird die ´Souveränität` von Allah, dem Höchsten, "genommen" und wird stattdessen dem Staat übergeben. Das ist *Shirk*!

In der Tat, seit 1924 erreichte die *Riba* die gesamte Wirtschaft der Muslime auf der gesamten Erde. Der Finanzimperialismus, der innewohnend in *Riba* zu finden ist, hat die gesamte Welt des Islams, mit seiner Kehle, in die Hände des Feindes geleitet, der mit geschärftem Messer bereitstand. Die gesamte Menschheit ist nun gefangen in einer Welt aus *Riba* und *Shirk*. Die Prophezeiung des Propheten (*sallallahu alaihi wa sallam*) hat sich nicht nur in Bezug auf den totalen Sieg der *Riba* erfüllt, die ja nun in jeder Bank auf der Welt und im künstlichen Papiergeld zu finden ist, sondern ebenso auf die Korruption des fairen und freien Marktes. Der heutzutage, so genannte "freie Markt", ist faktisch eine "Höhle der Diebe", in der der Starke den Schwachen ausnutzt, dies ist etwas, was von Ali Ibn Abi Talib (*radiallahu 'anhu*) angekündigt wurde, der sagte:

„Sicherlich wird über die Menschheit eine Zeit einbrechen, wo die Völker sich gegenseitig ausstechen werden..."

(Sunan, Abu Daud)

Der Prophet Muhammad (*sallallahu alaihi wa sallam*) sagte letztendlich selbst, dass die extreme Schwere und schrecklichste Warnung der Qur`anischen Offenbarung, welche die härteste Sprache bzgl. der *Riba* benutzt, die folgende sei:

Abu Huraira (*radiallahu 'anhu*) sagte, dass der Gesandte Allahs (*sallallahu alaihi wa sallam*) sagte: *Riba* besteht aus 70 verschiedenen Teilen, der harmloseste Teil gleicht einem Mann, der seine eigene Mutter heiratet (gemeint ist sexuellen Verkehr mit ihr ausüben)."

(Sunan, Ibn Majah; Baihaqi)

Abdullah ibn Hanzala (*radiallahu 'anhu*) berichtete, dass der Prophet (*sallallahu alaihi wa sallam*) sagte: Ein *Dirham* (Silberstück) an *Riba*, den ein Mann wissentlich erhält, ist schlimmer als sechsunddreißigmal Ehebruch zu begehen.

(Ahmad)

Abu Huraira (*radiallahu 'anhu*) berichtete, dass der Gesandte Allahs (*sallallahu alaihi wa sallam*) sagte: In der Nacht wurde ich in die Himmel emporgehoben, ich kam an Menschen vorbei, deren Bäuche waren gleich den Häusern, welche Schlangen enthalten, man konnte von außen in ihre Bäuche hineinsehen. Ich fragte Gabriel, wer sind diese? Er antwortete, das sind die Menschen, die *Riba* konsumierten."

(Musnad, Ahmad; Sunan, Ibn Majah)

Abu Huraira (*radiallahu 'anhu*) berichtete, dass der Prophet (*allallahu alaihi wa sallam*) sagte: „Allah wird vier Arten von Menschen den Eintritt in das Paradies und dessen Segnungen verwehren: jenen, die ständig trinken (Alkohol), jenen, die *Riba* nehmen, jemand, der unrechtmäßig den Besitz der Weisen an sich reißt und jemand, der gegenüber seinen Eltern unachtsam ist."

(Mustadrak, al-Hākim, 'Kitāb al-Buyu')

Samura Ibn Jundab *(radiallahu 'anhu)* berichtete, dass der Prophet *(sallallahu alaihi wa sallam)* sagte: „Diese Nachte träumte ich von zwei Männern die kamen und mich zu einem heiligen Land brachten, von wo aus wir weitergingen, bis wir einen Fluss aus Blut erreichten, indem ein Mann stand und an seinem Gewässerrand ein weiter Mann mit Steinen in seiner Hand stand. Der Mann in der Mitte des Flusses versuchte herauszukommen, doch der andere Mann warf einen Stein in seinen Mund und zwang ihn damit an seinen ursprünglichen Platz zurückzukehren. Wann immer er versuchen würde herauszukommen, würde der andere einen Stein in seinen Mund schmeißen und ihn zwingen zurückzukehren. Ich fragte, `wer ist dies?´ Mir wurde gesagt: „Die Person in dem Fluss ist jemand, der Riba konsumierte."

(Sahih, Bukhari)

Ebenso bestätigte der Prophet *(sallallahu alaihi wa sallam)* im folgenden *Hadith* erneut die Aussage Allahs, in welcher Er und Sein Gesandter, in Verbindung mit dem Verbot der *Riba*, eine Kriegserklärung verkündet: Jabir Ibn Abdullah *(radiallahu 'anhu)* sagte: Ich hörte den Gesandten Allahs sagen: „Wenn keiner von euch *mukhabara* verlässt, der soll sich auf Krieg seitens Allahs und Seines Gesandten gefasst machen. Zaid Ibn Thabit sagte: Ich fragte: Was ist *mukhabara?*

Er erwiderte: Das du ein Land zum Ackerbau zur hälfte, zum drittel oder zum viertel (der Produktion) hast." (Die Gefahr liegt hier darin, dass dies täuschend zu Sklavenarbeit führt.)

(Sunan, Abu Daud)

Aus dem eben zitierten sollte nun deutlich zum Vorschein gekommen sein, dass die Etablierung einer auf *Riba* basierenden Wirtschaft eine große Sünde darstellt. Nahezu jede andere Sünde (außer *Shirk*) verblasst im Vergleich zu ihr in eine Bedeutungslosigkeit. Folglich verletzt diese Sünde mit Sicherheit die Bedingungen zur Erbschaft des Heiligen Landes.

Der Prophet und der Kollaps des Papiergeldes

Die sorgfältige Untersuchung der prophetischen Prophezeiungen, in welchen er (*sallallahu alaihi wa sallam*) den Kollaps der künstlichen, säkularen Währung prophezeite (d.h., Papiergeld, Plastikgeld und elektronisches Geld, etc.), zählen ebenso zu den Angelegenheiten, die von entscheidender Wichtigkeit für den Muslim sind.

Abu Bakr ibn Maryam (*radiallahu anhu*) berichtete, dass er den Propheten sagen hörte: „Sicherlich wird eine Zeit über die Menschheit kommen, in der nichts Nützliches übrig sein wird (oder Profitbringend), um einen Dinar oder Dirham (Gold und Silberstücke) zu retten."

(Musnad, Ahmad)

Diese Prophezeiung des Propheten Muhammad (*sallallahu alaihi wa sallam*), steht kurz vor ihrer Erfüllung. Das heutige Geldsystem benutzt "Papier" um "Geld" zu machen.
Dies ist ein offenbarer Schwindel! Künstliches Geld ist ganz anders als echtes Geld. Echtes Geld hat internen Wert, während Papiergeld dies nicht besitzt. Sein einziger Wert besteht darin, dass ihm dieser, durch die Marktkräfte verliehen wird.

Sein Marktwert bleibt nur und bis zu einem bestimmten Umfang erhalten, solange es öffentliches Vertrauen in das Papiergeld gibt und die Nachfrage im Markt existiert. Die Nachfrage selbst basiert auf Vertrauen und Vertrauen ist etwas, das manipuliert werden kann.

Solange die Regierungen den sogenannten "freien Währungsmarkt" kontrollieren, können sie auch eingreifen, um das öffentliche Vertrauen zu schützen. Doch der Währungsmarkt wird nun von den schlechtesten aller spekulativen Mächten kontrolliert, Mächte, die mit Gier einheizen und ohne Loyalität. Etwas, was ernsthaft das Vertrauen an die Märkte stören könnte, wird die spektakuläre Massenpanik, die der Prophet (*sallallahu alaihi wa sallam*) ankündigte, auslösen.

Der Kollaps des Geldes, dessen beste Beschreibung möglicherweise mit "Geldkernschmelze" beschrieben werden könnte, wird Zeugnis davon ablegen, wie sich der finale Erfolg der Europäer (die Juden wurden) ereignen wird, die sich in ihrer mehr als 1000-jährigen Anstrengung für die Einführung eines jüdischen Gesetzes, welches die ganze Welt beherrschen soll, abmühten. Jene, die reales Geld besitzen, werden die Kernschmelze überleben, während jene, die Erfolgreich den Kollaps ausnutzen, den größten Profit machen werden. Die Massen werden ihren Besitz verlieren und versklavt werden. Sie werden mit wertlosem Papier gefangen, welches als Geld vorgeführt wird. Dies ist der finanzielle Holoucaust, der mit Sicherheit eintreffen wird. Auch andere, abgesehen von unserm gesegneten Prophet Muhammad (*sallallahu alaihi wa sallam*), prophezeien nun diese finanzielle Kernschmelze. Judy

Shelton zum Beispiel, benutzt dies, als den Titel ihres exzellenten Buches mit dem Titel: „Geldkernschmelze, die Wiederherstellung der Ordnung für das globale Währungssystem".

Wir sollten nicht vergessen, noch es zulassen, dass die Welt den ominösen, dramatischen und unvergleichlichen Kollaps des US- Dolllars im Januar 1980 vergisst, als der Wert des Dollars im Verhältnis zum Gold, auf etwa 850$ pro Unze fiel. (Im Jahre 1971 waren es 35$ pro Unze, dieser vorhandene "hergestellte" Wert, wurde innerhalb des Bereiches von 280$ - 300$ die Unze gehalten.)

Dieser "Dollar-Kollaps" fand im unmittelbaren Sog der erfolgreichen, antiwestlichen, islamischen Revolution im Iran statt, der einer antiislamischen Regierung, die Kontrolle über die meisten Öl-Ressourcen des Irans verschaffte. Ein ähnlicher Kollaps fand im Jahre 1973 kurz nach dem arabisch/israelischen Krieg und der Verhängung eines arabischen Öl-Embargos gegen die USA, statt. Der US Dollar fiel um massive 400% im Wert herab, von 40 US-Dollar die Goldunze, auf 160 US-Dollar.

Wie lautet die Realität bzgl. des *Riba*-Angriffs?

Die starken Kräfte, die in der heutigen Geschichte erschienen sind und die die Wiederherstellung des iraelischen Staates überhaupt möglich machten, sind die Kräfte, die ihrerseits, die gesamte Menschheit mit *Riba* infizierten. Der Qur´an identifiziert diese Kräfte, als das Volk von Gog und Magogg und der Prophet (*sallallahu alaihi wa sallam*) sprach in Länge vom *Dajjal*, dem falschen

Messias. Er sagte, dass das Zeitalter des *Dajjals*, das Zeitalter der Verbreitung von universaler *Riba* sein wird. Der hervorragende und weise Dr. Muhammad Iqbal, erschrak die muslimische Welt, als er 1917 die Entsendung von Gog und Magogg, auf die sich der Qur'an bezieht, für schon stattgefunden erklärte. Daher ist es kristallklar, dass die Durchdringung der *Ummah* durch *Riba* einen Angriff darstellt, der von bösen Wesen ausging, die Allah Selbst geschaffen hat. Das Ziel des Angriffes ist es, jeden, inklusive der Muslime, der größten Versuchung auszusetzen, die die Menschheit seit Anbeginn der Zeit Adams (*alaihi-as-Salam*) bis zum letzten Tag erlebt hat und erleben wird.

Das Ziel der Angreifer ist es, die Juden völlig zu täuschen und sie zu ihrer finalen Zerstörung zu leiten. Im Kernstück dieses Angriffs, befindet sich die Versuchung durch *Riba*! Wir durchleben nun diese Versuchung. Der bisherige Beweis dafür ist, dass eine spirituelle, blinde Welt von Juden ihrer Verantwortung gegenüber dieser Versuchung nicht gerecht geworden ist und total und miserabel gescheitert ist. Die muslimische Welt, scheint ähnlich blind zu sein.

Allah, der Allerhöchste, führt Krieg gegen Israel

Allah, der Überlegene, sprach mit einer solch kraftvollen Sprache bzgl. der Sünde des *Riba*, dass sie möglicherweise zur größten Sünde (neben *Shirk*) gehört, die im Bereich des Glaubens existiert. Allahs Zorn gegenüber den Unterdrückern (aufgrund der Unterdrückung, die durch *Riba* entsteht) ist so groß, dass sie nach der Auferstehung als Menschen vor Ihm stehen werden, die vom Satan besessen zu sein scheinen. Wenn der israelische Staat sich an *Riba* beteiligt, dann wird Allah nicht einfach nur solche Menschen im nächsten Leben bestrafen, sondern Er und Sein Gesandter werden ihnen den Krieg schon in dieser Welt erklären.

يَـٰٓأَيُّهَا ٱلَّذِينَ ءَامَنُوا۟ ٱتَّقُوا۟ ٱللَّهَ وَذَرُوا۟ مَا بَقِىَ مِنَ ٱلرِّبَوٰٓا۟ إِن كُنتُم مُّؤْمِنِينَ (٢٧٨) فَإِن لَّمْ تَفْعَلُوا۟ فَأْذَنُوا۟ بِحَرْبٍ مِّنَ ٱللَّهِ وَرَسُولِهِۦ وَإِن تُبْتُمْ فَلَكُمْ رُءُوسُ أَمْوَٰلِكُمْ لَا تَظْلِمُونَ وَلَا تُظْلَمُونَ (٢٧٩)

„O die ihr glaubt, fürchtet Allah und lasst das sein, was an Zins (Geschäften) noch übrig ist, wenn ihr gläubig seid. Wenn ihr es aber nicht tut, dann lasst euch Krieg von Allah und Seinem Gesandten ansagen! Doch wenn ihr bereut, dann steht euch euer (ausgeliehenes) Grundvermögen zu; (so) tut weder ihr Unrecht, noch wird euch Unrecht zugefügt."

(Qur'an, al-Baqara, 2:278-9)

Dieses Buch lenkt die Aufmerksamkeit auf die Tatsache, dass die zionistischen Juden heutzutage das Banksystem auf der gesamten Welt kontrollieren. Dabei ist der oben genannte Vers des Qur'ans ein hinweisgebender Vers, indem Allah dem *Riba*-Verbot höchste Wichtigkeit beimisst. In der gesamten Geschichte der göttlichen Offenbarungen, laut meines Wissens, hat Allah, der Allmächtige, nie solch eine extrem harte Sprachweise für irgendetwas anderes, außer, für Riba benutzt.

Nach dem Tod von Salomon (*alaihi as-Salam*), verfälschten die Israeliten die Thora, indem sie sie an verschiedenen Zeiten, in verschiedenen Versionen umgeschrieben hatten. Der amerikanische Havard Absolvent und Bibelgelehrte, Richard Friedman, zeigte dies in seinem sehr wichtigen Werk auf, mit dem Titel: "*Who Wrote the Bibel*"? (Wer schrieb die Bibel?).

Die Israeliten entfernten in der Thora jeden Bezug den Abraham und Ismail zum Bau des Tempels (oder *Masjid*, Niederwerfungsort, Gebetsplatz) in Arabien hatten. Die *Ka'aba* und die *Hajj* sind nicht mehr in der Thora zu finden. Ebenso ersetzten sie jeden Bezug zu Ismail (*alaihi as-Salam*), als den zu opfernden Sohn, mit dem Namen seines Bruders Issak (*alaihi as-Salam*), obwohl dieser noch nicht einmal geboren war, als die Prüfung der Opferung Ibrahim (*alaihi as-Salam*) aufgetragen wurde. Zusätzlich wurde das Kind der Opferung von Allah im Qur'an als *Haleem* (geduldig und nachsichtig) beschrieben (siehe Qur'an, 37:101), wohingegen der Sohn, der von Sarah geboren werden sollte, als *Aleem* (weise) beschreiben wurde (siehe Qur'an, 15:53).

Sie tauschten Arabien, als den Ort der Opferung, durch Palästina aus. *Zam Zam*, die wundersame Wasserquelle, die aus dem Sand in der Wüste entsprang, als der Engel Gabriel (*alaihi as-Salam*) mit seiner Verse den Boden berührte, wurde nun ein Brunnen in Palästina. Sie verteufelten Ismail (*alaihi as-Salam*) in der Thora als einen "Wildesel" und schlossen ihn aus dem Bund Allahs aus, so dass sie den Anspruch erheben konnten, die exklusiven "Auserwählten" Gottes zu sein. Das gefährlichste jedoch war, ihre Zerstörung des göttlichen *Riba*-Verbotes. Sie schrieben die Thora um, damit der Kreditverleih auf Zinsbasis an das Nichtgläubige Volk für sie erlaubt wird, während sie das Zinsverbot im gegenseitigen Handel (d.h., unter Juden) beibehielten (5.Buch Moses, 23:20-21).

Allah (swt) antwortete auf dieses abscheuliche Verbrechen, mit der Entsendung einiger Seiner Kreaturen gegen sie, die Machtvoll waren. Der babylonische König, Nebukadnezer, fiel über Palästina her, besiegte die Israeliten, versklavte all jene, die er gefangen nahm, zerstörte den Staat Israel und die *Masjid al-Aqsa* (welche von Salomon gebaut wurde) und nahm die Israeliten als Sklaven zurück mit nach Babylon (siehe, Qur'an, 17:4-5).

Dies war mit Sicherheit eine kraftvolle Demonstration der Fähigkeit Allahs, Krieg gegen jene zu führen, die mit Seinem Gebot spielen.
Es gab eine zweite Demonstration dieser Art, als der römische Imperator Titus Jerusalem verwüstete und den Tempel (oder *Masjid*) ein zweites Mal zerstört hatte (Qur'an, 17:7, 104). Dies stand ebenso in Verbindung mit *Riba*. Allah entsandte drei Propheten zu den Israeliten, Zakariah (*alaihi as-Salam*), Yahya (*alaihi as-Salam*) und Isa (alaihi as-Salam). Der Teil der Israeliten, die diese Propheten ablehnten, wurden bekannt als Juden (*al-*

Yahood). Die Juden töteten Zakariah in der *Masjid al-Aqsa* (Matthäus, 24:35, 36; Lukas, 11:51). Yahya wurde (laut ihren Quellen) enthauptet. Und letztendlich prahlten sie damit, Isa getötet zu haben.

In allen drei Ereignissen griffen die Propheten Allahs sie an und klagten gegen ihre Boshaftigkeit. Diese Anklage richtete sich ebenso an das Verbrechen der Änderung der Thora und an die Benutzung von *Riba*. Er (Jesus) verfluchte sie, schmiss ihre Tische um, schmiss sie aus dem Tempel und verkündete: „*Ihr nahmt das Haus Allahs an euch und habt es in einen Bau von Dieben verwandelt.*" Folglich töteten sie die Propheten Allahs (außer Jesus), weil diese, neben anderen Verbrechen, ihnen die Boshaftigkeit des *Riba*-Konsums vor Augen führten. Allah (swt) antwortete auf ihre Boshaftigkeit, indem Er ihnen eine römische Armee sandte, die den Staat Israel ein zweites Mal zerstörte. (Ein letztes Mal wird Israel durch die muslimische Armee, angeführt von *Imam al-Mahdi*, zerstört werden.)

Die verkündete Warnung der Kriegserklärung seitens Allahs, für den Gebrauch von Zinsen, scheint einen größeren Stellenwert einzunehmen, als andere sündhafte Ereignisse, wenn wir über die Tatsache reflektieren, dass Allah (swt) eingriff, um die *Ka'aba* zu beschützen, als Abraha mit seiner Elefantenarmee das Haus Allahs zerstören wollte (105:1-5) und dies sogar zu einer Zeit, wo die *Ka'aba* noch gefüllt mit Götzen war, dies führt uns zu folgender Schlussfolgerung:

Bei der Zerstörung der *Masjid al-Aqsa* blieb Allahs Beistand aus und dies, obwohl keine Götzen in ihr vorhanden waren. Er sandte zwei Armeen, um sie zu zerstören. So äußert sich der göttliche Zorn, den die *Riba*-Unterdrückung verursacht.

Die schreckliche Warnung an die Juden lautet, beides, sowohl der *Shirk* des säkularen Staates Israels, als auch die in ihrer Wirtschaft enthaltene *Riba*, stellen eine offensichtliche Verletzung der göttlichen Konditionen dar, die die Erbberechtigung für das Heilige Land voraussetzt. Die Folge dieses offensichtlichen Verstoßes, wird mit der Bestrafung Allahs enden.

JERUSALEM IM QUR'AN

Teil 2

Kapitel 3

Schlussfolgerung

وَلَوْ جَعَلْنَٰهُ قُرْءَانًا أَعْجَمِيًّا لَّقَالُوا لَوْلَا فُصِّلَتْ ءَايَٰتُهُۥ ءَا۬عْجَمِيٌّ وَعَرَبِيٌّ ۗ قُلْ هُوَ لِلَّذِينَ ءَامَنُوا هُدًى وَشِفَآءٌ ۖ وَالَّذِينَ لَا يُؤْمِنُونَ فِىٓ ءَاذَانِهِمْ وَقْرٌ وَهُوَ عَلَيْهِمْ عَمًى ۚ أُو۟لَٰٓئِكَ يُنَادَوْنَ مِن مَّكَانٍۭ بَعِيدٍ (٤٤)

Hätten Wir ihn zu einem fremdsprachigen Qur'ān gemacht, hätten sie sicherlich gesagt: „Wären doch seine Zeichen ausführlich dargelegt worden! Wie, ein fremdsprachiger (Qur'ān) und ein Araber?" Sag: Er ist für diejenigen, die glauben, eine Rechtleitung und eine Heilung. Und diejenigen, die nicht glauben, haben Schwerhörigkeit in ihren Ohren, und er ist für sie (wie) Blindheit. Diese sind, als würde ihnen von einem fernen Ort aus zugerufen!

(Qur'ān, Fussilāt, 41:44)

Es ist nun an der Zeit, durch eine kurze Wiederaufnahme der Hauptpunkte, die wir in diesem Buch erwähnten, uns der Schlussfolgerung zu widmen. Diese Punkte lauten wie folgt:

Der seltsame revolutionäre Wandel, der Europa vom Heidentum in eine größtenteils christlich und jüdisch beeinflusste Gesellschaft verwandelte, brachte letztendlich einen noch seltsameren revolutionären Wandel hervor, der die Menschen, in diesem selben Europa dazu brachte, grundlegend gottlos zu werden.

Auf dem Weg des Wandels zum Christen und zum Juden, zersetzte der größtenteils gottlose moderne "weiße Mann" das Christentum und das Judentum, bzw. das, was auch immer in diesen offenbarten Religionen an heiligen Dingen übriggeblieben war. Der moderne "weiße Mann" und seine braun, gelb und schwarz gehäuteten Imitatoren, sind nun im Begriff dasselbe mit dem Islam zu tun, was zuvor mit dem Judentum und dem Christentum erreicht wurde. Dies beschreibt Fundamental den 1000-Jahre alten Krieg gegen den Islam, der nach dem 11. September mit größter Heftigkeit entfesselt wurde. Muslime werden nun einer komplexen und umfassenden Anstrengung unterworfen, die sie dazu bringen soll im Islam umzudenken und somit ihre Religion zu modifizieren, so dass sie innerhalb der neuen universalen globalen Gesellschaft Anpassung findet. Eine neue "kosmetische Version" des Islams muss in Erscheinung treten, die die Juden als Führer und den Staat Israel, als den herrschenden Staat der Welt akzeptiert. Dabei muss es sich zwangsläufig um einen Islam handeln, der frei von allen *Jihad* Vorstellungen ist.

Muslimen wird gesagt, dass die Werte der neuen, globalen Gesellschaft, in wirklichkeit die universalen Werte des puren Islams repräsentieren. Doch die neue, globale Gesellschaft und ihre weltoffene Elite, sind das Produkt der säkularen westlichen Zivilisation und ebens teilen sie die Werte der gottlosen Zivilisation. Unter diesen Werten befinden sich, der politische *Shirk*, der nun die gesamte Menschheit mit seinem tödlichen Griff umklammert hat und die *Riba* der modernen Wirtschaft, dessen Umklammerung der Menschheit eine neue Wirtschaftssklaverei einbrachte.

Die gottlose, westliche Zivilisation machte die Gründung beider Staaten möglich, die des jüdischen Staates in Israel und die des Saudi-Wahabi Staates in Saudi Arabien und es ist diese westliche Zivilisation, die das Überleben beider Staaten von ihrer Geburt an, bis zum heutigen Tag gesichert haben. Dies ist der Schlüssel, mit dem die Muslime versuchen können, die heutige Welt zu verstehen. Keines dieser Phänomene kann ohne den Qur´an erklärt werden. Die Qur´anische Erläuterung, die in diesem Buch als Kernstück in Erscheinung getreten ist, erklärt, dass die Welt sich nun unter der Herrschaft von *Y´ajuj* und *M´ajuj*, sowie unter der des *Dajjals*, des falschen Messias, befindet.

Der Prophet Muhammad (*sallallahu alaihi wa sallam*) erklärte den Zweck des göttlichen Plans, der die Juden (d.h. die Israeliten) nach der Ablehnung Jesus (als den Messias) und dem Kreuzigungsversuch aus dem Heiligen Land verbannte. Allah, der Erhabene, gab ihnen dann eine bestimmte Zeitspanne, in der sie Seine Barmherzigkeit hätten suchen und finden können (Es ist möglich, dass euer Herr Sich euer erbarmt." Quran, 17:8) und Er ließ für sie nur eine Tür offen, durch die sie Seine Barmherzig erlangen konnten.

Diese Tür (zur Vergebung) war der letzte Prophet, der noch kommen sollte. Es war Muhammad (*sallallahu alaihi wa sallam*), der Prophet Allahs. Die Juden hätten an ihn glauben, ihm folgen, ihn ehren und ihm beistehen sollen, um göttliche Vergebung zu erlangen (Qur´an, 7:157).

Sollten die israelischen Juden, Muhammad (*sallallahu alaihi wa sallam*) ablehnen, würde dies bedeuten, dass die Türe zur göttlichen Vergebung geschlossen werden würde und wenn der finale "Countdown" des letzten Zeitalters angezählt wird, so wird Allah sie zum Tatort ihrer größten Verbrechen zurückbringen, d.h. ins Heilige Land (Qur´an, 17:104).

Eine jüdische Rückkehr ins Heilige Land würde bedeuten, dass solch ein Moment gekommen ist! Die Zeitspanne von 17 Monaten begann nach der Ankunft des Propheten (*sallallahu alaihi wa sallam*) in Medina, diese galt für alle Juden als wichtigste Zeitphase in der Geschichte. Die Türe zur göttlichen Vergebung wurde geöffnet. Als es absolut klar wurde, dass die Juden den Propheten (*sallallahu alaihi wa sallam*) nicht nur ablehnten, sondern sich zusätzlich dazu verschworen den Islam zu zerstören, änderte Allah die *Qibla* und dies bedeutete somit, dass nun die Türe zur göttlichen Vergebung für die Juden geschlossen wurde. Niewieder würden sie dazu berechtigt werden, das Heilige Land zu Erben. Stattdessen sind es nun die Muslime, denen dieses Erbe verliehen wurde:

Schlussfolgerung

وَهُوَ الَّذِىْ جَعَلَكُمْ خَلَٰٓئِفَ الْاَرْضِ وَرَفَعَ بَعْضَكُمْ فَوْقَ بَعْضٍ دَرَجَاتٍ لِّيَبْلُوَكُمْ فِىْ مَآ اٰتٰىكُمْ ۗ اِنَّ رَبَّكَ سَرِيْعُ الْعِقَابِ ۖ وَاِنَّهٗ لَغَفُوْرٌ رَّحِيْمٌ ☐ (١٦٥)

Er ist es, Der euch (Muslime) zu Nachfolgern auf der Erde machte und die einen von euch über die anderen erhöhte, um Rangstufen, damit Er euch prüfe durch das, was Er euch gegeben hat. Wahrlich, dein Herr ist schnell im Strafen; wahrlich, Er ist allverzeihend, barmherzig.

(Qur'an, al-An'am, 6:165)

Zu diesem Zeitpunkt (d.h., nachdem die *Qibla* geändert wurde und vor dem Tod des Propheten *sallallahu alaihi wa sallam*) ereignete sich die Entsendung des *Dajjals* und von Gog und Magogg. Nur "einäugige" Muslime würden sich nun den Juden in interreligiösen Diensten und gemeinschaftlichen Gebetssitzungen anschließen. Dies, weil die Juden nun in das Heilige Land zurückgebracht worden sind, um den Folgen vieler ihrer bösen Taten entgegenzutreten, inklusive des Übels, welches sie aktuell begehen. An der Spitze dieser (sündhaften) Liste steht ihr Vertragsbruch gegenüber Allah, dem Erhabenen.

Die Juden haben längst erkannt, dass Allah sie einige Zeit davor schon bestraft hatte. Dieses Buch beschrieb die islamische Sichtweise, welche lautet, dass die Geschichte nicht enden kann, bis die Juden ihre finale Strafe erhalten. Der Prophet Muhammad (*sallallahu alaihi wa sallam*) lieferte uns entscheidende und wichtige Informationen zu diesem Thema, dass eine muslimische Armee Jerusalem erobern wird, den Täuscherstaat Israel zerstören und die Juden bestrafen wird.

Somit werden die Gefolgsleute des Propheten (*sallallahu alaihi wa sallam*) das heilige Land befreien:

Abu Huraira berichtete, dass der Prophet Muhammad sagte: „Schwarze Flaggen werden aus *Khorasan* erscheinen (d.h., aus dem Gebiet, welches nun Afghanistan, Pakistan und ein wenig des Irans und Zentral Asien umfasst) und keine Armee wird in der Lage sein sie zu stoppen, bis sie Jerusalem erreichen."

(Sunan, Tirmidhi)

Dies ist der Grund, warum ´Jerusalem im Qur´an´ immer und immer wieder gelesen werden sollte und der Grund, der jeden Leser zum studieren des Qur´ans und dessen Erläuterung (*Tafsir*) leiten sollte, die uns vom Propheten (*sallallahu alaihi wa sallam*) gegeben wurde.

Er sprach viel über Jerusalem und dessen Rolle im letzten Zeitalter. Unter den Dingen, die er (*sallallahu alaihi wa sallam*) sagte, sind die folgenden:

Überliefert von Auf ibn Malik: „Ich begab mich während der Schlacht von Tabuk zum Gesandten Allahs, während er in einem Lederzelt saß." Er sagte: „Zähle sechs Zeichen, die die Ankunft der Stunde andeuten: mein Tod, die Eroberung Jerusalems, eine Plage, die euch befallen wird (und euch in großer Zahl töten wird) wie die Plage, die die Schafe befällt, das Ansteigen der Besitztümer in solchem Ausmaß, dass selbst wenn jemandem 100 Dinar gegeben werden, er nicht damit zufrieden ist; dann eine Plage, die kein arabisches Haus auslassen wird, und dann eine Waffenruhe zwischen euch und den *Bani al-Asfar* (d.h., die Byzantiner), die euch verraten werden und euch unter 8 Flaggen angreifen werden. Unter jeder Flagge werden 12 tausend Soldaten sein."

(Sahih Bukhari)

Überliefert von Abu Huraira: „Der Prophet sagte, dass die Stunde nicht kommen wird, bis die Muslime die Juden bekämpfen und umbringen; bis der Jude sich hinter dem Stein und Baum versteckt und der Stein und der Baum sagen wird: „Oh, du Muslim, oh, du

Schlussfolgerung

Diener Allahs, dies ist ein Jude, der sich hinter mir versteckt, komm und bring ihn um!" Bis auf *Gargat*, dieser ist von den Bäumen der Juden." (Es ist heute bekannt, dass die Juden diese Sorte von Baum pflanzen und pflegen.)

(Sahih Bukhari)

Möglicherweise wird zum ersten Mal in der Geschichte ein Krieg in Kooperation mit Steinen ausgefochten. Der muslimisch- palästinensische Aufstand fährt fort die Reaktion auf die israelische Unterdrückung, an die `Steine´ weiterzugeben.

Dies ist ein wahrhaft ominöses Zeichen für Israel. Zusätzlich beteiligte sich Israel an der willkürlichen Zerstörung von Bäumen im Heiligen Land. Tausende Olivenbäume wurden bereits zerstört. In einer teuflischen Art wurden sie strategisch entfernt, um den Menschen in Palästina ihre wirtschaftliche Lage zu erschweren, Muslimen und Christen gleichermaßen.

Die Empörung gegenüber dieser Freveltaten ist so gewaltig, dass die `Bäume´ und die `Steine´ im Heiligen Land nun beginnen zu `sprechen´, die Erfüllung der Prophezeiung des Propheten Muhammad *(sallallahu alaihi wa sallam)*. Sicherlich können die Bäume und Steine nicht mit den externen Hörfähigkeiten wahrgenommen werden. Vielmehr geschieht dies, mit der Fähigkeit des internen Hörens in den Herzen derer, welche Iman (Überzeugung, Glaube) in ihren Herzen besitzen, somit können sie die `Bäume´und die `Steine´hören, wie sie sich über die Unterdrücker beschweren:

تُسَبِّحُ لَهُ السَّمٰوٰتُ السَّبْعُ وَالْأَرْضُ وَمَنْ فِيهِنَّ ۚ وَإِنْ مِنْ شَىْءٍ إِلَّا يُسَبِّحُ بِحَمْدِهِ وَلٰكِنْ لَا تَفْقَهُونَ تَسْبِيحَهُمْ ۗ إِنَّهُ كَانَ حَلِيمًا غَفُورًا (٤٤)

„…*Die sieben Himmel und die Erde und alle darin lobpreisen Ihn; und es gibt nichts, was Seine Herrlichkeit nicht preist; ihr aber versteht deren Lobpreisung nicht.*"

(Qur'an, al-Isra, 17:44)

Dies erklärt möglicherweise, warum die saudische, ägyptische, türkische, jordanische und pakistanische Regierung, so wie viele andere Regierungen auf der Welt, unfähig sind die Steine im Heiligen Land sprechen zu hören!

Unserer Ansicht nach hat sich heutzutage, die oben erwähnte Prophezeiung des Propheten Muhammad (*sallallahu alaihi wa sallam*), in Form der palästinensischen *Intifada* schon längst erfüllt. Je mehr Zeit vergeht, desto lauter und lauter werden die Steine sprechen. Nur jene, die spirituell taub und tot sind, werden es versäumen sie sprechen zu hören. Wenn nun sogar die bloßen Steine im Heiligen Land den Muslimen überall auf der Welt laut zurufen, das Heilige Land von der jüdischen Unterdrückung und der Besetzung zu befreien, so bedeutet dies, dass die Muslime sich gemeinsam mobilisieren sollten und all ihre Anstrengungen und ihre Mittel dafür einsetzen sollten, um dieses zu erreichen; dieser Bemühung sollte der Vorrang als oberste Priorität gegeben werden, über allen anderen alltäglichen Dingen wie z.B. das Erhöhen des Lebensstandards der Menschen, die bereits schon komfortabel leben. Logischer Weise folgt, dass Muslime nicht in Territorien wohnen können, in denen der Krieg gegen den Islam und die Unterstützung Israels, deutlich hervortreten. Dazu gehören die USA, Britannien, etc. Die Muslime müssen aus solchen Gebieten auswandern und an Orte gehen, in denen sie ihre Religion besser bewahren können und die Bemühung zur Befreiung des Heiligen Landes aufbringen und unterstützen können.

Die Welt wird mehr und mehr dazu gezwungen die Unterdrückung, geschaffen und aufrechterhalten durch Israel, anzuerkennen, eine Unterdrückung, die ständig ansteigen wird bis, bezogen auf die Prophezeiung des Propheten Muhammad (*sallallahu alaihi wa sallam*):

...ein Mann an einem Grab vorbeigehen wird und sagen wird: „Ich wünschte ich wäre in diesem Grab (anstelle des Toten), nicht aus religiösen Gründen, sondern wegen der Unterdrückung"

(Sahih, Muslim)

Die wahrscheinlich wichtigste Warnung, die dieses Buch enthält, ist, dass jeder "neue Tag" nun Zeugnis davon ablegen wird, wie die Unterdrückung derer, die Muslime sind und dem Islam treu bleiben, täglich ansteigen wird. In der Tat seit dem 11. September hat sich die Unterdrückung gegen Muslime auf der ganzen Welt dramatisch intensiviert. Die Muslime durchleben nun die "Mutter aller Prüfungen". Der aktuell führende Staat der Erde, die USA, setzt sich gerade enorm dafür ein, die Welt für den nächsten führenden Staat (Israel) zu sichern!

Die Rechtleitung, die uns der Qur'an in der *Surah al-Kahf* übermittelt, ist die einzige Leitung, durch die die Muslime auf ein Überleben dieses bösartigen Sturmes hoffen können. Der einzige Führer, der mit Erfolg die Muslime in diesem Zeitalter leiten kann, ist der Führer der das Zeitalter versteht, in welchem wir nun leben und dessen Verständnis vom Qur´an und den *Hadithen* des gesegneten Propheten Muhammad (*sallallahu alaihi wa sallam*) abgeleitet wird.

Solch ein Führer wird den *Shirk* des modernen, säkularen Staates und sein politisches Wahlsystem verstehen und wird den Muslimen raten sich von diesem *Shirk* zurückzuhalten, indem sie um keine Zugehörigkeit bei einer säkularen Verfassungsform betteln.

Ebenso wird er, so weit es für ihn möglich ist, die *Riba* der modernen Wirtschaft verstehen und seine Anhänger vor der "Hintertür" *Riba* (Zinsvergabe) warnen, die nun von den "islamischen" Banken, den Kreditgenossenschaften und von anderen Geldinstituten geöffnet wurde. Er wird das Papiergeld als *Haram* anerkennen und wird Schritte unternehmen, um die Muslime dazu zu ermutigen, zur Benutzung von Gold- und Silberstücken zurückzukehren. Solch ein Führer wird das gegenwertige Zeitalter, zum Zeitalter von *Y'ajūj* und *M'ajūj* und des *Dajjāl*, des falschen Messias, erklären.

Mein Buch mit dem Titel: *Surah al-Kahf und das moderne Zeitalter*, welches nun verfasst wird, wird, *Insha Allah*, versucht die Rechtleitung, die die *Surah* des Qur´ans übermittelt, zu erklären. Der Kern der Rechtleitung im letzten Zeitalter beinhaltet, dass man sich zwingend von den gottlosen Städten der modernen Welt löst und sich in Richtung ländlichere Gegenden zurückzieht, wo das Land günstig ist und wo es Wasser gibt. Muslimische Dörfer

Schlussfolgerung

sollten dann gegründet werden und man sollte versuchen in ihnen die Lebensweise des Islams einzuführen und zu praktizieren.

Von Kindern, die in muslimischen Dörfern aufgewachsen sind, in denen sie von der gottlosen modernen Welt gelöst wurden, wird eine Armee erscheinen, die das Heilige Land befreien wird.

Anhang 1
Jerusalem im Qur'an

Der See von Galiläa
(auch bekannt als See von Genezareth)

Der See von Galiläa ist bei weitem die größte Quelle an frischem Wasser, die dem gesamten Heiligen Land zur Verfügung steht. Die Israelis, Palästinenser und Jordanier sind erheblich vom Wasser des Sees abhängig. Wenn der See von Galiläa austrocknet (so wie es in dem *Hadīth* des Propheten Muhammad prophezeit wurde), können die Israelis leicht auf entsaltztes Seewasser, anstelle von frischem Wasser, zurückgreifen und somit das Problem der Wasserknappheit für sich lösen. Doch die Palästinenser und Jordanier werden keinen Ersatz haben. Sie werden zu Geiseln, die das Wasser der Israelis kaufen müssen, um zu überleben. Sie werden nicht in der Lage sein die Kosten für dieses Wasser aufzubringen, weil sie der jüdische Rückgriff auf die wirtschaftliche Waffe namens *Riba* ergreifen wird, welche sie längst zu einem Status der Armut und des Elends herabgesetzt hat. Folglich werden sie gezwungen sein sich Israel politisch zu unterwerfen, um Wasser zu erhalten. Wenn sie dies nicht tun, so werden sie sterben.
Der Wasserspiegel im See von Galiäa ist nun so tief, dass es nicht mehr lange dauern kann, bis Israel in der Lage sein wird ihre schreckliche Wasserkarte auszuspielen.

Uri Saguy ist Vorsitzender von Mekorots, des Trinkwasserversorgungsunternehmens des israelischen Staates.

In einem neulichen Vorstandstreffen (Dezember 2000) machte er folgende Aussage: „Die Wasserreserven des Landes befinden sich am Rand einer Katastrophe und die Regieurung tut nicht genug, um diese abzuwenden."

Er lehnte den Vorschlag als unrealistisch ab, frisches Wasser aus der Türkei zu importieren, um Israels Wasserkrise zu lösen, eine Krise, die in Folge des gravierenden, aufgebrauchten Zustandes des Sees Genazareth in Erscheinung trat und des nationalen untergrund Hauptspeichers der Küsten- und Berggrundwasserleitungen. Der Wasserstand des Sees Genazareth befindet sich am tiefstmarkiertesten Punkt in seiner aufgezeichneten Geschichte, während die Wasserleitungen sich in einem ähnlich aufgebrauchten Zustand befinden. In der Tat ist der Stand des Sees Genazareth nicht mehr weit davon entfernt so tief zu sinken, dass er den Stand erreicht, indem Mekrot das Pumpen vom See in den nationalen Wasserträger einstellen muss. Die Pumpen wurden ursprünglich so eingestellt, dass wenn der Wasserstand diesen Punkt erreicht, sie nicht in Lage sein werden zu agieren. Wie niedrig ist der Wasserstand? Yitzhak Gal, ein erfahrenes Mittglied der "Lake Kinneret Authority" (eine Behörde, zuständig für den See Genazareth) erklärte: „Duch Nachforschungen realisierten wir, dass dies der niedrigste Wasserstand der letzten 150 Jahren ist. Ebenso überprüften wir Daten, die so weit zurückgehen, bis in die römische Periode und so scheint es, dass der See nie so aufgebraucht gewesen ist, wie in heutiger Zeit."

Saguy warnte: „Wenn es in naher Zukunft keinen fundamentalen Wandel geben wird (in der

Regierungspolitik), dann wird es im nächsten Jahr dort kein Wasser geben, um grundlegende Anforderungen zu erfüllen." Diese Katastrophe würde internationale Konsequenzen nach sich ziehen, weil Israel internationale Verpflichtungen hat, Wasser den Jordaniern und den Palästinensern aus Quellen zu liefern, die rapide versiegen. Der Vorsitzende der zuständigen Behörde des Sees Genazareth, beschrieb den Zustand des Sees als "düster" und fuhr fort mit der Erklärung: „Es würde katastrophal sein, wenn wir diesen Winter nicht den reichlichen Regenfall erhalten, um den alle hoffen und beten." Der Salzgehalt ist längst angestiegen und die Algen breiten sich aus.

Anhang 2

Jerusalem im Qur'an

Eine muslimische Antwort auf den 11. September (der Angriff auf Amerika)

فَلَا تَهِنُوا وَتَدْعُوا إِلَى السَّلْمِ وَأَنْتُمُ الْأَعْلَوْنَ وَاللَّهُ مَعَكُمْ وَلَنْ يَتِرَكُمْ أَعْمَالَكُمْ (٣٥)

So lasset (im Kampf) nicht nach und ruft nicht zum Waffenstillstand auf, wo ihr doch die Oberhand habt. Und Allah ist mit euch, und Er wird euch eure Taten nicht schmälern.

(Qur'ān, Muhammad, 47:35)

وَمَنْ يُهَاجِرْ فِي سَبِيلِ اللَّهِ يَجِدْ فِي الْأَرْضِ مُرَاغَمًا كَثِيرًا وَسَعَةً وَمَنْ يَخْرُجْ مِنْ بَيْتِهِ مُهَاجِرًا إِلَى اللَّهِ وَرَسُولِهِ ثُمَّ يُدْرِكْهُ الْمَوْتُ فَقَدْ وَقَعَ أَجْرُهُ عَلَى اللَّهِ وَكَانَ اللَّهُ غَفُورًا رَحِيمًا (١٠٠)

Und wer für die Sache Allahs auswandert, der wird auf Erden genug Stätten der Zuflucht und der Fülle finden. Und wer seine Wohnung verläßt und zu Allah und Seinem Gesandten auswandert und dabei vom Tode ereilt wird, für dessen Lohn sorgt Allah, und Allah ist Allverzeihend, Barmherzig.

(Qur'ān, al-Nisā, 4:100)

Einleitung

Ich verfolgte mit unbeschreiblichem Schmerz den feigen amerikanischen, terroristischen Angriff, auf jene afghanischen Muslime, die einen Widerstand für den *Islam* leisteten und die völlig unschuldig bzgl. des Angriffes vom 11. September (auf Amerika) waren. Dieser Angriff war aus dem Grund feige, weil der Feind zu ängstlich ist, um jemals einen Muslim auf Grundebene zu bekämpfen. Sie kämpfen ihren feigen Kampf von den sicheren Kampfflugzeugen aus und mit Lenkraketen, etc., weitentfernt von der Schlachtebene und weit oben im Himmel.

Doch Allah wird uns *Insha Allah* den Tag herbeibringen, an dem wir in der Lage sein werden ihnen am Boden gegenüberzustehen, in solch einem besagten Schlachtfeld. *Amin!* Bis dieser Tag eintrifft, müssen wir mit unseren Bemühungen zur Selbstverteidigung fortfahren, indem wir äußerste Geduld zeigen.

Die Talibān befanden sich in einer Situation, die vergleichbar ist mit dem 12 Jahre alten palästinensischen Jungen, der einen US-hergestellten, israelischen Tanker mit einem Stein in seiner Hand bekämpfte. Weder wurden die Talibān von der USA besiegt noch von der nördlichen Ami-Allianz, mit welcher sich der Iran immer noch wohlfühlt. Und die jungen Knaben, die mit Steinen im Heiligen Land kämpfen, können niemals besiegt werden. Eher ist es so, dass die Talibān sich in die Berge zurückziehen, wo feige Kampfflugzeuge und Lenkraketen sie nicht erreichen können. Und so leben diese Kämpfer Allahs, um an einem "anderen" Tag zu kämpfen.

Anhang 2: Eine muslimische Antwort auf den 11.September

Wir grüßen sie! In der Tat wird dieser Krieg nicht enden, bis eine muslimische Armee aus *Khorasān* in Erscheinung treten wird und triumphierend nach Jerusalem maschiert. All jene, die dieses Buch lesen und Muslime sind, sollten den Wunsch in ihren Herzen haben ein Teil dieser Armee zu sein.

Dieses Buch gedenkt mit Bewunderung, jeden Muslim, der in Afghanistan in Folge des feigen britischen, amerikanischen und israelischen Terrors starb. Das Blut und die Tränen unserer wertvollen, getöteten Söhne in Afghanistan und jene, die anderswo sonst noch getötet werden oder in Gefängnissen der dominierenden, gottlosen, Weltordung inhaftiert sind, werden nicht umsonst sein. Vielmehr wird dies den einzigartigen Geist von Millionen und Abermillionen von Muslimen anderswo auf der Erde befruchten, die nun auf diese erstaunlich, schamlose, nackte Unterdrükung reagieren werden, indem sie sich selbst, ihre Söhne und ihre Enkel dazu verpflichten, diesem islamisch-bewaffneten Kampf beizutreten, der letztendlich die Befreiung des Heiligen Landes bewirken wird.

Diese "dunkle Nacht" wird kaum weitere fünfzig Jahre andauern, bevor der Sonnenschein mit Sicherheit wiederkehrt, *Insha Allah*, und die Wahrheit ein letztes Mal über die Falschheit triumphiert und somit der Islam die Welt von Jerusalem aus regieren wird.

Dieses Buch, *Jerusalem im Qur'ān*, wurde verfasst, um solch eine muslimische Jugend zu inspirieren. Ich bete, dass

Allah, der Allerhöchste, mir jene schickt, die dieses Buch in jede Sprache übersetzen werden, die von den Muslimen gesprochen wird, so dass es solch eine muslimische Jugend gesamt erreichen möge. *Amin!*

Der terroristische Angriff auf Amerika verzeichnet einen Wendepunkt in der Geschichte, der so wichtig ist wie der Moment im Sommer 1914, als ein anderer terroristischer Angriff den Ersten Weltkrieg auslöste. Ich glaube, dass jene, die wie versessen darauf sind die gesamte Erde zu regieren, für beide terroristischen Angriffe verantwortlich sind und dass der israelische Geheimdienst Mossad und seine Verbündeten in dessen Namen agierten, indem sie den Angriff des 11. Septembers planten und ausführten.

Der terroristische Angriff und der darauffolgende sogenannte "Kampf gegen den Terror", der durch diesen Angriff provoziert wurde, wurde gestalltet, um die Erde für die Juden und den Staat Israel zu einem sichereren Ort zu machen. Die wahren Terroristen, die Amerika an diesem Tag angegriffen haben, sind der USA durchaus bekannt und ebenso Allah, der Allerhöchste, weiß wer sie sind. Wir beten, dass Allah, der Allerhöchste, sie aufdeckt und sie bestraft. *Amin!*

Die herrschende britische/amerikanische/jüdische Weltordnung ist nun ungenierter dem Kampf gegen den Islam gegenüber, als je zuvor. Dies ist so, weil sie sich dem Höhepunkt ihres mehr als tausend Jahre alten Krieges nähern. Dieses Buch, *Jerusalem im Qur'an*, startete einen Versuch, um diesen Krieg gegen den Islam zu erklären und um das anzukündigen, was in dieser Weltordnung, für Muslime und für den Staat Israel, noch bevorsteht.

Die gefährlichsten und abscheulichsten aller Kreaturen dieser Erde heutzutage (oder eher die bösesten Leute unter dem Himmel), sind jene Gelehrten des Islams oder muslimische Führer, die völlig durch den terroristischen Akt des 11. Septembers getäuscht worden sind und die darauf so antworteten, indem sie die Araber und die Muslime für diesen Angriff verantwortlich machten und Britannien/USA/Israel durch erweiternde, patriotische Unterstützung, in ihrem Krieg gegen das islamische Afghanistan, Beistand leisteten. Meine Meinung lautet, dass Usāma bin Lādin und das Talibānregime, völlig unschuldig bzgl. des Angriffs des 11. Septembers sind. Der Krieg gegen sie ist offensichtlich ungerecht. Solche fehlgeleiteten, islamischen Gelehrten und Führer, verdienen es allgemein herausgefordert zu werden.

Ich reagierte auf den Angriff des 11. Septembers Tage später, indem ich zu Allah, dem Allerhöchsten, im islamischen Zentrum in Queens, New York, betete, dass Er jene, die für diesen Angriff verantwortlich sind, mit der größtmöglichen Strafe bestraft und mit einer Strafe, die bis zum Jüngsten Tag andauert. All jene, die in der *Masjid* anwesend waren, schlossen sich dem Gebet an. Nachdem ich dies tat, lade ich nun die Juden ein, ein ähnliches Gebet zu sprechen.

Wer profitierte vom Angriff auf die USA?

Unwahrscheinlich ist, dass ein europäischer Jude in Großbritannien oder in den USA, oder im Heiligen Land, dieses Buch lesen wollen würde. Denn immerhin hat er Wichtigeres zu tun – solche Dinge wie, nach einer unermüdlichen Anstrengung zu streben, die ihren Höhepunkt dann erreicht, wenn Jerusalem der "Herrschende Staat" der Erde ist. Um dieses Ziel zu erreichen, muss er die gesamte Menschheit versklaven (d.h., die nicht-jüdische Menschheit), durch reibende Politik und Wirtschaftsunterdrückung. Er verfolgt dieses Ziel *"koste es was es wolle"*, weil er das nicht-jüdische Volk als unberechtigt betrachtet, dieselben Moral- und Gerechtigkeitsnormen zu erhalten, die einem Juden zustehen.

Der Qur´an bezieht sich auf diese verachtende, jüdisch-ethnische Doppelmoral gegenüber jenen, die keine Juden sind, in folgender Passage:

وَمِنْ أَهْلِ ٱلْكِتَٰبِ مَنْ إِن تَأْمَنْهُ بِقِنطَارٍ يُؤَدِّهِۦ إِلَيْكَ وَمِنْهُم مَّنْ إِن تَأْمَنْهُ بِدِينَارٍ لَّا يُؤَدِّهِۦٓ إِلَيْكَ إِلَّا مَا دُمْتَ عَلَيْهِ قَآئِمًا ۗ ذَٰلِكَ بِأَنَّهُمْ قَالُوا۟ لَيْسَ عَلَيْنَا فِى ٱلْأُمِّيِّۦنَ سَبِيلٌ وَيَقُولُونَ عَلَى ٱللَّهِ ٱلْكَذِبَ وَهُمْ يَعْلَمُونَ (٧٥)

Und unter den Leuten der Schrift gibt es welche, die, wenn du ihnen eine große Summe anvertraust, dir diese aushändigen. Und unter ihnen gibt es auch solche, die, wenn du ihnen einen Dinar anvertraust, ihn dir nur aushändigen, wenn du stets hinter ihnen her bist. Dies geschieht deshalb, weil sie sagen: "Uns obliegt gegen die

Unbelehrbaren keine Pflicht." Und sie sprechen eine Lüge gegen Allah und wissen es.

(Qur'ān, āle 'Imrān, 3:75)

Wir zitieren den Qur´an, weil Allah, der Allerhöchste, uns Selbst dazu auffordert einen starken Kampf mit der Nutzung des Qur´ans gegen jene zu führen, die den Glauben leugnen:

فَلَا تُطِعِ الْكٰفِرِيْنَ وَ جَاهِدْهُمْ بِهِ جِهَادًا كَبِيْرًا (٥٢)

So gehorche nicht den Ungläubigen, sondern eifere mit ihm (dem Qur´an) in großem Eifer gegen sie.

(Qur'ān, al-Furqān, 25:52)

Der europäische Jude hat bereits fast sein politisches und wirtschaftliches Ziel erreicht, die Versklavung der Menschheit. Wenn er dieses Ziel letztendlich erreicht hat und es gibt nichts, was darauf hindeutet, dass er dieses nicht erreichen wird, so wird ihm dies als wahrhaftiger Beweis erscheinen, dass das Judentum die absolute Wahrheit ist. Sicherlich ist dies jedoch eine isgesamt andere Sache, denn der "Terrorismus", die Unterdrückung und der Betrug, sind völlig unvereinbar mit den Fundamenten der abrahamitischen Religion. Doch die spirituelle Blindheit der Juden, die den wahren Messias und den Propheten Muhammad *(sallallahu alaihi wa sallam)* ablehnten, machte sie unfähig diese grundlegende Wahrheit zu erkennen.

In Folge dieser internen, spirituellen Blindheit, wird der Jude in das Höllenfeuer geleitet werden. Der Qur´an bestätigt den Zusammenhang zwischen diesen beiden (internen Krankheiten):

وَلَقَدْ ذَرَأْنَا لِجَهَنَّمَ كَثِيرًا مِّنَ الْجِنِّ وَالْإِنْسِ ۖ لَهُمْ قُلُوبٌ لَّا يَفْقَهُونَ بِهَا وَلَهُمْ أَعْيُنٌ لَّا يُبْصِرُونَ بِهَا وَلَهُمْ آذَانٌ لَّا يَسْمَعُونَ بِهَا ۚ أُولَٰئِكَ كَالْأَنْعَامِ بَلْ هُمْ أَضَلُّ ۚ أُولَٰئِكَ هُمُ الْغَافِلُونَ (١٧٩)

Und Wir haben wahrlich viele Dschinn und Menschen erschaffen, deren Ende Dschahannam sein wird (warum ist dies so?)! Sie haben Herzen, mit denen sie nicht begreifen (weil ihre Herzen tot sind), und (in ähnlicher Weise) haben sie Augen, mit denen sie nicht sehen (weil sie intern blind sind), und sie haben Ohren, mit denen sie nicht hören (weil sie intern taub sind); *sie sind wie das Vieh; nein, sie irren noch eher (vom Weg) ab. Sie sind wahrlich unbedacht (gegenüber den Zeichen Allahs).*

(Qur'ān, al-'Arāf, 7:179)

Der Jude wäre überrascht zu hören, dass jene, die den Qur´an und die Lehren des Propheten Muhammads (*sallallahu alaihi wa sallam*) studieren, nicht nur seinen Plan und sein Ziel kennen, sondern ebenso die erstaunliche, angewandte Täuschung, die er in seiner unbarmherzigen Bemühung zur Erfüllung dieses Ziels benutzt.

Die Realität ist, während die Gegenwart für die Muslime völlig düster erscheinen mag, so gehört die Zukunft doch dem Islam und, wie das Sprichwort so sagt: *„Wer zuletzt* *lacht, lacht am besten"!* Darin liegt der Unterscheid, zwischen dem *Schein* und der *Realität.*

Es ist der Aufmerksamkeit der Muslime nicht entgangen, dass der einzig Profitierende des Angriffes auf Amerika vom 11. September, der jüdische Staat Israel war. Dieses Buch trifft sicherlich keine voreilige Schlussfolgerung, wenn es den israelischen Geheimdienst Mossad und andere verbündete jüdische Gruppen (solche Juden, die für die US-Regierung arbeiten), als Hauptverdächtige anerkennt, die verantwortlich für die Planung und die ausübung des Angriffes sind.

Der amerikanische Politiker, Lyndon La Rouche, argumentierte, dass ein Angriff, wie der vom 11. September, tiefgründiges Insiderwissen über die amerikanische Machtstruktur voraussetzt (siehe La Rouches webseite). Dieses Buch gelang zu einer ähnlichen Schlussfolgerung, auf Grundlage der objektiven Untersuchung der Vorteile die Israel, und nur Israel, durch diesen Angriff erhielt. Was sind diese Vorteile?

Erster Nutzen: Die Goldgrube der öffentlichen Beziehungen

Erstens, Ariel Sharons kalter, berechneter Besuch der *Masjid al-Aqsā* in Jerusalem, im September 2000, provozierte absichtlich ein weiteres grausames und blutiges Kapitel der israelischen Unterdrückung und ein weiteres Kapitel des trotzigen, arabisch-muslimischen Widerstandes gegen diese Unterdrückung. Nach Sharons Besuch und bis zum Angriff auf Amerika vom 11. September ein Jahr später, erlebte die Welt eine konstante, israelische Abmühung, um die Flammen des Krieges auszuweiten, indem sie täuschend die Haltung der benachteiligten Partei einnahmen. Die Welt erkannte die israelische Unterdrückung und dies bewirkte, ein öffentliches Beziehungsdisaster für Israel, als die gesamte Welt vereint Israel verurteilte, an der "Durban World Conference" gegen Rassismus, die in Südafrika im August/September 2001 abgehalten wurde.

Der Angriff auf Amerika vom 11. September bewirkte jedoch eine solch komplette und sofortige Umkehr des israelischen, öffentlichen Beziehungsdisasters, dass die Araber und die Muslime sich plötzlich mit ihrem eigenen öffentlichen Beziehungsdisaster konfrontiert sahen, der schlimmer als der israelische war.

Das Fernsehen erreichte durch den 11. September seine Volljährigkeit (Redewendung), als die Fernsehesender der ganzen Welt sich schamlos dem amerikanischen Fernseher in einem "Medienkreuzzug" anschlossen, der den *Krieg gegen den Terror,* als Umschreibung für den *Krieg gegen den Islam* nutzte. Die tatsache, dass die Araber und die Muslime bzgl. dem 11. Semptember unschuldig waren, streute lediglich nur Salz in ihre Wunden.

Anhang 2: Eine muslimische Antwort auf den 11.September

Zweiter Nutzen: Den Weg für einen großen Krieg pflastern, der die zionistsch-jüdische Wahrheit bestätigen würde

Zweitens, die Umkehrung des öffentlichen Beziehungsdisasters, erlaubte Israel auch, durch ihr Motto: *„koste es was es wolle"*, fröhlich mit der Verfolgung ihrer Strategie, der absichtlichen Provokation und mit ihrer ständigen Ausweitung des blutigen Konfliktes gegen Araber und Muslime fortzufahren, ohne jegliches Hindernis, nicht einmal durch die US-Regierung.

Israels Langzeitstrategie in ihrem Krieg gegen den *Islam*, den Qur'an und den arabischen Propheten, der zu den letzten Propheten zählt (Muhammad *sallallau alaihi wa sallam*), lautet, eine spektakuläre Vorführung dessen zu bieten, was ihnen als Bestätigung der "Wahrheit" in der Thora *erscheint* und somit den Qur'an zu widerlegen. Solch eine Vorführung würde nicht nur viele unwissende Muslime entmutigen, sondern sie würde auch die Juden davon überzeugen, dass sie immer noch das "Auserwählte Volk" sind.

Sie wären überzeugt, dass die Rückkehr des „goldenen Zeitalters" des Judentums, wenn der Messias die Welt vom Throne Davids *('alaihi as-Salām)* aus beherrschen wird, kurz vor der Verwirklichung steht. In der Tat dieses Buch erklärt dieses Thema.

Solch eine "Wahrheitsbestätigung" der "Thora", wird durch einen plötzlichen und blendenden, israelischen Krieg erreicht, der es auf die gesamte Region um das Heilige Land abgesehen hat. Dies war der Grund für Sharons kalten, berechneten Akt der Provokation, als klassische Ausrede. Dieser Krieg, der zweifelsohne in Planung ist, sogar während wir hier dieses Buch schreiben, wird eine solche Expansion des jüdischen Herrschaftsbereiches bewirken, sodass die Verkündung der Thora (und Bibel) in Erfüllung gehen wird, die lautet, dass die Grenzen des Heiligen Landes sich ausbreiten werden vom *„Fluss Ägyptens (d.h., die Kontrollübernahme des Suez Kanals) bis zum Euphrat (d.h., die Kontrollübernahme des Golf-, Saudi-, Iraki-, Kuwaiti-Öls, etc., jedoch nicht das iranische Öl)".*

Die Anzahl der Menschen in Israel, die an so eine Territorialexpansion des israelischen Staates glauben (als offenkundiges Schicksal), scheint stetig anzuwachsen (15% im Jahre 1960).

Nun ist es klar, dass der Sinn des Golfkrieges im Jahre 1991 darin bestand, den Irak lahmzulegen, dies erlaubte Israel ihn rund zehn Jahre später zu verschlingen. Dieses Ziel wurde deutlich erreicht. Der Irak ist bereit gepflückt zu werden. Ebenso deutlich ist, dass die Zielsetzung dessen, was in der Tat als israelischer Mossad Angriff auf Amerika (11. September) hervorgeht, dazu diente die USA, `Hals über Kopf´, zu einem Krieg zu provozieren, der sich gegen so viele Staaten in der Region (Israels) richtete, um somit den großen israelischen Expansionskrieg zu erleichtern.

Ebenso sollte der US-Krieg dem Staat Israel die Möglichkeit verschaffen, das Fassungsvermögen der Atomwaffen Pakistans und der iranischen Raketen kaltzustellen, die Vermählung (zwischen der USA und Israel) dessen einzige Bedeutung immer noch die bleibt, Israel vor Hindernissen zu hüten, die sie daran hindern könnten ihren spektakulären Expansionskrieg zu starten.

Dieses Ziel wurde bisher nicht erreicht, weil das "gekaperte" Flugzeug, welches in die Air Force One (oder das Weise Haus) krachen sollte, um den Präsidenten zu töten und die USA somit zu einem großen Krieg zwingen sollte, stattdessen in Pennsylvania zum Absturz kam. Der israelische Geheimdienst (Mossad) und seine Verbündeten, rechneten möglicherweise nicht damit, dass einige Passagiere an Bord dieses vierten Flugzeuges Anrufe auf ihrem Handy erhalten würden, so wie in den Medien berichtet wurde. Wenn dies stimmt, so könnten diese Anrufe möglicherweise eine elektronische Störung im Betriebssystem des Flugzeuges verursacht haben (unabhängig davon ob diese Systeme aus der Ferne, automatisch oder manuell kontrolliert wurden), die somit zum Absturz führte. Möglich ist auch, dass Passagiere die "Entführer" angriffen und den Crash durch den darauffolgenden Kampf verursachten. Was auch immer der Grund gewesen sein mag, es scheint nicht Teil des ürsprünglichen Plans gewesen zu sein.

Dennoch kann Israel immer noch von dem brillianten Machttransfer profitieren, der zuerst in Pakistan erreicht wurde (d.h., vor dem 11. September), ein Transfer, der ein ziviles Regime durch ein millitärisches ersetzte.
Nur ein millitärisches Regime (und sicherlich kein ziviles Regime) könnte die Entscheidung treffen die USA in ihrem Krieg gegen das islamische Afghanistan zu unterstützen. Daher war es notwendig zunächst eine millitärische Regierung in Pakistan einzusetzten, bevor der Angriff des

11. Septembers in Amerika erfolgen konnte. Das pakistanische Millitär, das die Macht vom Ministerpräsident *Nawaaz Sharīf* durch Umstände an sich riss, die verschwörerisch erscheinen, hatte keine andere Alternative, als sich der amerikanischen Aufforderung zur Unterstützung des afghanischen Krieges gegen die *Talibān*-Regierung zu beugen. Eine Ablehnung dieser amerikanischen Aufforderung, hätte das pakistanische Millitär den "Schutzmantel" gekostet, den sie dazu benötigten, um die Vortäuschung aufrechtzuerhalten, dass keine Verschwörung im Gange war, die sie zu ihrer Machtübernahme führte.

Nachdem die pakistanische Regierung der USA ihre Unterstützung im Kampf gegen die afghanische *Talibān*-Regierung bestätigte, wurde die Falle aufgestellt. Saddam Hussain lief zehn Jahre zuvor in solch eine Falle hinein. Das pakistanische Millitär tappte zehn Jahre später in eine ähnliche Falle.

Dieses Buch kündigt an, dass die US/UK – angeführte Allianz einen langgezogenen Krieg in Afghanistan und an anderen Orten, mit dem ausdrücklichen Sinn führen wird, um einen Bürgerkrieg in Pakistan zu provozieren. Falls und wenn letztendlich Bestandteile der pakistanischen Wehrmacht rebellieren und sich der Volkswehrmacht anschließen, die sich gegen die Regierungspolitik zur Unterstützung der USA stellt, so wäre dies das Stichwort für die USA, um ihre internationale Koalition zu einem Angriff auf Pakistans Nuklearwerke zu führen, in denen die Atomwaffen produziert werden.

Falls diese Gelegenheit sich nicht von selbst ergibt, so haben sie voraussichtlich eine Anzahl anderer Alternativen, durch die sie dieses Ziel erreichen können. In der Tat die USA und ihre Verbündeten könnten sehr wohl fortfahren Pakistan zu einer zweiten Türkei oder Irak zu verwandeln, oder (zusätzlich) den Abbruch Pakistans hervorzurufen. Israel und Indien **könnten** oder **könnten nicht** direkt am Angriff auf Pakistan teilnehmen, doch mit Sicherheit werden Israel und Indien in die strategische Angriffsplanung miteinbezogen. Wenn die grundlegende Intelligenz durch minimale interne, intuitive, spirituelle, Innensicht unterstützt werden würde (die in erstaunlich geringen Mengen in der westlichen Zivilisation vorhanden ist, die nun die Welt beherrscht), so würde diese einem erlauben, den Israeli Mossad und seine Verbündeten als diejenigen Hauptverdächtigen zu erkennen, die für die brilliante, teuflische Planung und Ausführung des Angriffs auf die USA verantwortlich sind.

In der Tat *Usāma bin Lādin* und seine kleine *al-Qāidah* Kampftruppe, hätten diesen atemberaubenden Angriff genauso gut Planen und Ausführen können, wie es für eine *Kuh möglich wäre auf den Mond zu springen!*

Ebenso soll ein Muslim der strengen Warnung des Qur'ans seine Aufmerksamkeit schenken, die besagt, *dass man einer Nachricht, die von einer offenkundigen, sündhaften Quelle stammt keinen Wert beimessen soll, so dass dadurch nicht unwissend einem anderen Schaden zufügt wird:*

يَٰٓأَيُّهَا ٱلَّذِينَ ءَامَنُوٓا۟ إِن جَآءَكُمْ فَاسِقٌۢ بِنَبَإٍ فَتَبَيَّنُوٓا۟ أَن تُصِيبُوا۟ قَوْمًۢا بِجَهَٰلَةٍ فَتُصْبِحُوا۟ عَلَىٰ مَا فَعَلْتُمْ نَٰدِمِينَ (٦)

„O ihr, die ihr glaubt, wenn ein Frevler euch eine Kunde bringt, so vergewissert euch (dessen), damit ihr nicht anderen Leuten in Unwissenheit ein Unrecht zufügt und hernach bereuen müßt, was ihr getan habt."

(Qur'ān, al-Hujurāt, 49:6)

Die westliche Zivilisation und ihre "Abdruckkopien" um die gesamte Welt herum, die *Usāma bin Lādin* beschuldigen für den Angriff auf Amerika verantwortlich zu sein und der Öffentlichkeit dafür keinerlei Beweise bieten (d.h., Beweise, die in einem ordentlichen Gericht zu einem

Schuldspruch führen könnten), können kaum anderes als "Sündhaft" bezeichnet werden. *Usāma bin Lādin* andererseits, der dem wahren Gott Abrahams dient, hat die Verantwortung für diesen Angriff betonend von sich gewiesen. Der Prophet Muhammad (*sallallahu alaihi wa sallam*), bezeichnete einen Muslim als jemanden, „*vor dessen Zunge und Taten andere Mulime sicher seien*". Es ist die Pflicht eines jeden Gläubigen, die Zurückweisung der Schuld *Usāma bin Lādin*s als Wahrheit zu akzeptieren, solange und bis Beweise aufzeigen, dass er nicht die Wahrheit spricht.

Dritter Nutzen: Den Weg zum herrschenden "Weltstaat" für Israel ebnen

Die sorgfälltige Untersuchung des Qur'ans und der *Āhādīthe* des Propheten Muhammads (*sallallahu alaihi wa sallam*), die wir in diesem Buch, *Jerusalm im Qur'an*, durchführten, machte deutlich, dass das oberste, israelische Ziel, welches deutlich zum Hauptziel des Angriffes vom 11. September zählte, darin bestand den Weg für den Staat Israel zu ebnen, der die USA als "*Herrschenden Weltstaat*" verdrängen soll. Der wahre Messias soll die Welt vom Throne Davids aus regieren (d.h., von Israel und Jerusalem aus). Damit der "falsche" Messias oder der Antichrist *(Dajjal)* die Juden von seiner Wahrhaftigkeit (der wahre Messias zu sein) überzeugen kann, muss er folgendes erreichen:

➢ Das Heilige Land aus nicht-jüdischer Herrschaft befreien.

➢ Die Juden ins Heilige Land zurückbringen, um es im Namen des Judentums zurückzuerobern.

➢ Einen israelischen Staat gründen und die Juden davon überzeugen, dass dieser das Israel Davids und Salomons ist.

➢ Bewirken, dass Israel der *herrschende Weltstaat* wird.

➢ Selbst persönlich erscheinen (in menschlicher Gestalt), um die Welt von Jerusalem aus zu regieren.

Dieses Buch lenkt die Aufmerksamkeit auf die Tatsache, dass die obigen Punkte (die ersten drei) bereits erfüllt wurden, während die letzten zwei Punkte kurz vor ihrer Erfüllung stehen und nicht mehr lange brauchen werden.
In der Tat die Welt befindet sich zum jetzigen Zeitpunkt in einem ziemlich ähnlichen Moment, wie im Sommer 1914, als ein weiterer, brillianter, geplanter Akt des Terrorismus (die Ermordung des Herzoges Franz Ferdinand von Österreich-Ungarn), zu einem Krieg resultierte, der Britannien, den *"Herrschenden Staat"*, in die Knie zwang und somit bewirkte das die USA Britannien als *"Herrschenden Weltstaat"* verdrängte. Ebenso lieferte dieser Krieg den Juden die "Balfour-Declaration" und mit ihr, die Rückkehr der Juden in das Heilige Land und die Gründung des israelischen Staates. Die westliche, säkulare Zivilisation war so spirituell blind, dass sie nicht sehen konnte wie sie "an der Nase herumgeführt" wurde, in einen Krieg, der millionen von Europäern das Leben kostete.

Diese Zivilisation, die jene nicht erkennen konnte, die für den terroristischen Akt des Jahres 1914 verantwortlich waren, ist auch heute in ähnlicher Weise unfähig, dieselben Leute, die beim Angriff auf Amerika vom 11. September am Werk waren, zu erkennen.

Offensichtlich kann die USA, der *"Herrschende Staat der Welt"*, nicht anders in die Knie gezwungen werden, außer durch einen Zusammenbruch der US-Wirtschaft und des US-Dollers. Dies ist exakt das, was passiert wäre, wenn Präsident Bush getötet worden wäre. Die fortdauernden Bedrohungen für die USA deuten darauf hin, sogar während wir hier schreiben, nachdem sich die gesamte Welt gegen den Islam, den Qur´an und den Propheten Muhammad (*sallallahu alaihi wa sallam*) zusammenschloss und sogar nachdem der US-Krieg gegen Usāma und seine Männer erfolgte, dass die jüdische Bemühung zur Herbeiführung des Zusammenbruchs der US-Wirtschaft und des US-Dollers, immer noch aktiv angestrebt wird. Henry Ford, der berühmte amerikanische Unternehmer, der der erste war der Autos in Massen produzierte, warnte Amerika in den frühen 1919-20 Jahren vor dieser Gefahr. Nach dem Ersten Weltkrieg realisierte er, dass das Chaos durch jüdische, internationale Finanzmänner geschmiedet worden war. Er beauftragte die intelligentesten Forscher dazu, eine sorgfältige Untersuchung der internationalen Juden durchzuführen und veröffentlichte ihre Ergebnisse im Jahre 1919-20 in der 'Dearborn Independent', die öffentliche Zeitung des Ford Motor Unternehmens. Später wurde diese Zeitung als Buch unter dem Titel, *'The International Jew'* (der internationale Jude), veröffentlicht. Das gesamte Buch (vier Teile in einem) wurde neulich in Malaysia von 'The Other Press' nachgedruckt und ist überregional in den lokalen Buchläden erhältlich.

Die amerikanische Wirtschaft ist bisher noch nicht zusammengebrochen, doch die Zeichen der Zeit spechen dafür, dass die US-Wirtschaft von Feinden, die sich innerhalb des Systems eingebettet haben, unter Beschuss steht.

Falls und wenn die US-Wirtschaft zusammenbricht, und falls und wenn es Israel gelingen sollte ihre militärische Überlegenheit zu etablieren und die Kontrolle über die gesamte Region zu übernehmen und auf dramatische Art und Weise das Territorium ihres Staates zu erweitern, in Missachtung gegenüber der gesamten Welt, so wird Israel die USA als den *"Herrschenden Weltstaat"* ablösen. Wenn dies geschieht, wird die Welt außerordentlich überrascht sein, doch die wahren Anhänger des arabischen Propheten Muhammads (*sallallahu alaihi wa sallam*), werden keineswegs überrascht sein.

Es ist der *Islam*, der das Schicksal beschreibt, welches Jerusalem erwartet, ein Schicksal, das letztendich die Wiedererscheinung des Islams bezeugen und die Herrschaft über die Welt erlangen wird.

Dieser trimphale Moment für den *Islām* wird dann eintreffen, wenn eine muslimische Armee aus Khorasān in Erscheinung tritt und fortschreiten wird den israelischen Staat zu zerstören und das Heilige Land zu befreien:

> Abu Hurairah überlieferte, dass der Prophet (*sallallahu alaihi wa sallam*) sagte: „Schwarze Banner werden von Khorasan (das Gebiet, das nun Afghanistan, Pakistan, Iran, Zentral Asien und den Norden Afghanistans umfasst etc.) erscheinen. Keine Macht wird sie aufhalten können bis sie schließlich Eela (Baitul Maqdis / Jerusalem) erreichen, wo sie ihre Banner errichten werden."
>
> (Sunan Tirmīdhi)

In der Tat fuhr der Prophet (*sallallahu alaihi wa sallam*) fort den Muslimen anzuordnen sich dieser Armee anzuschließen, *„selbst wenn sie über Eis kriechen müssten"* (d.h., selbst wenn sie der gottlosen Regierung trotzen müssten, die heutzutage die Welt beherrscht und die wie versessen darauf ist, den muslinischen Bewohnern in ihrem Territorium den Weg der Gehorsamkeit gegenüber dem Propheten (*sallallahu alaihi wa sallam*) zu versperren.

Dieser *Hadith* des gesegneten Propheten (*Sallallahu alaihi wa sallam*) stellt ausreichend klar, dass Jerusalem durch einen bewaffneten islamischen Kampf befreit werden wird.

Eine muslimsche Antwort auf den Krieg gegen den Islam

Die endgültige, muslimische Antwort auf den ´Angriff des 11. Septembers´ (auf Amerika), ein Angriff, der zynisch dazu benutzt wurde den Islam und die Muslime schonungslos zu attackieren, während man diesen Angriff hinter dem Vorhang des "Terrorismus" versteckte, lautet, sich selbst dazu verpflichten Allah, dem Allerhöchsten und Seinem Gesandten gegenüber treu zu bleiben, *unabhängig vom Preis, den man dafür bezahlen müsste, wenn man dies tut!*

Dies tun sie, indem sie ihr Leben der Vorbereitung und der Teilnahme dieses bewaffneten Kampfes *(Jihad)* widmen, durch den das Heilige Land befreit werden und der Islam triumphierend in der Welt wiedererscheinen wird.
Keiner muss diesen *Jihād* ausrufen, weil er längst begonnen hat. Gleichermaßen exisitiert auch keine Macht auf der Welt, die diesen *Jihād* aufhalten kann, bis das Heilige Land befreit wurde.

Die Stichprobe, anhand welcher die Muslime die gottlosen Regierungen, die nun über sie Herrschen, erkennen und entlarven können, lautet, dass diese Regierungen niemals diesen bewaffneten Kampf akzeptieren und ihm beitreten werden.

Dies, ist es, was der Qur'an über den bewaffneten Kampf zu sagen hat.

Es war der zweite *Shabān* in Madina, als Allah *subhānahu wa t'ālah* die Offenbarung bzgl. des *Qitāl* (Kampfes) offenbarte. Der britische Ministerpräsident, der amerikanische Präsident und der israelische Ministerpräsident, könnten Schwierigkeiten damit haben den folgenden Vers des Qur'ans zu verdauen. Doch im Zusammenhang des britischen / amerikanischen / israelischen Angriffes auf die Muslime, müssen wir die Aufmerksamkeit aller Muslime auf das umleiten, was Allah, der Erhabene, über den Kampf zu sagen hat.

Erstens, Er hat ihn zur Pflicht gemacht. Für eine Regierung oder für die Vereinten Nationen (UN) zählt es als *Shirk* (eine Beigesellung Allahs) dass zu verbieten, was Allah befohlen hat. Ebenso zählt für jederman das als *Shirk,* das als verboten zu akzeptieren, was Allah im folgenden Vers befahl:

كُتِبَ عَلَيْكُمُ ٱلْقِتَالُ وَهُوَ كُرْهٌ لَّكُمْ وَعَسَىٰ أَن تَكْرَهُوا۟ شَيْـًٔا وَّهُوَ خَيْرٌ لَّكُمْ وَعَسَىٰ أَن تُحِبُّوا۟ شَيْـًٔا وَّهُوَ شَرٌّ لَّكُمْ وَٱللَّهُ يَعْلَمُ وَأَنتُمْ لَا تَعْلَمُونَ (٢١٦)

Zu kämpfen ist euch vorgeschrieben, auch wenn es euch widerwärtig ist. Doch es mag sein, dass euch etwas widerwärtig ist, was gut für euch ist, und es mag sein, dass euch etwas lieb ist (nicht kämpfen zu müssen), was übel für euch ist. Und Allah weiß es (und nicht die gottlosen Euro-Juden und Euro-Christen, die nun die Erde beherrschen) *doch ihr wisset es nicht.*

(Qur'ān, al-Baqarah, 2:216)

Die Qur´anische Rechtleitung ist äußerst deutlich, es ist Allah und nicht die gottlosen Euro-Juden und Euro-Christen (Zionisten), die nun die Welt beherrschen, Der wirklich weiß was den Muslimen nützt und was ihnen schadet.

Zweitens, der Qur´an befiehlt den Muslimen zu kämpfen um sich zu verteidigen, wenn sie angegriffen weren:

وَقَاتِلُوٓا۟ فِى سَبِيلِ ٱللَّهِ ٱلَّذِينَ يُقَاتِلُونَكُمْ وَلَا تَعْتَدُوٓا۟ ۚ إِنَّ ٱللَّهَ لَا يُحِبُّ ٱلْمُعْتَدِينَ (١٩٠)

„Und kämpft auf dem Weg Allahs gegen diejenigen, die gegen euch kämpfen (d.h., wenn ihr angegriffen werdet, die Euro-Juden und Euro-Christen, die nun die Welt beherrschen und tun exakt dies), *doch übertretet nicht. Wahrlich, Allah liebt nicht diejenigen, die übertreten."*

(Qur'ān, al-Baqarah, 2:190)

Ebenso stellt der Qur´an ausreichend klar, dass Muslime auf jene reagieren müssen, die sie `ohne triftigen Grund´ aus ihren Häuser und aus ihrem Land verjagen, indem sie leben. Sie wurden einzig und allein deswegen verjagt, weil sie Muslime waren. Der Qur´an setzt voraus, dass ihre Reaktion sich in Form eines bewaffneten Kampfes äußern muss, um sich selbst aus der unverschämten

Unterdrückung zu befreien. Dies ist exakt der vorherrschende Zustand im Heiligen Land. Doch jene, die heutzutage über die Muslime herrschen sind so blind, dass sie die Qur'anische Rechtsgültigkeit für einen bewaffneten Kampf nicht erkennen, der nun geführt werden müsste, um das Heilige Land zu befreien. Sie schließen sich eher der US-republikanischen Regierung in ihrem sogenannten "Krieg gegen den Terror" an und demonisieren jene als Terroristen, bewusst oder unbewusst, dessen bewaffneter Kampf vom Qur'an selbst genehmigt ist. Hier ist die Qur'anische Genehmigung für solch einen bewaffneten Kampf:

أُذِنَ لِلَّذِينَ يُقَاتَلُونَ بِأَنَّهُمْ ظُلِمُوا ۚ وَإِنَّ اللَّهَ عَلَىٰ نَصْرِهِمْ لَقَدِيرٌ (٣٩) الَّذِينَ أُخْرِجُوا مِنْ دِيَارِهِمْ بِغَيْرِ حَقٍّ إِلَّا أَنْ يَقُولُوا رَبُّنَا اللَّهُ ۗ وَلَوْلَا دَفْعُ اللَّهِ النَّاسَ بَعْضَهُمْ بِبَعْضٍ لَهُدِّمَتْ صَوَامِعُ وَبِيَعٌ وَصَلَوَاتٌ وَمَسَاجِدُ يُذْكَرُ فِيهَا اسْمُ اللَّهِ كَثِيرًا ۗ وَلَيَنْصُرَنَّ اللَّهُ مَنْ يَنْصُرُهُ ۗ إِنَّ اللَّهَ لَقَوِيٌّ عَزِيزٌ (٤٠)

Die Erlaubnis, (sich zu verteidigen,) ist denen gegeben, die bekämpft werden, weil ihnen Unrecht geschah - und Allah hat wahrlich die Macht, ihnen zu helfen, jenen, die schuldlos aus ihren Häusern vertrieben wurden, nur weil sie sagten: "Unser Herr ist Allah." Und wenn Allah nicht die einen Menschen durch die anderen zurückgehalten hätte, so wären gewiß Klausen, Kirchen, Synagogen und Moscheen, in denen der Name Allahs oft genannt wird, niedergerissen worden. Und Allah wird sicher dem beistehen, der Ihm beisteht. Allah ist wahrlich Allmächtig, Erhaben.

(Qur'an, al-Hajj, 22-39-40)

Drittens, der Kampf soll zur Errichtung einer Welt führen, die frei von Unterdrückung und Ungerechtigkeit ist, dies ist nur dann möglich, wenn Allahs *Dīn* auf Erden etabliert wird:

وَقَاتِلُوهُمْ حَتَّى لَا تَكُونَ فِتْنَةٌ وَيَكُونَ الدِّينُ لِلَّهِ فَإِنِ انتَهَوْا فَلَا عُدْوَانَ إِلَّا عَلَى الظَّالِمِينَ (١٩٣)

Und führt gegen sie den bewaffneten Kampf, damit es keine Fitna (Verderbnis, Ungerechtigkeit) gibt und der Din (die Lebensführung, Lebensweise) (nur) für ALLAH (praktiziert wird). Und wenn sie sich (der Aggression) enthalten, dann gibt es keine Aggression außer gegen die Unrecht-Begehenden.

(Qur'ān, al-Baqarah, 2:193)

Viertens, Allah machte den Kampf den Muslimen zur Pflicht, um jene zu befreien die unterdrückt werden und nach Hilfe und Befreiung rufen:

وَمَا لَكُمْ لَا تُقَاتِلُونَ فِي سَبِيلِ اللَّهِ وَالْمُسْتَضْعَفِينَ مِنَ الرِّجَالِ وَالنِّسَاءِ وَالْوِلْدَانِ الَّذِينَ يَقُولُونَ رَبَّنَا أَخْرِجْنَا مِنْ هَٰذِهِ الْقَرْيَةِ الظَّالِمِ أَهْلُهَا وَاجْعَل لَّنَا مِن لَّدُنكَ وَلِيًّا وَاجْعَل لَّنَا مِن لَّدُنكَ نَصِيرًا (٧٥)

Und was ist mit euch, dass ihr nicht für Allahs Sache kämpft und für die der Schwachen - Männer, Frauen und Kinder -, die sagen: "Unser Herr, führe uns heraus aus dieser Stadt, deren Bewohner ungerecht sind, und gib uns von Dir einen Beschützer, und gib uns von Dir einen Helfer?"

(Qur'ān, al-Nisā, 4:75)

Allah, der Allerhöchste, fährt fort die jüdische mangelnde Bereitschaft (zum Kampf der Verteidigung) in Erinnerung zu rufen. Dann warnt er vor den fatalen Folgen dieses Widerwillens:

اَلَمْ تَرَ اِلَى الَّذِيْنَ قِيْلَ لَهُمْ كُفُّوْۤا اَيْدِيَكُمْ وَاَقِيْمُوا الصَّلٰوةَ وَاٰتُوا الزَّكٰوةَ ۚ فَلَمَّا كُتِبَ عَلَيْهِمُ الْقِتَالُ اِذَا فَرِيْقٌ مِّنْهُمْ يَخْشَوْنَ النَّاسَ كَخَشْيَةِ اللهِ اَوْ اَشَدَّ خَشْيَةً ۚ وَقَالُوْا رَبَّنَا لِمَ كَتَبْتَ عَلَيْنَا الْقِتَالَ ۚ لَوْلَاۤ اَخَّرْتَنَاۤ اِلٰۤى اَجَلٍ قَرِيْبٍ ۗ قُلْ مَتَاعُ الدُّنْيَا قَلِيْلٌ ۚ وَالْاٰخِرَةُ خَيْرٌ لِّمَنِ اتَّقٰى وَلَا تُظْلَمُوْنَ فَتِيْلًا (٧٧)

Hast du nicht jene gesehen, zu denen man sagte: "Haltet eure Hände zurück, verrichtet das Gebet und entrichtet die Zakah." Doch wenn ihnen der Kampf verordnet wurde, da fürchtete ein Teil von ihnen die Menschen wie in Furcht vor Allah oder mit noch größerer Furcht; und sie sagten: "Unser Herr, warum hast Du uns den Kampf verordnet? Möchtest Du uns nicht noch eine Weile Aufschub gewähren?"" Sprich: "Die Nutznießung dieser Welt ist gering, und das Jenseits wird für die Gottesfürchtigen besser sein; und kein Fädchen Unrecht sollt ihr erleiden."

(Qur'ān, al-Nisā, 4:77)

Anhang 2: Eine muslimische Antwort auf den 11.September

Einem Muslim ist es untersagt zu kämpfen, außer unter der Befehlsgewalt eines Muslims und außer in Übereinstimmung mit dem Gesetz Allahs, in welchem der

Kampf verordnet wird. Jene, die unter der Befehlsgewalt eines anderen und unter einem anderen Gesetz in das Kampfgeschehen eingreifen, würden unter der Befehlsgewalt des Bösen (*Shaitan*) kämpfen:

اَلَّذِيْنَ اٰمَنُوْا يُقَاتِلُوْنَ فِىْ سَبِيْلِ اللّٰهِ ۚ وَالَّذِيْنَ كَفَرُوْا يُقَاتِلُوْنَ فِىْ سَبِيْلِ الطَّاغُوْتِ فَقَاتِلُوْٓا اَوْلِيَآءَ الشَّيْطٰنِ ۚ اِنَّ كَيْدَ الشَّيْطٰنِ كَانَ ضَعِيْفًا ☐ (٧٦)

Die da glauben, kämpfen für Allahs Sache, und die nicht glauben, kämpfen für die Sache des Teufels; darum kämpft gegen die Anhänger des Satans! Wahrlich, die List des Satans ist schwach.

(Qur'ān, al-Nisā, 4:76)

Noch sollte ein Muslim den Kampf aus Angst vor dem Tod unterlassen:

اَيْنَ مَا تَكُوْنُوْا يُدْرِكْكُّمُ الْمَوْتُ وَلَوْ كُنْتُمْ فِىْ بُرُوْجٍ مُّشَيَّدَةٍ ۗ وَاِنْ تُصِبْهُمْ حَسَنَةٌ يَّقُوْلُوْا هٰذِهٖ مِنْ عِنْدِ اللّٰهِ ۚ وَاِنْ تُصِبْهُمْ سَيِّئَةٌ يَّقُوْلُوْا هٰذِهٖ مِنْ عِنْدِكَ ۗ قُلْ كُلٌّ مِّنْ عِنْدِ اللّٰهِ ۗ فَمَالِ هٰٓؤُلَآءِ الْقَوْمِ لَا يَكَادُوْنَ يَفْقَهُوْنَ حَدِيْثًا (٧٨)

"Wo auch immer ihr seid, der Tod ereilt euch doch, und wäret ihr in hohen Burgen. Und wenn ihnen Gutes begegnet, sagen sie: ""Das ist

von Allah""; und wenn ihnen Schlimmes begegnet, sagen sie: ""Das ist von dir."" Sprich: ""Alles ist von Allah."" Warum verstehen denn diese Leute kaum etwas von dem, was ihnen gesagt wird?"

(Qur'ān, al-Nisā, 4:78)

Die Nichtgläubigen ziehen gegen die Gläubigen mit schrecklicher Wut und Wildheit in den Kampf. Ein Aufschub wird von Allah gewährt, wenn die Gläubigen sich selbst dazu ermuntern, auf die Nichtgläubigen zu reagieren (im Verteidigungskampf):

فَقَاتِلْ فِي سَبِيلِ اللَّهِ لَا تُكَلَّفُ إِلَّا نَفْسَكَ وَحَرِّضِ الْمُؤْمِنِينَ عَسَى اللَّهُ أَنْ يَكُفَّ بَأْسَ الَّذِينَ كَفَرُوا وَاللَّهُ أَشَدُّ بَأْسًا وَأَشَدُّ تَنْكِيلًا (٨٤)

Kämpfe darum für Allahs Sache - du wirst für keinen verantwortlich gemacht außer für dich selbst - und feuere die Gläubigen zum Kampf an. Vielleicht wird Allah die Gewalt derer, die ungläubig sind, aufhalten; und Allahs Gewalt ist viel größer und Er ist strenger im Strafen

(Qur'ān, al-Nisā, 4:84)

Die besten Muslime sind die, die sich selbst zum Kampf auf dem Wege Allahs ermuntern. Sie sind eindeutig besser als jene, die `zuhause sitzen´:

فَقَاتِلْ فِي سَبِيلِ اللَّهِ لَا تُكَلَّفُ إِلَّا نَفْسَكَ وَحَرِّضِ الْمُؤْمِنِينَ عَسَى اللَّهُ أَنْ يَكُفَّ بَأْسَ الَّذِينَ كَفَرُوا وَاللَّهُ أَشَدُّ بَأْسًا وَأَشَدُّ تَنْكِيلًا (٨٤)

Anhang 2: Eine muslimische Antwort auf den
11.September

Diejenigen unter den Gläubigen, die daheim bleiben - ausgenommen die Gebrechlichen -, und die, welche für Allahs Sache ihr Gut und Blut im Kampf einsetzen, sind nicht gleich. Allah hat die mit ihrem Gut und Blut Kämpfenden über die, die daheim bleiben, im Rang um eine Stufe erhöht. Jeden von beiden aber hat Allah Gutes verheißen; doch die Kämpfenden hat Allah vor den Daheimbleibenden durch großen Lohn ausgezeichnet...

(Qur'ān, al-Nisā, 4:95)

Es wird einige geben, die eine Entschuldigung dafür vorbringen werden, dass sie nicht am Kamfgeschehen teilnahmen, einen Vorwand, der ihnen diese Sache erschwerte. Sie werden z.B. behaupten, dass sie unter einer Regierung lebten, die es ihnen verbot für die Sache Allahs zu kämpfen. Doch so eine Ausrede wird diese Muslime nicht vor dem Höllenfeuer bewahren, weil sie gefragt werden:

اِنَّ الَّذِينَ تَوَفَّـٰهُمُ الْمَلَـٰٓئِكَةُ ظَالِمِىٓ أَنفُسِهِمْ قَالُوا۟ فِيمَ كُنتُمْ ۖ قَالُوا۟ كُنَّا مُسْتَضْعَفِينَ فِى الْأَرْضِ ۚ قَالُوٓا۟ أَلَمْ تَكُنْ أَرْضُ اللَّهِ وَاسِعَةً فَتُهَاجِرُوا۟ فِيهَا ۚ فَأُو۟لَـٰٓئِكَ مَأْوَىٰهُمْ جَهَنَّمُ ۖ وَسَآءَتْ مَصِيرًا (٩٧) إِلَّا الْمُسْتَضْعَفِينَ مِنَ الرِّجَالِ وَالنِّسَآءِ وَالْوِلْدَانِ لَا يَسْتَطِيعُونَ حِيلَةً وَلَا يَهْتَدُونَ سَبِيلًا (٩٨) فَأُو۟لَـٰٓئِكَ عَسَى اللَّهُ أَن يَعْفُوَ عَنْهُمْ ۚ وَكَانَ اللَّهُ عَفُوًّا غَفُورًا (٩٩) وَمَن يُهَاجِرْ فِى سَبِيلِ اللَّهِ يَجِدْ فِى الْأَرْضِ مُرَاغَمًا كَثِيرًا وَسَعَةً ۚ وَمَن يَخْرُجْ مِنۢ بَيْتِهِ

مُهَاجِرًا إِلَى اللهِ وَرَسُولِهِ ثُمَّ يُدْرِكْهُ الْمَوْتُ فَقَدْ وَقَعَ
أَجْرُهُ عَلَى اللهِ ۗ وَكَانَ اللهُ غَفُورًا رَّحِيمًا (١٠٠)

"Zu jenen, die Unrecht gegen sich selbst verübt haben, sagen die Engel, wenn sie sie abberufen: ""In welchen Umständen habt ihr euch befunden?"" Sie antworten: ""Wir wurden als Schwache im Lande behandelt."" Da sprechen jene: ""War Allahs Erde nicht weit genug für euch, dass ihr darin hättet auswandern können?"" Sie sind es, deren Herberge Dschahannam sein wird, und schlimm ist das Ende!

Ausgenommen davon sind die unterdrückten Männer, Frauen und Kinder, die über keinerlei Möglichkeit verfügen und keinen Ausweg finden.

Diese sind es, denen Allah vergeben möge; denn Allah ist Allvergebend, Allverzeihend.

Und wer für die Sache Allahs auswandert, der wird auf Erden genug Stätten der Zuflucht und der Fülle finden. Und wer seine Wohnung verläßt und zu Allah und Seinem Gesandten auswandert und dabei vom Tode ereilt wird, für dessen Lohn sorgt Allah, und Allah ist Allverzeihend, Barmherzig.

(Qurān: al-Nisā: -4:97-100)

Anhang 3
Jerusalem im Qur'an

Ibn Khaldun – Iqbal und Jerusalem im Qur'an

Ebenso versuchte dieses Buch jene zu erreichen, die durch die Abhandlungen von Dr. Muhammad Iqbāl beeinflusst worden sind (*Reconstruction of Religious Thought in Islām*) und durch Ibn Khaldūn (*Muqaddamah*), die beide die Ankunft des *Imām al-Mahdi* ablehnten. Durch diese Ablehnung begangen diese glanzvollen Gelehrten des Islams einen Berg an Irrtümern. Im Falle Dr. Iqbāls, so scheint es, dass er auch den Glauben an die Wiederkehr des Kalifats ablehnte, den *Dajjal* und die Rückkehr von Jesus, den Sohn der Maria. Trotzdem war er vom säkularen, türkischen *ijtihād* beeindruckt, er betrachtete das moderne Parlament als rechtsgültigen Ersatz für das Kalifat. Hier ist das, was Iqbāl zum Thema *Imām al-Mahdi* zu sagen hat:

„(Die Glaubenslehre der Endgültigkeit des Prophetentums), könnte desweiteren als psychologische Heilung für die konstante Erwartungshaltung eines *Mahdi*s betrachtet werden, die dazu neigt eine falsche Sicht der Geschichte zu vermitteln. Blickend in Richtung der Wesensart seiner eigenen geschichtlichen Sichtweise, bemängelte und zerstörte auch letztendlich Ibn Khaldūn völlig die Vorstellung einer angeblichen islamischen Offenbarungsbasis, die der originalen Vorstellung eines *Mahdi*s ähnelt, zumindest in ihrer psychologischen Auswirkung, die im Islam unter dem Druck der *Mahdi*-Lehre erschienen war."

(Iqbāl, Dr. Muhammad: *"Reconstruction of Religious Thought in Islām"*, ed. by M. Saeed Shaikh. Lahore: Institute of Islamic Culture, 1986, p. 115. See also Iqbal's letter to Muhammad Ahsan in which he rejects belief in what he describes as *masihiyat. Iqbalnama,* Vol. II, p. 231. Quoted in M. Saeed Sheikh, "Editor's Introduction" to Iqbāl's *Reconstruction,* op. cit., p. xi.)

Ibn Khaldūn und Iqbāl sind beide so Erhaben, dass man immer und immer wieder zögern muss, bevor man eine kritische Äußerung bzgl. ihrer Lehren anbieten kann. Doch ein richtiges Verständnis bzgl. der Beschaffenheit des geschichtlichen Ablaufs, wie es die Ankunft des Messias erfordet, hätte sie vor dem Begehen ihres Fehlers bewahrt, den sie unglücklicherweise machten. Wie verlief dieser geschichtliche Ablauf? Es war ein Ablauf, in welchem das Problem der eindeutigen Identifikation des Messias (als er erscheinen sollte) durch eine besondere Person gelöst wurde, die Allah erhöhte und die beauftragt wurde Jesus eindeutig zu Identifizieren. Johannes der Täufer (*Yahya, 'alaihi as-Salām*) fuhr nicht nur fort allen und verschiedenen Menschen zu verkünden, dass der Messias kommen wird, doch zusätzlich, erschien Jesus *('alaihi as-Salām)* ihm, als er als Erwachsener in das Heilige Land zurückgekehrt war. Dann begegnete ihm Johannes dort und verkündete öffentlich: „*Dies ist der Mann auf den ihr gewartet habt; dies ist der Messias!*" Dies war die göttliche Vorgehensweise, um die ´eindeutige Identifizierung´ des Messias sicherzustellen!

Wenn der Messias dabei ist zurückzukehren, wird Allah in ähnlicher Weise einen anderen Mann vorbringen, dessen Funktion der des Johannes ähnelt. Somit behält der geschichtliche Verlauf seine Gleichmäßigkeit.

Die Funktion des *Imām al-Mahdī's* ist identisch wie die des Johannes.

Wenn der *Imām* erscheint und öffentlich verkündet, dass er der *Mahdi* ist, wird dies als Zeichen dafür dienen, dass die Rückkehr des Messias nahe ist. Wenn Jesus *('alaihi as-Salām)* dann zurückkehrt, wird er vor den *Imām* herabgesandt, der dann verkünden wird: „*Dies ist der Sohn der Maria!" (Siehe: Sahīh Muslim)*. Somit wird die eindeutige Identifikation des Messias in beiden Ereignissen (wenn er auf der Erde erscheint), durch dieselbe Vorgehensweise erfolgen (indem Allah für diesen besonderen Zweck jemanden hervorbringen wird).

Das richtige Verständnis, bzgl. Johannes dem Teufer *(alaihi as-Salam)* und seiner ausschlaggebenden Funktion in Verbindung mit Jesus, dem Messias, hätte Ibn Khaldun davor bewahrt diesen ernsten und gefährlichen Fehler zu begehen, indem er alle *Ahadith* in Bezug auf den *Imam al-Mahdi* ablehnte und ebenso hätte ein richtiges Verständnis *Iqbāl* davor bewahrt, den Fehler Ibn Khalduns zu wiederholen und zu vermischen.

Wir möchten flüchtig darauf hinweisen, dass der Glaube an den *Imām al-Mahdi,* dessen Ankunft sich zeitgleich mit der Rückkehr von Jesus, dem Sohn der Maria, beläuft, scheint entsprechend dem jüdischen Glauben an zwei Personen, die in der Endzeit erscheinen werden, übereinzustimmen. Die erste Person wird als `königlicher´ Messias und die zweite als `priesterlicher´ Messias beschrieben.

Haim Zafrani machte diese wichtige Aussage bzgl. der Qumran-Schriftrollen vom Toten Meer:

"Aus bestimmten anderen Passagen der Qumran-Schriften geht ziemlich sicher hervor, dass diese Gemeinschaft, die eine grundlegend priesterliche war, insbesondere einen gesalbten Oberpriester (der Messias von Aron) sowie hauptsächlich einen gesalbten Herrscher (der Messias von Israel) erwartete. Es sollte darauf hingewiesen werden, dass im Schriftstück von Kairo Damaskus (KD 7:20), der königliche Messias nicht `König´, jedoch `Prinz´ genannt wird (nasi, entsprechend Ezek. 34:24; 37:25; etc.). Das "zwei Messias-Konzept", eines königlichen Messias und eines priesterlichen, geht möglicherweise auf Zacharias 4:14 zurück: „Es sind die zwei Gesalbte, welche stehen bei dem Herrn der ganzen Erde."

(Encyclopedia Judaica - Eschatology - Messianism)

Zusätzlich zu jenen zweien gab es noch eine dritte Person, die keine andere sein könnte, als der Prophet Muhammad *(sallalahu 'alaihi wa sallam)*:

„Das Gesetz, welches sie (die priesterliche Gemeinschaft in Qumran) von ihm erhielten, war ihre Lebensweise, `bis zum Kommen des Propheten und des Gesalbten von Aron und Israel´."

(1 Qumran-Schriften 9:11)

(Encyclopedia Judaica – Yahad – Eschatological Hope)